G

“定位之父”杰克·特劳特先生与邓德隆

2015年于美国康涅狄格州，老格林威治

（Old Greenwich, Connecticut，USA）

如今，每一个企业都在生死关头，都需要提高自己的竞争力……定位这一套理论和技术是一个很有用的工具。

—— 吴敬琏，国务院发展中心研究员

定位理论能够把具有强势性格的企业家从“以我为中心”转向“以用户为中心”去满足客户。如果一个国家这样做，就会发出正确的信号让你进行正确的分工，国民财富就会得到大幅提高。

—— 周其仁，北京大学国家发展研究院经济学教授

对于新兴市场经济而言，一旦完成靠模仿实现的粗放增长期，接下来的增长必然以内生为主，而中国经济就处于这样一个时期。企业的定位对内生增长尤为关键，否则，生产力潜力难以释放。读《新定位时代》，你会发现“定位”的好处表现在多方面。其一当然是资源配置和经营管理的效率，特别是当下和未来，资本成本十分高，每个管理者一天只有 24 小时，集中资源和时间在所定位的主业战略上必然是最高效之路。其二在于竞争力，通过精准定位，最大化企业在主业上的专业深度，是胜过竞争对手的最佳战略。其三是定位带来的产品与服务的清晰度，使公司在市场营销和股市上市时，故事变得轻松易讲。为了强化用户的认知和投资者的认可，企业家要学习并运用好定位理论与实践，就像领会运用金融一样，成为一项必修课。

—— 陈志武，香港大学冯氏讲席教授、亚洲环球研究所所长
原耶鲁大学金融学终身教授

其实不仅企业需要定位，我们每一个机构，包括学校、学院的发展，同样需要“定位”。

—— 海闻，北京大学汇丰商学院创院院长，北京大学前副校长

特劳特是战略高手，在中国乃至全世界都有许多成功案例。我曾经两度与邓德隆先生畅谈企业战略之道，并由此感叹中国市场之大，机遇无限；中国市场之难，企业家不容易。《新定位时代》一书，为企业家在不确定的时代，增加了许多确定性。不论是商界老将，还是创业新人，都能从这本书里获益，面对未知的明天，将更有底气。

—— 王波明，《财经》杂志总编辑

20 年前，当邓德隆先生把定位理论第一次引入中国的时候，我也是第一次知道“心智资源”这个词。这 20 年，我十分钦佩德隆牢固坚守自己的“定位”一路深扎细研，在定位的理论与实践上都有一系列重大突破与发展，并使众多优秀企业和无数消费者成为定位战略的受益人。在此，我热烈祝贺《新定位时代》的隆重问世，并真诚祝福每一位中国企业家和企业工作者都能够有幸拥有一本。用心品读并践行《新定位时代》，你的企业将从此不同。

—— 刘东华，正和岛创始人、中国企业家俱乐部创始人

在过去的大半个世纪中，“定位”堪称全球营销乃至战略领域最重要的观念，也在中国市场结下了累累硕果。在“定位中国化”的过程中，邓德隆先生扮演了“关键先生”的角色。随着中国即将成为全球最大市场以及中国企业的全球化，我相信经由中国市场洗礼和创新的“定位”将反哺全球市场。弘毅之士，任重道远。

—— 秦朔，秦朔朋友圈创始人

企业战略定力，来自正确定位。定位决定开局，开局决定终局。新消费时代，你没定位，就没地位。新消费时代就是新定位时代。

—— 卫哲，嘉御资本创始合伙人兼董事长

邓德隆先生对哲学、美学的研究非常深入，并由此洞察中国人的文化心理结构，体察中国消费者的心智构成、思维方式、行为模式、情感态度、审美趣味，这奠定了他思想的高度，也让他对企业战略的认识更加深刻，因此能够穿透时间和周期的束缚，二十年来和众多企业家联手创造了许多神奇案例。“不畏浮云遮望眼，自缘身在最高层”，《新定位时代》一书，将他这些年的思考汇聚成文，从哲学高度纵览企业战略，令人大开眼界。

—— 江南春，分众传媒董事长

《新定位时代》凝聚了邓德隆先生和特劳特公司 20 年来与中国企业共同打造行业典范的智慧，企业家如果能掌握一半，企业的成功就是可以期待的了。

郎酒是定位理论的受益者。我希望有更多中国企业家读到这本书，找准定位，一条战略，几个战术，十倍执行，百倍坚持。如果做到了，中国企业在全世界消费者心中的位置一定会越来越强，我期望这个时代早日到来。

—— 汪俊林，郎酒集团董事长

新的经济周期下，对企业经营与战略定位都提出了更高的要求。定位理论不仅能够帮助企业真正实现转型与破局，在今天的环境下，也能帮助企业找到一个长周期价值赛道，对于进入一个更有价值的商业成长体系有不可忽视的作用，也是实现“未战而庙算胜者”的关键决胜点。所以，我推荐《新定位时代》给在这个时代仍在努力拼搏和奋斗的创业者和企业经营者们，希望它能帮助到每一位。

—— 姚劲波，58 同城 CEO

每次和邓总交流，我都对战略定位有新的收获。读《新定位时代》，如同和邓总面对面交流，愉快轻松、如沐春风。

—— 李勇，猿辅导创始人

在竞争越来越激烈的今天，企业尤其需要定位或重新定位，并把定位跟企业使命联系起来。

—— 茅忠群，方太集团董事长兼总裁

作为“定位之父”特劳特先生的中国布道者和合作伙伴，二十年来邓德隆先生对定位理论的创新发扬和成功实践，协助众多优秀品牌在市场中脱颖而出，绝味亦受益匪浅。未来商业的竞争归根结底是客户心智定位的竞争，心智资源是企业资源要素之首，我们期待邓先生用定位的智慧之光点燃更多企业的伟大梦想！

—— 戴文军，绝味食品董事长

特劳特与我们携手，有力推动了君乐宝在以外资为主、竞争白热化的中国婴幼儿奶粉市场中突围，成为行业领先者。合作多年来，我发现特劳特团队有一套先进而独特的战略理论和系统方法，现在邓德隆先生竟然将它汇成《新定位时代》一书，令人又惊又喜。案头必备，常读常新。企业家朋友若遇大事而不决，读此书当可解惑。

—— 魏立华，君乐宝乳业集团董事长

十多年前有幸认识邓总，有幸接触到定位理论。我们从当初的几十家小店小公司到现在的中国快餐榜首，进入无人之地，感触颇多。尤其是每每看到身边的企业家朋友做企业的困窘，会不自觉地指点其不合定位，几成习惯，可见定位入心入肺，尤其在百年之大变局下的大决战时刻，《新定位时代》更显弥足珍贵。

—— 束从轩，老乡鸡集团董事长

毋庸置疑，定位是决定企业存在、发展甚至成败的最基本力量之一。定位从大战略层面让劲霸男装在喧嚣不已的市场纷争中，始终保有专注的定力，心无旁骛、行稳致远。

《新定位时代》以更加广阔的视野，融入哲学思辨与美学思考，丰富了定位理论的知识体系，分析了中国商业史上若干个经典的定位案例，并就如何应对未来的高质量发展进行了精辟的解读与应用指导，必将启迪行进在二次创业征途上的中国企业，重新审视自我，在时间的淬炼里，成就基业长青。

—— 洪忠信，劲霸男装（上海）有限公司董事长

定位不是市场营销而是战略，战略的本质是取舍，而通过定位留下来的那部分，就是让你的企业最终在竞争中胜出的原因。我们常说的看一家企业的外部视角有三个：用户视角，找到用户选择你的理由；终局视角，拉开十年甚至更长，什么样的产品最终会变成用户用了就回不去的不可逆的选择；财务视角，不断积累势能，让获客成本越来越低，品牌溢价越来越高，企业从前期的高投入和亏损到后期的利润越来越高都和定位相关。所有这些相关的知识在这本书里都能找到线索或答案。

—— 杨浩涌，车好多集团 CEO

我在 2015 年一个偶然机会接触了定位理论，发现创业这么多年来的经验都和定位理论完全吻合，一下激起我对这门知识更大的兴趣和爱好。《新定位时代》继承定位理论最精彩的内核，总结了定位理论在 21 世纪的最新发展，呈现了定位理论在中国的最新案例。书亦烧仙草从 2017 年开始的升级转型，正是源于这些知识的指导与牵引，给企业带来了巨大变化。我希望更多创业者通过这本书开始思考如何在不断变化的新商业环境里正确定位，少走弯路，走上快速稳健发展的大路！

—— 王斌，书亦烧仙草创始人

邓总及其优秀团队二十年如一日，基于中国实际，传播、实践、发展定位学科，推动了定位理论的中国化，并将该成果运用于数以百计的行业和公司，助力其实现战略升级和高质量发展，成为引发企业和社会各界瞩目的一种经济现象，为中国的发展提供新动能和新范式。五年前，明月镜片有幸与特劳特中国公司成为创业伙伴，实践证明，这是一个无比正确的决定。定位理论起源于美国，但未来的新突破、新发展一定在中国，让我们一起期待新定位时代的到来！

—— 谢公晚，明月镜片董事长

经营企业这么多年，让我越来越深刻领悟到定位理论的真知灼见：企业最重要的一件事就是“建立认知”——只要你能在顾客大脑中占领一块地皮，找到自己的定位，企业内所有的资源（人才、技术、设备、厂房、渠道……），都会变得高效，否则，资源将变得低效甚至是包袱。一旦你占领了一小块地皮，还得小心呵护，以免荒芜。

—— 蒋建琪，香飘飘食品股份有限公司董事长兼总经理

特劳特有一套自己的独特视角，每次引入到一个新的行业，常常会让整个行业脱胎换骨，从业者如梦初醒，第一次见识到一种不可思议的全新力量。这些年我一直跟着邓德隆先生学习定位，获益匪浅。《新定位时代》是他献给企业家朋友的又一份大礼，真希望我能早几年就看到这本书。

—— 柴琇，妙可蓝多创始人

创业三十多年来，我深感经营企业需要一套强大的系统理论支撑。邓德隆先生的《新定位时代》，既有深厚理论基础，又有丰富实战经验，是帮助我们从商战中脱颖而出的战略武器。如果创业者能够早点读到此书，会少走很多弯路。如果更多企业能够运用书中的思想找准各自定位，百花齐放，各美其美，中国的经济会更强大。

—— 骆水根，杭州诺贝尔陶瓷有限公司董事长

企业、人生有许多选择和机会，哪个机会属于你？你要怎样去选择？做哪些事？不做哪些事？甚至我们每天都在做这些或大或小的决策，决策是一个烧脑、痛苦的活。如果我们运用好定位理论，对企业有清晰的战略思考规划、对品牌有清晰的战略定位，决策就会简单、容易很多，工作也会更轻松；人生、事业也会更从容。

—— 徐国华，徐记海鲜酒楼董事长

邓德隆先生将定位理论引入中国，并发扬光大，帮助众多中国企业走向成功。这本书不仅涵盖他对定位理论的最新研究成果，还有许多企业践行定位理论的方法、经验和规律。它是定位理论在中国的全新升级，必将开创新定位时代。

——李践，上海行动教育科技股份有限公司董事长

在闪送战略发展的重要阶段，有幸遇到了特劳特。我们运用定位理论，在竞争极其激烈的同城递送市场中，创造出了独属于闪送的价值定位："一对一急送，专门送您这一单"。接下来，我们将公司资源聚焦于这一价值定位，专注为客户创造价值，让"闪送"成为行业代名词，打了场漂亮的侧翼战。《新定位时代》阐述了大量创新企业运用定位理论，实现战略突破的实践案例及其背后的战略思想，为创业者提供了真实的战略路径指引。如果创业者只读一本战略方面的书，我会推荐这本《新定位时代》。

——薛鹏，闪送创始人

我出身中药世家，血管里都流淌着中药的味道。我要感谢特劳特，为草晶华选择"破壁草本"战略定位方向，激活了中药的现代化，创造出一片新天地，让年轻一代也爱上中药。创业维艰，我们中国人吃苦耐劳又敢拼，在世界各个角落开创事业，但倘若没有定位导航，难以行稳致远。若能以《新定位时代》中的现代管理智慧校准方向，日日翻阅，时时参考，惟精惟一，则虽远必至。

——赖智填，中智药业董事局主席、草晶华破壁草本创始人

经常有人问我为什么选择特劳特作为创业伙伴。我是一个长期主义者，虽然现在的企业规模不算大，但是我内心也有小小的梦想，期望能一砖一瓦建立起一家为社会、顾客、员工、股东持续创造价值的好公司。"骐骥一跃，不能十步；驽马十驾，功在不舍。"这是一辈子的漫漫旅途，所以，我一定要和世界顶尖的思想者同行。《新定位时代》中的思想极其高深，对我来说，"仰之弥高，钻之弥坚"，我会终身学习，这也是一种欲罢不能的快乐。

——郑坚，左庭右院鲜牛肉火锅创始人

中国不少优秀企业家都在自觉或不自觉地探索企业的定位，以确保企业竞争力持续增长。定位理论引入中国，已使不少中国企业和企业家受益，并创造了一大批实践的典范。《新定位时代》的出版，一定会使更多的中国企业家、企业经营团队掌握定位理论，在当前动荡的全球经济环境中有效实施企业定位方法，提高企业竞争力和经营质量。我诚心推荐企业家和企业高层认真阅读此书。

——俞学锋，安琪酵母股份有限公司原董事长

新定位时代

邓德隆 著

上海三联书店

目　录

Ⅰ　战略篇

Ⅱ　管理篇

Ⅲ　案例篇

Ⅳ　对话篇

代序一

向中国企业家推荐定位[1]

吴敬琏

我读了《定位》，非常感兴趣。我愿意把定位理论推荐给我们的企业家朋友们。

现在中国的企业处在爬陡坡的阶段。原来靠改革开放之赐，取得了许多“浮财”，现在这个浮财已经吃尽了，一定要靠提高自己的竞争力、提高效率、提高附加值、提高盈利性，这样企业才有可能发展，甚至说得极端一点，才能避免垮台。中国的企业一定要爬这个陡坡，爬上一个新的平台。因为早期市场经济阶段的好处已经拿完了，要把整个的市场经济建立在一个新的现代市场经济的平台上。

如今，每一个企业都在生死关头，都需要提高自己的竞争力。我们是一个新发展起来的国家，我们的企业从很弱的基础上提高自己的竞争力，就要学习已有的总结起来的各种各样的方法。我们以前比较熟悉的理论，比如泰勒理论，是着眼于提高每一个劳动者的效率；管理大师德鲁克的理论，是怎样把一个企业的管理和治理搞好；定位理论，则从市场角度提供了另外一个有力的工具。

市场营运有一个越来越复杂、越来越难处理的问题就是信息。在信息爆炸的时代，不等于信息的传播、信息的取得是有效率的。定位

---

1 北京大学汇丰商学院主办的“定位・中国10周年盛会（2002—2012）”活动于2012年6月8—9日在北京大学英杰交流中心举办。本文是中欧国际工商学院终身荣誉教授吴敬琏在开幕式上的发言录音整理稿。

这个理论的核心点，就是在面对市场的情况下，怎么能够使得信息机制有效。有很多具体的做法，我觉得在中国特别有意义。因为在捞改革开放浮财的阶段，捷径是跟政府官员勾兑好、关系弄好，在政策上、资源的获取上就有很多好处，于是有一些企业家习惯于这个做法。我总是跟他们说，这个“捞浮财”“傍政府”的办法已经走到终点了，最终你要面对市场。要面对市场，并不是说我只要面对了市场，就一定能够提高竞争力。原来那些改善自己企业状况的老的手法、老的招数，应该说走到了尽头，应该主动抛弃，那么就要有新招数。

定位这一套理论和技术是一个很有用的工具，正好特劳特先生在中国还有分支机构和合作伙伴，取得这些别人积累起来的经验，成本比较低，所以我很愿意把定位理论推荐给中国的企业家朋友们。

代序二

让更多中国企业家学习定位[1]

海　闻

定位理论进入中国已经11年了。2011年，我和定位理论的创始人杰克·特劳特先生签约，将特劳特定位课程引入北京大学，开始正规授课，旨在推动中国企业转向定位经营。

在过去的3年里，我们每年都邀请特劳特先生来北大，前两年我们的年会都在北京的北大燕园，2013年正值北京大学汇丰商学院大楼完工启用之际，我们请特劳特先生来到中国改革开放的最前沿深圳。这次特劳特先生将向我们介绍他发展定位理论的历程，以及国际上众多企业定位成功的案例，可以说把国际企业家付出过上万亿美元代价的经验带到了中国。

到今天我们已经开设了26期特劳特定位课程，共有1 300多位企业家成为定位课程的学员。同时在这3年里面，通过定位论坛、案例研讨会、实践交流会等各种同学会的形式，共有27 000多位企业家通过北大学习到了定位知识，这也是我们办学的初衷，希望能让更多中国企业家学会准确定位，因为对中国来讲，企业的个性化发展是当务之急，我们必须尽快从低端、同质化的生产大国，转向优质、高端、多元化的品牌大国。

1　2013年12月13日，北京大学汇丰商学院与中央电视台联合主办“发现定位——定位成果中国案例展暨2013年北京大学特劳特定位年会”。本文是北京大学副校长兼北大汇丰商学院院长海闻教授在年会上的发言录音整理稿，有删节。

经过30多年的改革开放和发展，中国已不再是一个贫穷和短缺的国家了，随着人民生活水平的提高，对产品和服务的质量要求也在不断提高，这对中国的企业是越来越大的挑战。一方面，有些产业的产能大量过剩，企业经营惨淡；另一方面，消费者需要的服务和产品却鲜有出现，其中一个问题是企业缺乏开拓能力、差异化竞争，缺乏能发挥自己比较优势的定位。其实企业经营的好坏，并不完全在于行业，高科技行业竞争非常激烈，传统制造业也可以做得很好，关键还是要根据自己的实力与市场情况，找到自己恰当的位置，“定位”准了，再进行科学的管理，才能帮助企业成功，否则目标不清，战略难以制订，即使很好的管理制度和管理能力，也难以奏效。

今天，我们还请来了定位学员中做得比较出色的一些企业家来到现场，分享他们运用定位的经验，包括加多宝、方太厨电等企业的负责人，他们是定位实践的优秀企业家，过去几年中都有卓越的表现，像加多宝换标之战赢得新领导地位，方太厨电运用定位在厨卫日益激烈的市场竞争中仍然保持50%的增长。

其实不仅企业要定位，我们每一个机构，包括学校、学院的发展，同样需要“定位”。我们希望通过特劳特课程的开设，能够帮助中国企业更好了解世界上最先进的管理理念，并运用到实际经营和操作当中去。

代序三

亚当·斯密、分工与定位理论[1]

周其仁

虽然对定位理论而言,我是个门外汉,我也没有做过商业,更别说什么商业实践了。但今天我听了一天的分享,受到很多触动,接下来我将和大家分享我听到的内容在脑子里碰撞以后所产生的东西。

定位推动经济发展

关于定位理论,我虽然了解过一点点,但今天听完大家的分享,觉得自己一无所知。我认为,定位理论有它非常深的一面。对我来说,受到的第一个触动是,它引起了我对经济增长、经济发展,以及经济学底层逻辑方面的一些思考。

经济研究从"亚当·斯密问题"开始。在亚当·斯密(Adam Smith)之前,还没有经济学学科。那时,他在格拉斯哥大学教道德哲学,被一位英国贵族请去当私人教师,陪着去欧洲各地游历。这个经历让他有机会从苏格兰高地走向欧洲大陆,见到很多不同的人、不同的现象。于是,他提出一个问题:为什么有些地方人民过得好一点,有些地方人民过得糟糕一点?富裕地方的人财富收入、生活标准很

1 2019年9月24日,特劳特伙伴公司主办了"定位理论50周年全球盛典"。本文是北京大学国家发展研究院经济学教授周其仁的闭幕发言录音整理稿。

高，而穷地方的人是很辛苦的。

经济学开始被这个问题驱动。全世界这么多国家和地区，我们每一个普通人、每一个家庭都希望自己过得好一点，但为什么有一些地方如愿了，有一些地方没有如愿？这是经济学的根本问题。1776年，亚当·斯密发表自己的成名作《国富论》，给出了一个答案，是一个经济学理论——“分工”。人民过得好一点的地方，不是因为力气出得多，不是人有三头六臂，而是因为富裕地方的生产力高。由于他们分工细致，导致专业化，让每一个人、每一个组织、每一个机构、每一个地区都专注于一个事情，效率的提升超出想象。

《国富论》开篇就讲英国工厂的故事，当时的服装需要扣针，虽然简单却是很重要的东西。这个产品如果不分工做，一个工人一天只能做一两枚，但进行分工后，效率提高了几千倍。这是亚当·斯密当年观察到的，拉开贫富差距的要害是分工。一旦分工发展起来了，经济水平就会得到提高。分工以后，人们更专注，熟能生巧，中间产生的浪费少；更重要的是知识可以专业化地、大量地积累起来，然后武装到人的生产。这就是分工理论。

当代经济已经不是亚当·斯密看到的工厂内的简单分工，它已经变成国家、地区、行业，甚至细化到产品内的分工。什么是全球供应链？任何一个产品都不可能在一家工厂里完全完成，都是全球组织供应。一个想法、一个专利、一个配件、一个零件、一个色彩，都是全球组装的，这就是我们今天的生活。举个例子，今天这个会场的上海半岛酒店，一开门就有门童，他的职责就是站在那里，对门负责。通过“站”，他站出了高于中国农民的收入。但你回到乡下这样站着，是不会有收入的。这是什么道理？因为城里人有钱，有钱才能请得起管门的。城里人为什么有钱？因为城里分工细致，生产力高度发达。

这是经济学讲了多少年的理论，既然已经认识到了国民财富积累的秘密，接下来要讨论的问题就是什么条件促进了分工？什么因素阻碍了分工？这是一套经济学。可以说，分工现象早已经出现了，它是人的活动，却没有人回答这个现象是从哪来的。经济学里也没有回答。比如，怎么会有人专门去做一件简单的、重复的事情？谁下的命令？大千世界，存在无数的人、无数的行业，是谁让他们去分别完成不同的工作呢？

今天的定位理论让我看到了分工的动力机制，它可以由一些人主动把过去历史上发生的经验提炼、总结成一份报告，然后选择一个方向，放弃别的方向。专业化就是这样来的。无数的人往无数方向探索，就会形成越来越有意思的分工结构，就会让提高生产力的源泉涌动得更加活跃。这是我今天第一个很大的收获。

经济学擅长于在现象出现后提出一个问题，再给到一个答案。但对于企业来说，它的任务不是解释已经发生的现象，而是要选择如何行动，如何操作。无论是哪种行动、哪种操作，都是人的行为。这给我们很大的启发：如果是主动按照某个概念、某个思路去从事经济活动，就可以大幅提高生产力。中国的经济发展是从改革开放这个点一下子就上去的。怎么上去的？就是分工变成一个越来越自觉的、主动的行为。业界的话叫作“专注”，就是放弃很多其他事情，一心扑在某件事情上。如今，专业化分工已经变成更加自觉的企业行为、公司战略了。

用户心智决定经济结构

我们应该看谁的脸色？从哪里获得信息信号来确定自己该往什么方向走？这是我今天获得的第二个有教育意义的收获。

企业家不能想我有多厉害，不能觉得我学工科我有技术，我搞市场我有经验，我带过队伍有人脉，搞过金融能找来钱，因为这些并不能告诉你接下来要往什么地方走。能够告诉大家走的方向、走的力量在哪里的——其实就在消费者那里，在消费者的心智结构里。消费者从来都没有清清楚楚告诉我们任何一句话，我们的工作就是去猜消费者的心理，猜他们是怎么想的。

就像老乡鸡改名字（原名肥西老母鸡），是消费者告诉你要改名字吗？不是的。过去我们讲“顾客就是上帝”，什么是上帝？上帝就是他什么也不用说，但有一种力量推动着我们去猜他喜欢什么。这是一种驱动分工的最神秘力量，这场游戏永远没有尽头。大家可以回想一下，我们从小到大追求的东西，那些年我们追求过的她，从来没有清楚地告诉我们怎么才能追到，它需要我们去猜，需要我们用心琢磨，用心体会。这，就值得追。

其实，定位理论的原著关于心智（mind）是没有用“心”（heart）这个字的。但我们中文翻译厉害了，你想追上一个东西，光有脑还不够，还必须得用心。对于这点，我们中国人是很讲究的。以消费者为中心，我们从走向市场开始，这个理念就逐步在中国产业界树立并流行起来了，比如以客户为中心的华为。为什么以客户为中心？任正非讲得最朴素：企业一开门都是花钱的，要给员工付工资，给政府交税，给供应商付钱，只有客户是给你钱的。所有资源都从客户那里来，以客户为中心是天经地义的。

定位理论以这个为基础，又往前推了一步。什么是以客户为中心？客户的需求，客户说了吗？不仅没说，还在不断变化。所以你得不断地追、不断地利用资源满足客户从来没有清楚说过的需求，这就是企业游戏。

企业家是个性、人格等各方面都比较强的一群人，但定位理论有一点特别好，它能够把具有强势性格的企业家从“以我为中心”转向“以用户为中心”去满足客户。如果一个国家这样做，就会发出正确的信号让你进行正确的分工，国民财富就会得到大幅提高。

所以，在消费者的心智结构里占一席之地，这个学问了不得。比如，瓜子二手车的“没有中间商赚差价”，不要小看最后凝聚出来的这一句话，我的第一反应是说这句话的不就是中间商嘛，但重要的是它不赚差价。定位不能只把它当作一句话，要看它背后的逻辑。真正的学问就在这个地方。所以，这是第二个对我形成冲击比较大的观点，就是整个企业界、经济活动、要素重组，要向一个地方发力，就是向着消费者心智结构发力。

定位、定位，就是定这个位。它不是一次性的，而是一个过程，并且一定是一个定位、再定位的演化过程。因为环境变了，对手变了，市场变了，技术变了，流行观念变了，消费者心智不断变化，我们心目当中的上帝的心思也在变。

怪不得企业定位都是一个长期多年的历程，原因就在这儿。这实际上也变成了一个企业长久的习惯，我们所有的努力、所有的资源就是冲着消费者不断变化的心智去的，而不是只顾眼前利益。我们有时候猜得近一点，有时候猜得远一点，但不论远近，这都变成了中国企业成长路上一个了不起的力量。

定位的内涵非常丰富

今天，前面的嘉宾都讲到，定位不光是生产什么产品，生产的产品在消费者心智中还要占有一席之地。在我看来，这个说法对，但不完整。比如郎酒被定位为“两大酱香之一”，消费者也都在慢慢接受、认可，你就能高枕无忧了吗？不是的。接下来，你还要整合所有的资源、企业管理、技术研发、储备等集中发力，做到让郎酒和茅台一样好，甚至比茅台还要好。我被汪总这一点打动了。为什么？因为中国国民经济遇到的一个大问题就是质量问题，总体来说数量这个坎儿我们迈过去了，虽然个别有些反复，短期内整体还是过剩的。但是，质量是大问题。

有意思的是，我们这两年一直在跟佛山的企业家研究品质革命，研究下来发现学问不浅，因为质量是没有定义的。什么叫质量？更贵就是质量高吗？如果这么去理解，国民经济就垮了，比如酒店，我们不只需要五星级酒店，我们还需要各种各样的酒店。后来，我们发现有一位美国人克劳士比(Philip Crosby),本来是个医生,跑去当质量检查员。这个经历让他发现工业企业总是生产大量的残次品,并且质量检查方法非常落后,每次只能通过不断检查来发现次品,然后纠正次品。于是,他提出"为什么你一开始不把事情做对"这个问题,接着又提出"什么是把事情做对"。在这个基础上,他对质量下了个定义:质量就是符合要求。这句话了不得。当然,你可以不同意这种说法,但你一定要品一品这个定义。

拿酒店来说,要分为不同的星级,满足消费者的不同需求;接着,还要考虑不同需求背后的心智结构,也就是猜他们的口袋,以便提供更适合他们的服务。这些完成之后,还要考虑不同星级酒店有什么要求,一定要清楚地定义下来,然后让我的产品、我的服务无限逼近地符合要求。从这个角度来说,定义质量也是一个定位,不要把"高质量"当作喊口号,而是要切实去做。质量就是针对一个客户、针对一个需求、针对一种购买力,设定一种指标。指标的设置,要考虑它对环境有什么影响,对人的身体、人的心理有什么影响,要达到人类文明能容忍的下限,然后随着经济的增长不断提高它的上限。

目前,中国的经济总量是全球第二大,制造业全球第一大,贸易品全球第一大,但质量怎么样?大家不要认为收入高的人才会遇到质量问题。我多年观察经济的经验告诉我,被差的产品损害得最厉害的是穷人。因为穷人的收入本来就少,他们买不起什么好的东西,于是买的东西很快坏掉了,就再买一个差的补上。你如果观察低收入人口,会发现他们都受祸于质量很差的产品:本来就穷,不买又不行,买后很快就坏,于是不断买,最后花的钱加到一起,比富人购买高性价比产品付的代价还要高得多。

我们通常说的"陷入贫困陷阱"就是这么个道理。来回在贫困里折腾不出来,其中一条就是因为你收入低,因此只能向你提供低价产品,低价就意味着低质;然后互相杀价,你便宜,我比你更便宜。这样走下去,对国民经济的提高一点作用也没有,甚至在一定程度上阻碍了国民经济的向好发展。

所以，回到质量的定义，先要定义出一组要求，然后让产品符合要求，这也是定位问题。定位，不是光定位生产什么产品，还要定位生产什么样质量的产品，这是体系的力量。今天我听到的十几个案例，都是讲把生产什么定好、生产什么样的品质定好，然后确保一定做得到。所以我今天听下来，感觉定位的内涵是蛮丰富的。

把全球消费者装在心中

企业家要把消费者装进心智结构的中心位置。任何时候，企业家再牛、再有资本、再是独角兽，也都要服务于心中的消费者，这个定位要清楚。

问大家一个问题：中国企业家的心有多大？有多宽？

我这几年观察中国经济，我觉得我问的问题真的是一个问题。为什么这么说？我这两年去了很多小国家，发现了一个现象，很多小国家也有全球性的大公司，比如马士基航运公司，来自丹麦。丹麦只有4.3万平方公里，一个半北京大，580万人口。另外，丹麦的几家助听器公司也都是世界前沿的，最大的一家叫奥迪康。现在人的寿命普遍变长，但一到60岁，听力都会下降，所以听力市场很大。一百多年前，一位丹麦人汉斯·戴蒙特发现自己的太太听力不好，然后在新闻上看到英国国王加冕典礼时从美国进口了一个助听器，于是他千方百计把那个助听器找来，之后他发现，其他耳朵听不到的人也有这个需求。看到这一市场需求，他放弃了其他事情，专门做助听器的进口贸易，最后变成自己生产、自己研发，后来成为世界最大的助听器公司。

你会发现，小国企业家的世界很大，丹麦、荷兰、瑞典、瑞士、以色列等等，它们的企业做一样产品就是做给全人类的，做的是全球生意。而现在中国很多企业家看来看去，做一个东西给中国人用就觉得很光荣了。我不是说在中国做成一个大市场不光荣，但是算术摆在这里，你再大也就14亿人口，全球70亿人，活跃人口30亿。好在现在至少有一家中国公司的产品是服务30亿人的，它是华为。如今，它在170个国家设置了部门、分公司和代理处，全球作战，这是2019年5月我在华为看到它的年度报告时得知的。

这是为什么？我们有一个心智结构的自我设限。我们心里有一个魔障：我们觉得好的东西，可能别人欣赏不了。我们的白酒在境外销售增加了多少？中国人喝白酒喝得这么开心，你以为老外就喝得不开心吗？你以为西班牙朋友一定不喜欢老乡鸡吗？人类有很多地方是共通的。对中国人好的东西，对全人类都可能好。你要有自我实现的欲望，满世界去设点，满世界去打市场。

这次我们在欧洲还参观了荷兰皇家代尔夫特蓝瓷公司，就是利用通过“丝绸之路”从中国流传过去的技术做瓷器，然后它引进、研发、创新。我们参观时发现，这家600万欧元生意的公司，居然一下子打开世界地图，指着说我们销售的东西在世界的哪些地方。当晚，我们整个团队讨论这件事，中国企业家做600万欧元生意的有的是，但我们有几个是拿世界地图说话的？

当然，条件不成熟的时候，往外打是会错的，但从心智结构上来说，我觉得中国企业一个很大的发力之处就是全球化。如果中国公司在全球布局，我们就可以把全球比较合理的信息带给中国人，带给中国政府，带给中国的民众，就可以促进中国的进步。作为一个号召，“走出去”已经喊了很多年了，但我们有很多的魔障，觉得语言不行、文化不行，实际上，这都是一种心理障碍。

我最后在中国地图上找到了这个问题的根源。在我们的地图上，西边是喜马拉雅山，按照今天的技术，能翻过去的也没几个人。南边有南海，过去郑和下西洋是往西走，从来没有想过可以往东走，我们脑子里只知道东海里住了个龙王，不知道东海之外还有一个很大的世界，没人去试过，没人去闯过。北边就是大草原。我们说天下就是这样了，出不去了。还原到历史上的技术条件，这是有道理的。所以我们老是认为天下就是中国，中国就是天下，其他的微不足道，兴趣也不大。

现在，我觉得我们要好好学习老华侨们，他们哪里都去，当然可能是生活所迫。但天涯何处无芳草，你就是开一个中餐馆，开在西班牙不挣钱吗？照样可以养家糊口，照样让你的儿子上大学读博士。但我们现在过得好的、有实力的这批人，心智上有很大的欠缺。2019年世界500强企业，中国有129家，比美国还要多，但是中国企业的国际业务占比不到20%。这其实是心智结构问题，中国的企业家应该把心智打开，对外部世界更加有兴趣。我们的这种勤奋、努力，再加上定位战略，是可以在全世界作战的，没有道理不能去。倒过来看，几百万人口的小国家就有好多跨国公司：雀巢是瑞士的，是全世界最大的食品公司；宜家从瑞典的小村庄起家，然后做到了全世界。

这里面有一个辩证法：国家小、市场小。既然知道这个小市场养不了大鱼，就一定要往外走，一定要对外面的世界有兴趣。我们是大市场，这没错，但整天说中国是一个大市场，大家就满意得不得了。所以，这次我借此机会要把这个问题提出来：在心智结构上，我们的企业家不但要把中国消费者装在心中，而且要把全世界消费者装在心中。

在座的有几个人不知道莎士比亚？但你跑到国外去同样一个会场，你问有几个人知道李白，回答"知道"的人与现在回答"不知道"的人可能一样少。为什么？因为外国人欣赏不了李白，但中国人欣赏得了莎士比亚。这又是为什么呢？因为有人在努力翻译莎士比亚的作品，传播这个文化，而我们对自家文化的传播力量是远远不够的。我们中国人喜欢的，你要相信人类大多数也很喜欢，你不要说这是亚洲人的，这是不可逾越的，没有这个事情。我们大国的企业家有理由把我们的心智再扩大一点。

所以，邓总讲的“哥白尼式”革命[1]没有到此结束。我们要把“以企业为中心”变成“以客户为中心”，以客户的心智结构为中心。我们不光是决定生产什么产品，还要考虑生产什么质量的产品，因为质量问题存在着心智结构认可的问题，你东西好，还不够，怎么让人家觉得你的东西好？要知道，你觉得好跟消费者觉得好，中间还有很远的距离，还有很多学问要切磋，要研究。因而，这是一场难打之战。我们中文有个词叫“品质”，什么叫“品质”？品是三个口，是人家说你好，是客户认可你，这就需要好好定位。

所以，中国要在定位理论的实践路上继续往前走，达到一个更高的水平，回到经济增长的基本底层逻辑来，向着一个活的，不断随着收入、观念、环境变化而变得更加精巧的分工结构的方向走，最终实现提高国民收入、增加财富、国家现代化的大目标。我们应该为此而共同努力。

1 参见本书第3章。

I

战略篇

第1章

迎接新的定位时代[1]

最近这段时间，我在美国工作。前阵子，我在定位之父杰克·特劳特(Jack Trout)先生工作了几十年的办公室里接待了我们在西班牙和哥伦比亚的合伙人。西班牙合伙人劳尔先生告诉我，他将定位理论推进到了西班牙的三百多家企业，可以说，西班牙各行各业的企业家都在运用定位理论。在哥伦比亚，定位理论在企业界和学术界都得到了广泛的普及和传播，哥伦比亚合伙人卡洛斯先生在当地三所大学担任战略学教授，给企业家讲述定位是如何引领战略的。

我们普遍感受到，当前越发复杂的经济环境越来越需要我们运用定位和重新定位的眼光来审视自己。每个企业每一年，互联网企业甚至每个月，都需要思考：我的定位是什么？是否需要重新定位？围绕这个定位，我的战略是什么？内部资源如何配置？

---

1 2018年1月31日是定位理论创始人杰克·特劳特先生的83周年诞辰纪念日，邓德隆专门录制了视频发言，以纪念先师特劳特先生对当今商业世界的贡献。本文为发言文稿，略有修改。

新的定位时代来临

我身后这张图片是《华尔街日报》在 1996 年对特劳特先生的专访，这在当时具有标志性的意义。定位理论自 1969 年由特劳特先生提出以来，到了 1990 年代，随着市场竞争的加剧，变得更加重要，所以《华尔街日报》采访了特劳特先生，向大众传播定位理论的价值。大家看特劳特先生 1990 年代的作品时会发现，他常讲的一句话是：今天的竞争看似已经很激烈了，但告诉大家一个坏消息，和未来的竞争相比，今天的竞争环境像茶话会一样轻松。

现在离当时又过去了二十多年，我们可以切身地感受到，特劳特先生的这句话正越来越逼近现实。尤其在中国市场上，我们看到，互联网巨头在不断地和传统行业结成战略联盟，利用其先进技术改造各个行业，形成极具爆发力的创新型经济，在我看来，今天的商业环境已经走入了技术和定位相互促进的新时代。互联网、大数据、人工智能等科技的综合已经将我们带入了三无的环境：无障碍、无边界、无时空。

第一，无障碍。传统上我们经营一家企业，如果要搭建全国的渠道网络，至少需要 5—10 年的时间，还会面临层出不穷的问题。但是，这个渠道一旦完成，也产生了极大的壁垒。竞争对手的产品再好，如果没有渠道可以让消费者买到的话，也无济于事。所以，一个强大的渠道可以使得企业把竞争对手阻挡在门外，赢得一定的安全期。如今，移动互联网技术使消费者可以在网络上轻松买到任何产品，渠道的障碍被彻底消除了。

第二，无边界。传统行业之间，隔行如隔山，行业壁垒高，知识鸿沟深。如今，这种行业之间的边界已经完全被击穿，跨界颠覆另一个行业的现象越来越频繁。同时，不只是行业的边界，市场的边界也被打破，任何一个新诞生的商业模式都可以迅速普及全球。领先的互联网巨头搭建起来的基础设施为颠覆行业边界、地理边界提供了可能。

第三，无时空。在移动互联网时代，时空的壁垒同样不复存在。传统上，当我们想要购物时，可能因为在上班，或者时间太晚了，又或者周围没有商店等等原因，不是很方便。现在，消费者可以在任何时间、任何地点完成购物。最近，纽约的气候奇寒无比，我感觉有点感冒的征兆，在任何地方打开手机、输入需求，就可以在 App 上买到感冒药。时间和空间的限制也消失了。

社会呼唤企业定位的诞生

杰克·特劳特先生早在 1969 年就预言商业世界运作的规律：随着企业内部的管理越来越成熟，决定企业成败的关键，就是企业能否在消费者心智中建立起一个强大的定位。整个商业社会的发展与转型，要求企业配置资源的方式、取得绩效的方式等也随之发生变革。

我们再次回顾一下社会生产力提升的历史。

弗雷德里克·泰勒（Frederick Winslow Taylor）把农民变成了工人，提升了人类几十倍的生产力，帮助人类从农业社会进入工业社会。现在发达国家中产阶级的兴起，正是得益于泰勒知识作用的成果。通过泰勒的努力，社会的劳动主力已经从体力工作者转化为知识工作者了。比如在美国的劳动力结构里，体力工作者所占的比重已经不到 5%。如果想提升整个社会的生产力，继续提升体力工作者的生产力，潜力有限，只能通过提升知识工作者的生产力来解决。

彼得·德鲁克（Peter Ferdinand Drucker）先生终其一生创建了管理学科。管理学科的核心一言以蔽之，就是通过组织这样一个工具，让知识工作者能够在组织中有效协同，从而大幅提高知识的生产力。管理学发展到今天，取得巨大的成功，使得消费者产生的任何需求，都有一个个强大的组织可以来满足。每当市场上发现一个新的需求，一夜之间就可以诞生成百上千家企业来满足这个需求，大量的资源和财富浪费在了拥挤不堪的恶性竞争中。史无前例的技术进步并没有降低竞争强度，反而进一步强化了竞争。

接下来，如何继续提升社会生产力呢？

答案正是杰克·特劳特先生提出的定位理论。特劳特先生指出，提升生产力的关键在于获得顾客的认同，从而高效开创顾客。我们看到，不管是线上还是线下，企业获客成本越来越高，其背后原因正是因为获得顾客认同已经成为企业生存的关键。这就要求企业在传统的财务、法务、人力资源等功能外，必须加入一项新的功能，即定位。

定位是企业不可或缺的功能，是组织客观存在的重要器官，它比财务、法务、人力资源、运营等功能更加优先，甚至在企业创立之前，就应该明白，企业在社会存在的根本理由是什么？这就是定位。任何一个企业想要在当下的商业环境中生存下去，首要思考的问题就是，企业的定位在哪里？其次，才是运用好大数据、人工智能、云计算等先进技术来创建、做强、做大这个定位。

最近，茅台做到上万亿市值，并进入中国上市公司排名前十位，大家有没有思考这个茅台现象呢？它为什么能够创造如此大的市值呢？茅台的毛利率高达93.5%，很多分析人士认为这是泡沫，不正常，这其实是从企业内部的视角来思考问题。如果从企业外部来看，从茅台在顾客心智中的位置来看，就会明白，正是茅台在顾客心智中强大的定位给企业创造了如此高的价值。杰克·特劳特先生提出，有了定位之后会产生一种新的生产要素，叫作心智资源，它为企业发展提供了源源不断的动力。当企业的定位在消费者心智中足够强大，科技创新的助力能够将企业推到一个更加巅峰的状态。

企业未来的成果不再是拥有多少土地、多少资本，甚至多少人才，而是企业在用户心智中有没有拥有像茅台一样强大的定位，这个心智资源是企业所有的资源之首。如果企业没有定位的功能，任何生产要素的生产力都难以被调动，组织也会缺乏一致性的经营方向。

中国企业要把握新的人口红利

中国的经济面临着巨大的压力，核心问题在于人口红利已经变成人口负利。2010 年，刘易斯拐点已经出现，劳动力的持续供给在这一年戛然而止，出现了萎缩的现象。年轻劳动人口的萎缩是我们中国经济巨大的人口负利。这样的经济现实，每一家企业必须要清醒地看到并面对——只有通过提升生产力，才能对抗这种人口负利带给我们的沉重压力。如何将人口负利转化为另一种人口红利呢？在我们看来，就需要调动中国消费者乃至全球消费者的心智资源，发挥定位的功能，为各类生产要素提供新的组合，从而迸发全新的生产力。特劳特中国公司在定位实践领域已经走过 16 年，一大批企业已经在行动了。我们希望更多企业都建立起自己的定位功能，把定位作为企业的战略核心来引领内部所有资源的运作，这样才能调动 14 亿人的心智资源，把握新一轮的人口红利。

第 2 章

定位是新一代的战略[1]

我想从自己实践的角度，从大量企业家在企业具体运作的微观层面，试图找到一个现在宏观经济困难局面的解释。因为这二十年来，我一直在微观经济层面做企业战略。在企业具体运作层面，我确实看到了一场危机与挑战，但这个挑战的原因，却没有被大家重视。

千军万马过独木桥

与众所周知的相反，在我看来，这些宏观经济的困难和挑战，主要是由于成功的管理，而不是失败的管理带来的。当然我们还有很多问题，但是，就整体而言，实际上恰恰是因为管理特别成功导致了现在的很多问题。

管理的巨大成功导致了什么问题呢？任何一个需求，都有成千上万的供应者，这样就出现了一个巨量的拥堵现象，因为顾客头脑中根本容纳不了这么多的供应者，尤其这一次移动互联网、大数据等科技的迅速发展，极大地提高了企业运营效率，使这种情况更加恶化。很

1　2015 年 9 月 10 日，邓德隆在达沃斯论坛财新早餐会的演讲。

早之前的竞争，比如1950年代在美国买汽车，顾客只要记住通用、福特、克莱斯勒这三大汽车厂就能解决问题，但后来呢，日本车来了，德国车、英国车、法国车、意大利车都来了，韩国的也来了，质量都很好，顾客心智无法应付那么多公司、那么多品牌，更不用说那么多的车型了。

全球一体化和技术的发展，使得你今天制造出一个产品，明天就有几百个比你做得更好、价格更低的产品出现。一个商业模式在硅谷诞生，中国马上几千家冒出来。这么多资源投入，难道都会成功吗？当然不会。实际上，最后只会剩下一两家胜出，其余的资源投入都是不会成功的，原因是同一个行业里，顾客大脑中存放不下那么多供应者。

我们经常劝企业家，如果你没有在顾客头脑里发现一个属于你的定位机会，或者你不能在顾客心智中创建一个定位——针对竞争确立优势位置，这个事是没有前途的。但是，大量的社会资源仍然正在拥挤着过独木桥，所以，我们看到的挑战，是一场千军万马被堵在顾客心智之外而造成的大型踩踏现象，大家如果从这个角度看，就可以发现企业和社会损失惨重。

消费者的头脑不是白板

所有的企业家都说要重视消费者、消费者是上帝，但是我们看到绝大多数企业的行为，并没有真正地把客户放第一，仍然是按照英国哲学家洛克(John Locke)倡导的哲学思想在行动。洛克的经验论哲学假设我们每个人的大脑像一块白板，企业想在上面写什么就可以写什么——企业推出一个新产品，使劲做营销，就能够在用户大脑这个白板上写下我的产品。这种哲学指导下的企业实践，效果越来越差，企业家也越来越焦虑。他们焦虑的是，新产品推出了，广告不投不行——投吧，效果下降价格还涨，各种新媒体越来越多，目标受众越来越分散,怎么办?为了在顾客头脑中写下点什么,只能尽可能再加大投入量,然后压榨广告公司和媒体,拖欠款项,怎么能不焦虑?

这个焦虑的背后,是没有注意到现有的企业竞争环境需要一种新的哲学。恩格斯(Friedrich Engels)曾经说过,有些深刻的哲学家提出的命题,要在后续的两百年里才陆陆续续被自然科学和社会科学慢慢证实。二百多年前,一位伟大的哲学家发表了《纯粹理性批判》一书,颠覆了洛克的白板哲学,提出了一种新的哲学,这个人就是康德(Immanuel Kant)。但康德哲学至今在中国企业界,乃至全球企业界,都没有得到足够的重视及运用。

康德是怎么批判洛克的白板哲学的?他认为,人的大脑不是被动的,相反,人的大脑是主动的,是决定性的,消费者头脑中的观念决定了什么样的信息被接收。洛克的哲学认为我们的头脑是一块被动的镜子,企业给我们什么信息,我们就看到了什么信息。康德说,错了,不是主体反映客体,而是主体构造客体,甚至整个宇宙都是我们主体构造的。霍金(Stephen William Hawking)说,宇宙是因为我的模型而存在,我们认为的宇宙,实际上是一些物理学家构筑的模型,使我们认知到了这个认知模型构造出来的宇宙,我们还有很多未知的宇宙,所以,今后我们的宇宙观肯定还会不断被新的哲学、新的物理学所构造。

因此,康德让我们注意到一个问题,人的心理结构决定了我们能看见什么、能吸收什么。消费者头脑里面已有的观念,决定了企业能够卖掉什么。只有顺应顾客认知的信息,顾客才可能看得见,否则视而不见,听而不闻,如同秋风过耳。康德虽然发现了顾客心智中蕴藏着巨大的构造自然与社会的力量,但康德不认为这是上帝赐予的,也不承认上帝的实体存在,所以梵蒂冈教会把他们的看门狗取名为康德以表达愤怒。中国也有一位伟大的哲学家李泽厚,他在1979年出版的巨著《批判哲学的批判》中解释了康德的发现。他认为心智的巨大能量,来源于人类历史的积淀。李泽厚认为宗教本身就是因为调动了心智的力量而成功的，他预计未来脑科学一定能复制出这种力量。

商战不是产品之战，而是认知之战

这二百年来，“人的认知构造了世界”这一观念，不断在自然科学及社会科学中得到有效验证。比如量子力学、海森堡的测不准原理、玻尔的互补原理，它们都承认受康德哲学的影响。那么，这个理论在企业经营上如何运用呢？这就是定位之父杰克・特劳特先生发明的定位原理：商战不是产品之战，而是认知之战。商业成功的关键，是在顾客心智中针对竞争创建一个优势位置——定位。如果我们不能在顾客头脑里获得一个定位，企业本质上不存在，因为顾客的心中没有你。

所以，面对新的时代，企业应该以新的哲学来规划新的战略，不能像原来一样由内而外，把消费者的头脑当一块白板去写，而要反过来，由外而内，以外部消费者的认知为核心，以此决定企业要生产什么、卖什么。杰克・特劳特有一个著名的论断，就是现在的竞争地点不在工厂，也不在市场，现在的终极战场一定是在消费者心智里。

只有数一数二才能存活

顾客心智是怎么运作的呢？很多行业的规律是，众多企业竞争到最后，只会有一到两家存活。十年前，我曾经在一次空调峰会上，面对中国四百多家做空调的企业老总说，你们当中最后只有一两家能存活下来。记得当时全场都笑了。这是我十年前讲过的话，现在大家可以看到，现实就是这样残酷地被认知规律所构造。格力、美的之外的空调企业，生存都很艰难。反过来说，格力、美的正是借用了心智这股巨大的构造力量而获得源源不断的成长动力。所以，我们一定要清楚，在顾客心智中，只有数一数二才真正“存在”。

在互联网业务上，情况更糟了，很可能只有第一，没有第二。第二会活得非常惨，第三就更不用说了，经济一下行，马上震荡出局。这是现在人类共同的挑战，也是中国企业家所面临的大环境。每个行业中都有那么多企业的投入是低效的，没有未来。大量的社会资源被错配了，当然就导致了全球经济的诸多问题、诸多震荡。

心智资源比传统生产要素更值钱

实际经营过企业的人会有这样的感受——那些在顾客心智中拥有一个定位的企业，会因获得心智中的能量迅速崛起；反过来，如果企业在顾客心智中没有一席之地，未能拥有一个独一无二的定位，就会非常麻烦，即便现在还能赚点钱。

大家可以看到，现在有些企业不赚钱，为什么估值还那么高？原因很简单，它在顾客头脑里有一种比资本、土地、劳动力这些传统生产要素更值钱的资源，我们把它命名为心智资源，即在顾客头脑里拥有一个独一无二的优势位置。

2005年阿里巴巴收购雅虎中国之后，曾经说过用三年搞定百度，在中国做搜索的老大，当时我笑了。阿里巴巴和雅虎有钱，也不缺管理、技术、人才，但是面对顾客的大脑，任何一个聪明人、任何一家伟大的企业，如果不遵循心智运作的规律，也是毫无力量的。现在看，若干个三年过去了，雅虎中国仍看不到成功的可能，主要是没有心智力量的支持，中国用户头脑里没有位置给它。搜索这个位置在中国被百度占据了，没有地方装下雅虎，除非雅虎能另外去创建一个定位，否则不可能生存。当然这种情况不仅限于雅虎。

任何一个企业，如果在顾客头脑里没有一个定位的支持，就是一个无力的企业。心智中没有一个存在之家，这个企业有再多的钱、再好的管理也没有用。所以，我们希望每一位企业家都能做一件事，就是正确定位自己。在全球化时代，无论是企业还是个人，我们都要思考一下，我们是谁，从哪里来，这样才能找到自己的历史使命——也就是回答我们向哪里去的问题。

新一代战略创造新动能

我们在全球各地看到的动荡，从本质上看，是因为组织功能的失灵。我们企业家面对的这场挑战，是管理特别成功所带来的，也是科技高度发达带来的。这两个板块的挤压，导致微观层面每一家企业、每一个人，都面临全球无数的、空前的竞争者。

现在我们看到的是，大多数资源投入根本不奏效，大多数企业在顾客心智中没有存放之处，千军万马被顾客心智挡在坚固的城墙外面，互相践踏，后来者仍然蜂拥而至……这才是全球最大的挑战。

应对这个挑战，我们需要用一种新的哲学，由洛克的哲学转换到康德的哲学，用一种新的战略，这种战略叫定位战略。每个人、每家企业，一定要在全球顾客心智中能够代表一个独一无二的词语，才算成功。这个定位会给我们带来新的资源，这个资源叫心智资源。这种心智资源并不抽象，比如百度代表搜索，格力代表空调。这种心智资源超过企业其他的资源，一旦占据了，价值无量。

新哲学下的新战略为每个企业都提供了无限的可能，任何一个企业都可以通过这种新哲学来规划新战略，从而在顾客心智这片新大陆不断获取新动能。

第3章

定位理论的哲学原理[1]

“定位”背后的哲学原理是什么？我曾有幸上过一堂哲学课，在此把这堂关于定位原理的哲学笔记分享给大家，以此尝试与大家探讨一下定位理论的哲学原理。

先说一下，这堂课怎么来的。

安乐哲（Roger T. Ames）先生是加拿大著名哲学家，他非常重视李泽厚先生的哲学。多年前，他在夏威夷大学举办了一次李泽厚思想研讨会，遍邀全球哲学家一起探讨李泽厚先生的哲学思想。李泽厚先生早在1988年就当选了巴黎国际哲学院院士，2010年他的《美学四讲》入选著名的世界文艺理论选集《诺顿文选》，与柏拉图（Plato）、亚里士多德（Aristotle）、康德等传世大家同列。我与劲酒董事长吴少勋先生都很喜欢李泽厚先生的哲学，于是我们相约一起去观摩这次研讨会。

研讨会期间，吴总请李泽厚先生指导一下企业经营。李泽厚先生说，你要在消费者认知中创造一个属于你自己的独一无二的概念，用

1 2019年9月24日，邓德隆在特劳特伙伴公司举办的“定位理论五十周年全球盛典”上的开幕致辞。

这个概念统筹所有的资源，然后打出去。我当时惊呆了，李泽厚先生说的这个理念，和特劳特先生讲的定位原理竟然是完全一致的。这使我意识到定位理论有着与其相通的哲学原理。

认知如何可能？

接下来的一周，只要有机会我就围绕这个问题紧紧追问李泽厚先生，李先生就着这个问题给我上了好几天的哲学课。

李先生说，首先我们要知道人脑是如何学习的。

这当然是一个科学问题，但首先是一个深刻的哲学问题，未来会是一个重要的教育学问题。人类史虽然有上百万年，但是哲学史上提出这个问题，至今也只有两三百年时间。

经验论哲学的回答

经验论代表人物是英国哲学家约翰·洛克，他的核心观点是“白板论”（Theory of Tabula Rasa）——人类的心灵就像是一块白板，上面没有任何记号，没有任何观念。我们的全部知识都是建立在经验上的，我们有过什么样的经验，就会形成什么样的知识。

我们所有人都知道并且讲述至今的“盲人摸象”故事，其背后蕴含着的“算法”正是洛克的经验论哲学。盲人甲摸到象腿，这一经验让他获得的知识是大象是柱子；盲人乙摸到象尾，这一经验让他获得的知识是大象是蛇。

他们形成了各自不同的概念和认知，原因何在？在于他们有着各自不同的“经验”。你如果想要他们有新的认知，或者接受对方的认知，唯有让他们换个位置摸大象，获得新的或者和对方相似的经验之后，才可能形成或者接受新的认知。世界上大多数的争论乃至冲突，其根本原因即是彼此不同的经验导致认知不同而无法沟通，达不成共识，双方都理直气壮地要证明对方错得实在离谱。如果不能拥有对方的经验，争论一万年也是徒劳无功。

总之，洛克经验论哲学，强调人类的经验决定了人类的认知。

先验论哲学的回答

然而，康德通过吸纳以莱布尼兹(Gottfried Wilhelm Leibniz)为代表的唯理论，翻转了洛克的经验论，开创了先验论哲学。他很肯定自己的哲学是“哥白尼式”的革命。后来的历史证明，他是对的。

什么是“哥白尼式”革命?

托勒密(Claudius Ptolemaeus)认为太阳围绕地球转，哥白尼翻转过来，认为地球绕着太阳转。经验论哲学以经验为中心，认为人脑是被动的白板，经验决定认知，而康德的先验论翻转过来，以人脑为中心，认为经验是被动的，人主动依据大脑中的范畴对经验做出选择、整理、综合而成为知识。康德最重要的著作《纯粹理性批判》的核心思想是，主体不是像镜子一样地被动反映客体，而是主体主动构造客体。不是人的认识围绕着感性材料旋转，而是感性材料围绕着人的认识而旋转。这就是康德自认的“哥白尼式”革命。外在的感性材料总是碎片的、复杂的、散乱的。这些碎杂散的材料之所以能成为知识，是我们大脑中的范畴(概念)将之统一起来，从而制造出了知识。我们有什么样的范畴与概念，决定了我们能加工什么材料，即先有概念(范畴)，然后才能“看见”物体。

我们从小就被灌输也普遍接受了的观点是：客观真理，独立于我们的认知之外存在，客观真理只待我们去发现。这种观点的底层逻辑、底层算法仍然是“白板论”哲学，对我们长大以后的思维方式产生了巨大影响，而我们却一直浑然不知。

客观真理真的是只待人去发现吗?

李泽厚先生告诉我，不是这样的。李泽厚先生用了一个很不客气的重词来批判这个缺陷:“爬行哲学”,即把人的地位及作用放在一个与爬行动物同等被动的维度。所有的客观真理都是人主动的“发明”而不是“发现”,是人主动运用知性范畴,从感性材料与经验中抽离创造出来的。现在的物理学认为,以人类目前的认知能力或者说“创造”能力,可见的物质只有4%,剩余的96%都是暗物质。我们要等待新的哲学家、科学家提出新的范畴、新的概念,在新范式(paradigm)的构造下,暗物质才能被我们“看见”。

也许再过一百年,人们会发现,今天的人类还是太狂妄了,其实我们能见的物质百分之四都不到,说不定连万分之四都不到。可见人类的认知能力是真实的客观世界的界限。这就是康德哲学的观点。人类大脑中已有的概念与范畴是认识的主体,以此概念与范畴选取、重组,构造感性经验与材料,最终构成我们的“知识”。这就是康德先验论对洛克经验论做出的“哥白尼式”的翻转。

对物理学的影响

康德的哲学观点对科学界影响巨大。李泽厚先生说爱因斯坦的“物理实在观”几乎完全重复了康德的观点,所谓“真实外部世界”就是我们的认知范畴创造的世界,康德把真正的外部世界叫作“物自体”——有一个东西在那里,你要认知它真正是什么,以及何所由来,永远不可知。这超越了人类的认知极限,只可思之、不可知之,人类只有依靠各种新的范式提供的视角,才能让我们对物自体的认识更深一层。

先有范畴,再统筹构造外部材料形成知识。李泽厚先生认为,先验论比经验论在科学上更正确,在哲学上更深刻。康德的先验论之所以比经验论高明,在于康德是从作为整体人类的成果即认识的形式、范畴出发,而经验论则是从作为个体心理的感知、经验出发。康德的缺点在于认为认知形式与范畴是先验存在,没道理可讲。李泽厚先生提示我，从这里可以看出康德的先验论中仍然有神的身影，虽然康德终生不进教堂。李泽厚先生在《批判哲学的批判》一书中指出，这些范畴与概念并非先验，而是人类经过上百万年使用—制造工具以获得生存的活动中积累沉淀下来的认知形式，李泽厚先生将之命名为“文化心理结构”。重要的是，人类经过上百万年积累，已经形成了很多范式，特别是在数学和逻辑领域，已具备了独自发明原理与范畴并据此改造世界的无限可能。例如人类先发明了质能方程式，然后据此选取外部材料，构造出原子弹来。

对科学史的影响

在康德哲学的影响下，美国科学哲学家托马斯·库恩（Thomas Kuhn）写的科学哲学名著《科学革命的结构》一书，重新回顾了科学史，发现科学史原来是范式创造的“真实世界”的历史。

范式一改变，这世界就随之改变了。在新的范式之下，你生活的世界类似于一个全新的星球，你原来熟悉的东西，变得陌生了；你原来看不见的东西，现在看得见了；暗物质变成了明物质。仍然是康德的观点：先有概念，然后才能看见物体。库恩的结论是，整部科学史就是一部在新的范式（范畴、概念）下不断地创造出新的真实世界的历史。

比如大家看左边这张图，看见鸭子了吗？这张图里，除了鸭子，其实还有兔子。库恩说，当你头脑里有鸭子范式的时候，你就看不见兔子。反过来也一样。这张图只是个简单化的示例，真实世界比这个图复杂无穷倍。库恩想以此图提醒我们，我们大脑中有什么样的范式，决定了我们能看见什么东西。

“主体构造客体”对经济的重构

工业革命以来的两百多年里，洛克的经验论哲学似乎都是有效的，企业界也是这么做的。即，顾客的头脑像一块白板，只能被动反映企业提供的产品与服务的信息。这并不是说人类的学习方式、认知世界的方式改变了，而是顾客在经济链中的权力，在相当长的时间里没有得到释放。工业革命的第一个权力中心是工厂，制造什么、价格多少，一切都是工厂说了算。福特的名言是这一权力中心的最典型标志：“你可以要任何颜色的汽车，只要它是黑色的。”顾客连想要什么颜色的权力都没有，因为工厂决定只生产黑色的。接下来，随着制造能力的突飞猛进，经济权力转移到了第二个权力中心——渠道。卖什么、卖价多少，一切都由渠道说了算，因为它比工厂更接近顾客。此时顾客的权力有所释放，但真正的决定性权力仍然在渠道商手上，渠道商的名言是：“什么产品最好卖，取决于我推什么。”

但是，自 1969 年的美国开始，杰克·特劳特先生看见了一个新的权力中心在崛起，那就是顾客心智力量，这将是一种重构经济结构及价值链的决定性力量。由于组织管理的成功和科技的进步，使得顾客在任何行业都面对着无数的选择。这意味着顾客可以真正以头脑中的范式、概念来选择、构造企业提供的无穷无尽的感性材料，即产品、服务、信息。特劳特先生一再提醒管理者，定位的本质在于：“顾客心智会主动筛选和排斥绝大部分信息，心智只接受与已有的认知逻辑一致的信息”，“顾客心智中已有的认知，就是企业必须要面对的客观事实，没有任何企业可以改变它，只能顺应它，并据此事实来设定战略”，“顾客只能看见他能看见的东西，也只想品尝他想品尝的味道”。

这就回到了康德提出的问题：认知如何可能？企业所有的资源投入如果不能被用户认知到，就不能转化为绩效。而要被用户认知的前提，是必须将配置资源的方式实现一次“哥白尼式”的革命，即从以企业为中心、以渠道为中心，翻转为以用户为中心。用户心智中已有的认知、范畴、概念决定了企业提供的材料（产品、服务、信息）能否被认知与接收。大脑先有概念，才能看见物体。顾客头脑中已有的概念决定了企业的哪些材料能被顾客组织起来。没有概念的统领，企业内部的运营，以及企业的产品、服务与信息，顾客就视而不见。这样一来，用户的权力在经济链中终于真正达至上帝的同等高度。李泽厚先生指出，康德的先验知性范畴，即是用此替代上帝而具有绝对的力量。无论哪个行业，如果有某个企业突然崛起，无一例外都是顺应了用户心智这一根本动力所致。而整个世界的经济结构正被这一根本性的力量改造着，正如近二十年来几乎所有的企业都要搬到互联网上一样，这股力量将迫使每家企业把企业搬进顾客的心智之中。在顾客心智中找到一个位置，这才是存在之家。

所以，特劳特先生说，企业经营中最重要的决策首先是顺应用户的心智，其次是要在顾客心智中拥有一个什么概念，成为某个概念的代名词。这与李泽厚先生说的在人脑认知中创造一个属于你的独一无二的概念（定位），然后用这个概念（定位）统领所有的资源打出去，可以说完全一致。这正是定位理论与康德哲学的共通之处：主体构造客体——此即为定位理论的哲学原理。

第 4 章

区分真正的战略和无用的战术[1]

2013 年，恒大冰泉很火[2]，但我觉得这种成功是短期的成功。定位错了，方向错了，再努力也没用，选择比努力更重要。

想到恒大，在心智里你能想到什么？足球，还是房地产？当你想到恒大，想到的是足球、房地产的时候，你喝这个水，会不会觉得有点钢筋混凝土的味道，或者足球的味道？

如果这个市场是个没有竞争的空白市场，这么做是没有问题的。但是饮用水市场并不是空白市场。不是产品本身有问题，也不是恒大没资源，或管理不够好，而是顾客心智堵住了恒大冰泉。

今天，我可以很有把握、很负责任地说，恒大冰泉是不会成功的。我也凑个热闹和许家印先生打个赌，赌一个亿试一下，他成功了，我给他一个亿，要没成功，他给我一个亿。

为什么这么说呢？因为从定位理论来分析，结论是很明确的，恒大冰泉违背了定位的基本常识。

---

1 2013 年 12 月 6 日，邓德隆在中欧国际工商学院、财新传媒联合主办的 2013 经济转型高峰论坛的演讲。

2 此次演讲之前的 2013 年亚冠决赛，恒大足球队球衣胸前最好的广告位一夜间变成恒大冰泉，引起舆论关注。据媒体报道，恒大集团在 20 天内花了 13 亿元为恒大冰泉做全媒体推广。普华永道 2015 年审计数据显示恒大矿泉水业务三年累计亏损约 40 亿元。

恒大冰泉要想成功，必须做三件事情：

第一，恒大品牌必须拿掉，否则仅此一件事，顾客在心智中就挥剑斩情丝，把恒大冰泉抛弃了。

第二，要建立一个成功的定位。在顾客心智中找到一个位置，这个位置就是定位，有了定位你才能发展。叫什么新的名字，也要依据定位来定。

第三，要围绕定位展开环环相扣的战略配称，特别是每一个阶段要做对的事情，来推进这个定位，并不是狂轰滥炸投资源就能成功。

加多宝如何重新定位

大家现在也很关注加多宝的成功。这个事情确实难度很大，企业也是迫不得已才启动新品牌。有媒体把这次加多宝的重新定位比喻为“换头术”。换肝、换肾的手术大家都听说过，但全世界有谁听说过“换头”的手术呢？

我们从定位的知识出发，还是成功地完成了这个手术，其原理简述如下：

现在很多人都记得那个决定性的广告：“怕上火，现在喝加多宝。还是原来的配方，还是熟悉的味道，全国销量领先的红罐凉茶改名为加多宝。”我们第一句话说“怕上火，现在喝加多宝”就是提醒消费者，“现在要喝加多宝啦”，一上来先打破你原来的固定程序，原来是“怕上火喝王老吉”，突然一个你所熟悉的模式被打断了，我们告诉你，现在要喝加多宝了，这就会引起消费者的关注：“怎么变了？发生了什么？”然后接着告诉顾客，原来的红罐凉茶领导者改名为加多宝了，但是你放心，还是原来的配方，还是熟悉的味道，怕上火你就喝加多宝。这样的话，每一个字都会在顾客内心深处唤起共鸣，把顾客原来对红罐凉茶的认知和情感，转移到这个新的品牌上，这就叫乾坤大挪移。如果没有这个挪移的话，确实，顾客对一个新品牌是拒绝接受的。

所以，运用定位可以调动巨大的心智力量，借这股力量的移动来重组认知，从而改变消费者的行为，即使“换了头”，消费者也依然能认出并继续喜爱加多宝。

不是冠名了一个好节目就能成功

《中国好声音》2013年特别火，所以有人认为加多宝的火是因为冠名了《中国好声音》。我现在可以告诉大家，不是冠名一个好节目就能成功的。比如汇源果汁，它也认为加多宝冠名《中国好声音》所以成功了，于是它就去冠名了《星光大道》。《星光大道》也很火，但是你看汇源果汁成功吗？《星光大道》是个很好的平台，但对汇源来说，此举只是让它花了更多的钱，成本更高、利润更低了而已。

很显然，我们一定要区分出哪些是战术，哪些是战略。

你必须首先解决你的战略定位是什么。媒体操作和媒体组合，只是一个战术层面。战术如果能和这个定位匹配、协同，它就是加分的。但是如果不匹配，那只是浪费了宝贵的资源。如果是一个全新的品牌冠名热门节目，也许还好一点，至少会因此打响知名度，多少获得一点收益。但是像伊利、汇源，这些已经非常知名的企业，如果只是想通过冠名《星光大道》《爸爸去哪儿》等热门节目这种战术性的动作，就要获得多大的成功，我认为很不现实。从定位理论看，我可以告诉大家，不要抱这样的期望。

不要误以为加多宝冠名一个《中国好声音》就成功了，远远没有那么简单，加多宝的成功是它的定位战略和整个战略配称协同作用的结果。有好的资源，用它来推动好的定位，相得益彰。你别忘了发射火箭的目的是发射卫星，现在很多企业把发射火箭本身当作了目的。放个火箭，最后什么也没有得到，汇源的教训就在这里。

要么差异化，要么消亡

杰克·特劳特先生写过一本书，书的名字叫 *Differentiate or Die*，这本书在翻译的时候考虑到中国文化，书名译为了《与众不同》。其实特劳特的本意是：要么差异化，要么死亡。

现在中国企业恰恰面临这个问题：同质化竞争、打价格战，利润像刀片一样薄。拿中国的金融市场来说，因为我们的银行几乎是百分百的同质化，一旦放开市场，就是一场价格战，和家电行业打到后来论斤卖是一个道理。如果企业不具备竞争力，政府的转型也会有困难。政府转型这件事情，刚才吴敬琏先生说得非常准确，确实非常重要，非做不可。但是如果企业家不提供另外一种力量，政府的转型也很难。还是拿金融市场来说，如果中国每家银行有各自的差异性，即使放开竞争也是稳定的、安全的。但如果说是高度同质化的，每家银行只能靠价格战来争夺用户，一放就乱，政府可能就不敢放了，或者稍微一放就得收。所以，我们的转型除了政府要转之外，我们企业家也有很大的责任。我们的责任就是把每个企业做到差异化，做到与众不同。

差异化，就是要独一无二，无可替代，每一家企业都要找到你能成为第一的那个位置，围绕这个位置，配置资源，展开运营。如果每一家企业都懂定位的话，我们就不会有现在这种同质化的竞争，那整个经济的运行将会是非常健康的。

吴敬琏先生说，中国经济增长模式必须由投资驱动型转变为效率提高型。提升效率有两种方法，吴敬琏先生向大家推荐了其中的一种方法——定位。另外一种方法是提高运营效益，包括降低成本、引进科技、对标先进、持续改善等等，这些事情，确实要做，而且潜力巨大。但我们要明白的是，提高运营效益的前提是先有定位。换句话说，先做正确的事情——定位，然后再把事情做正确——运营改善。

中国企业要只做第一

大家经常呼唤中国要有个乔布斯，乔布斯情结很重。在我看来是不对的，也不健康。其实即便进口一个“乔布斯”，也解决不了中国的问题。中国需要的是整个企业家群体的创新热情，这个群体的创新就靠每一位企业家都掌握定位，找到自己独一无二的领域，只做第一，从而使自己的产品成为顾客首选，提高企业创造顾客的生产力。

以前我们说数一数二，现在因为竞争加剧，你必须要做到独一无二，只有第一，没有第二。第二名就是失败。你说第二名拿的是银牌，但在特劳特先生看来，第二名不是拿了银牌，而是丢了金牌。当然这与特劳特讲的“二元法则”并不矛盾，即任何市场最终将只剩两匹马在竞争，但第二匹马也要在自己的定位上做到第一，才能占有市场份额的第二。比如宝马要在“驾驶”的定位上做到第一，才能稳住第二的市场地位；百事要在“年轻人的可乐”定位上做到第一，才能保住其市场第二的位置。

其实企业家[1]这个词的准确翻译应该叫“创业家”。1803 年一位法国经济学家萨伊（Jean-Baptiste Say）发明了这个词。他定义的创业家就是不断地把资源从产出低点往产出高点移动的人。这个移动的最高点在哪里？你要问自己，有机会做到第一吗？没有，那就不要做了。找到一个属于自己的能够成为第一的领域，在顾客头脑当中占据这个位置，这就是定位。你要为企业在消费者的头脑里找一块风水宝地，这块地就是企业的成果，就是企业最大的财富。

1 entrepreneur，这是一个法语词汇。

第5章

企业战略史上的三次突围[1]

"突围"意味着企业陷入了困境。到底是不是出现了困境，怎么解决，这可能取决于用什么视角来看这个问题。只有看清楚了，才能找到突围的办法。

竞争地点的三次转移

市场经济的本质是竞争经济，竞争的重心在历史进程中有三次重大的转移。

竞争地点的第一次转移，是从清明上河图模式到福特模式。清明上河图是家庭手工作坊，转移到大型工厂生产，这种大生产蔚为壮观，是人类历史的大变迁。

我们以前都是以家庭作坊解决供给，妈妈给我们做饭、做衣服、做鞋子等等，以家庭为单位。随着工业革命的发展，我们转移到大型的社会组织。这种社会组织的大型化，导致整个社会出现了巨大的变迁。这一次变迁当中，谁捕捉到了社会脉搏，提前布局，设立大工厂，

1 2014年4月25日，邓德隆在第十五期"财新问道"活动上的发言。

组织大生产，谁就能够迅速崛起。

福特就是这样崛起的，福特的生产流水线是那个时代给我们留下的最深刻的记忆。福特最辉煌的成就在美国的汽车市场。创始人亨利·福特 65 岁生日的时候，下属报告，福特在美国的市场占有率是 60%，全球的市场占有率是 50%，组合成了一个 65 的吉祥数字给他庆生。那么后来福特为什么迅速衰落？因为福特没能捕捉到竞争的重心正在发生第二次转移。

这次的变革就是竞争地点往前推移了，从工厂推移到了市场，这是第二次变迁的定义。这时候，各种资源、优秀的人才、资本集中在工厂是没有竞争力的，必须集中在市场上，敏锐地捕捉到顾客的需求，然后迅速组织产业链以满足客户需求。

如果还是看汽车行业的话，通用汽车把握住了这个变迁，超越了福特。艾尔弗雷德·斯隆先生担任通用汽车总裁，他发现了这个变化。为此，他提出一个新的战略，认为取胜的关键不在于制造环节，而是要给每一个不同的钱包制造不同的汽车，满足不同的需求。所以我们看到，福特不在乎顾客需求，只生产 T 型车，而且只有黑色。但是斯隆的通用汽车按照顾客的需求定制，从低到高有一系列的车，从雪佛兰到别克、凯迪拉克，而且有不同的颜色，分别满足不同的顾客需求。

在美国的福特时代，以及在我们 1980 年代刚刚改革开放时，企业家的称呼常常是厂长。而到了斯隆的时代，也就是市场需求的时代，这时候就有了总经理。企业的决策权，从厂长到了总经理，企业的核心任务从高效制造转向了高效满足顾客需求，并且把整个组织的重心向前端移动。这时候管理的幅度大幅增加，从工厂往前推移，企业在市场、渠道上的开支有时还要大过在工厂的开支。在这个时代，通用汽车凭此转型超过了福特，这就是竞争地点的第二次转移。

竞争在市场充分发展以后，又发生了第三次转移。这次的移动以 1969 年杰克·特劳特先生提出定位理论为标志。在美国的 1960 年代末期，特劳特先生发现竞争中心再次开始转移，这次变迁有点像冰山开始融化一样，大多数人是浑然不觉的。在这次转移中，企业竞争的地点进一步向前推进。工厂时代，企业离消费者很远；到市场时代，企业离消费者已经很近了，为消费者提供贴身的服务，和消费者零距离。但是，第三次竞争地点的转移，出现了负距离。企业的竞争地点，已经不在市场上，甚至也不在于满足顾客的需求。

我们不妨回忆一下我们的购物过程，就可以体验到这次转移的本质。假设我们是一个普通消费者，现在去逛超市，推一个车，进入到走道里面。你的购物过程是怎样的？在货架上拿个加多宝看一下，拿个可口可乐看一下；拿瓶昆仑山看一下，再拿瓶恒大冰泉看一下。这是我们生活中很普通的场景，然而这里头大有学问。每一个消费者都这么做的时候，就预示着竞争地点发生了第三次转移。

从我们逛超市的过程可以看到，决定企业生死存亡的时刻，并不是出现在顾客在超市收银台买单的时候。实际上，决定一个企业有没有绩效，飞跃的一跳是在哪里？大家回放一下，我们推着购物车进了走道，拿着东西做比较，我们是把昆仑山矿泉水放到购物车里面还是选择了恒大冰泉？我们放下了加多宝还是放下了可口可乐？这个时刻决定了企业的生死存亡。

换句话说，现在的顾客不再购买东西，而是选择东西。企业家应该明白，我们所要做的最重要的工作，就是在顾客做出选择的时候，让顾客选择我们而不是竞争对手。很明显，这次竞争的本质，是在顾客心智中发生的，顾客在众多产品之中做出选择。买加多宝也是喝，买可口可乐也是喝，多喝加多宝就少喝了可口可乐，所以我们企业家要想办法赢得顾客的选择。

我们从工厂转移到市场再一次转移到顾客心智，整个竞争往前推到负距离，企业家要像孙悟空一样，钻到铁扇公主的肚子里，看看企业怎样才能有定位的机会，在顾客消费这个品类时，阻止顾客选择其他竞争对手，选择我们。

第三代企业家必须是战略家

作为企业家，首先要考虑竞争对手在顾客心目中占有什么位置，然后根据这个位置，确定一个自己具有比较优势的位置。用通俗的话说，就是企业家要玩一个划拳的游戏，假设我的竞争对手在顾客心目中是剪刀的话，我们就出锤子，那么当顾客做出选择的时候，我们相对竞争对手有一个比较优势。这就是特劳特先生在1969年提出的定位理论。

顾客掌握了选择的主导权。顾客对你有怎么样的看法，决定了企业的生死。如果我们继续看汽车市场，整个美国的汽车行业，包括通用汽车在内，都没有及时应对这次转移，所以通用汽车也衰落了。它受到两大板块的夹击，日本汽车从低端进行攻击，德国汽车在高端发动攻击，对于顾客来说，下面有丰田这样的强大品牌，上面有奔驰宝马这些强大的品牌，美国的汽车行业在两面夹击之下就这样衰落了。

所以，我们新一代的企业家，也就是第三代企业家，跟上两辈企业家不同。第一代是厂长式的领导人物，负责组织生产，第二代是总经理，是大型组织的管理者。而竞争地点转移到心智以后，第三代企业家的首要特质是战略家。柳传志先生提出管理三要素，定战略、建班子、带队伍，定战略是最重要的。哪怕你只是住在寝室里的普通大学生，只要你找到了战略定位的机会，暂时没有班子、不会带队伍也不要紧，这些资源自然会向心智中有定位的你靠拢。谷歌、脸书的创始人都是年轻人，聘请了比他们更有经验的成熟管理者来从事具体管理。

当你知道了企业最终的价值在于是否拥有定位的时候，你几乎可以立刻看清楚，大多数企业即便目前盈利也没有什么意义。我们经常提醒企业家，你这个业务尽早退出，别看现在还有钱赚。这并不是说我有一个水晶球，不是这么回事，而是有了定位视角以后，可以看清企业有没有未来。杰克·韦尔奇1981年上任通用电气董事长的时候，为什么要用“数一数二”来改造通用电气？因为他深刻地明白，如果企业不能占据数一数二的位置，哪怕目前盈利，将来也会不行，所以他用数一数二原则彻底改造通用电气：无论你目前有多少盈利，只要不能数一数二，不能占据顾客心智中的位置，那就应该退出。韦尔奇对通用电气实施的这个改造，是美国定位时代来临的标志性事件。

在定位时代来临之际，企业家要明白，我们争夺的第一资源是心智资源，就是在顾客心智中拥有一个数一数二的地位。如果没有，我们现在即使赚到了钱，在韦尔奇看来也是必须要砍掉的。我们用定位这个标准，用韦尔奇的眼光来看当下整个中国经济的面貌，就像是一个比通用电气更大的“通用电气”，这是我们现在需要突围的原因之一。我们国家的整体宏观调控能力已经非常强大了，但是调来调去还是手忙脚乱，因为缺少微观经济的基础。企业是微观市场竞争的主体，但是绝大多数企业家还没有意识到竞争地点又发生了大的转移，这种变迁会带来社会的剧变，竞争方式、资源观、价值观的彻底改变。大多数企业家还停留在斯隆的阶段，甚至也有很多企业家还停留在福特的阶段。

既然竞争发生在顾客心智中，那么我们首先要明白，人的心智是很有限的，企业家对这一点一定要有高度自觉。心智有限，使我们在顾客心智中装下自己的立锥之地变得很困难，而如果没有心智中的这个立锥之地，我们整个企业的所有付出最终是无效的。尤其在现在的互联网时代，定位可以说是决定了一切。互联网让顾客可以更快地获得信息，比如我们现在买空调，上网一查，格力老大、美的第二，那为什么还要买第三呢？所以整个产业的资源会高度向这两家企业集中。这就是特劳特先生提出的“22条商规”中的“二元法则”，杰克·韦尔奇藉此改造了通用电气。空调行业有了格力和美的，基本上就够了，其他的空调企业如果找不到自己的独特定位，对消费者就没有什么价值。汽车行业的状况也是如此。大家知道我们在汽车产业的投资是以万亿计的，这么大的规模找不到出口，困在了这个地方。然而甚至整个汽车产业都没有意识到竞争是在心智中发生的，他们还仅仅停留在制造、技术和质量层面。这些不是不必要，但是它不是最主要的决定因素。

四十年经济改革的最大成果，是我们成了世界上的制造大国、生产大国。而中国经济的未来，取决于中国企业家能否尽快追上竞争地点的第三次转移。

第6章

大竞争时代的创业战略[1]

当今世界，存在着这样一对截然相反却共存的矛盾体：一方面，我们看到科技在高速发展，各行各业借助互联网、大数据、人工智能等工具，效率提升得非常快；但另一方面，我们又会看到全球的经济增长持续乏力，一直在L型的底部徘徊。如何解释这种矛盾呢？我们都知道，企业一定要通过科技进步提升效率，但是，我们的科技进步和创新层出不穷，却又很难提振乏力的经济。这是一个非常矛盾的现象。

在我们看来，导致这个矛盾现象的是一个幽灵，一个竞争的幽灵，在我们的上空徘徊。竞争无处不在，你完全可以把它看作一个瓶子里放出的恶魔，任何地方只要有一点点利润的价值信号释放出来，顿时吸引全球的资本蜂拥而至，争食这块蛋糕。任何一个企业，一有创新的模式出来，马上就有无数的跟风者蜂拥而上，迅速对冲掉你的创新与效率的提升，使整个行业迅速进入一种过度竞争的状态，没有人能赚到钱。这样的竞争无处不在、无远弗届，好像人类制止不了这样一个幽灵，全无办法！可它又恰恰是市场经济的本质，经济学家告诉

1 2016年11月10日，邓德隆在黑马创业实验室的授课。

我们，市场经济的本质就是要释放竞争。

那么在这种条件下，创业者该怎么做？真正的解决之道在哪里？

1969年，在二战结束二十多年后，杰克·特劳特先生看到，竞争开始增强，即瓶子刚刚释放出恶魔的时候，他就洞见到了未来的竞争将会非常惨烈，因此提出了定位理论。通过用“战略定位”这双看得见的手，来应对市场竞争这双看不见的手。

那么定位理论是怎样对付竞争这一幽灵的呢？

它需要我们在思维上实现彻底的转向。以前我们的经济是一种稀缺经济，只要你能制造好东西，自然不愁没有顾客。随着竞争的加剧，我们也总是为已经有的产品去寻找销路、做推广，总之，我们一直以来习惯于由内而外的方式配置资源。但是走到今天，我们必须要将配置资源的方式彻底逆转为由外而内，从外部顾客心智出发来配置企业内部资源。

现在这个时代，我们把它叫作大竞争时代。竞争爆炸式增长，消费者任何的需求，都被千千万万的竞争者在满足。在这个大竞争时代，任何一个创业者和企业家，首先要考虑我们在顾客头脑里的位置在哪里？这个位置，是针对竞争确立的优势位置——也就是我们所说的“定位”。这是一个企业存在的根本理由。只有找到这个位置，我们所有的资源围绕着这个位置去配置，才是有效的。如果你是一个已经有一定规模的企业，最重要的工作就是探寻到你在顾客心智当中，这么多年积累下来，到底顾客认为你占据了哪一个位置？而这个位置决定了企业未来发展的一切资源配置，决定了企业未来发展一切的方向，包括创新的方向。如果没有理清这个问题，企业后续的发展恐怕很有可能会偏离定位，乃至破坏自己的定位，这种现象屡有发生。

定位这个词现在满天飞，产品定位、价格定位、渠道定位，这些都不是战略层面上的定位。真正的战略上的定位，就是在顾客头脑里，针对竞争确立起一个优势的位置。当你有了这个优势的位置，企业所有的资源都必须去投入、攻向直至主导这个位置。所以，每个企业都有一个基本的战略任务，就是要去攻占这个“上甘岭”。只有主导了这个位置，你才进入了无人区。攻入了无人区，企业才掌握了定价权。没有定价权的企业，在一个竞争幽灵无处不在的世界里，是不可能持续生存的，哪怕你现在利润非常丰厚。可以肯定地说，你的利润越丰厚，外部的竞争对手就像鲨鱼闻到血腥味一样，整个鲨鱼群都会围剿过来。

这种情况下，保护你这个企业能够生存下去最可靠的保障，就是顾客头脑里面的屏障。你躲在这个城堡里面，针对竞争夺取了一个优势位置，当群鲨杀过来的时候，顾客的大脑会给到你一个非常好的保护。人类大脑有一个基本的规律，就是独占性。一旦我们在顾客头脑里面与某个词划上一个等号，比如说百度等于搜索的时候，心智就把“产权”给到你了。任何其他企业想在这个位置发起冲击，从战略定位层面来看它就是非法的经营，不具有合法性和正当性，顾客对这些投入的资源就会视而不见、充耳不闻。比如，无论其他豪华车怎么宣传自己的安全性能，顾客心里还是认定沃尔沃才是“最安全”的。

这是定位给企业带来防御保护的原因之一。更重要的是，针对竞争占据一个优势位置之后，企业还将获得一种全新的生产要素，我们把它叫作心智资源。这种资源可以用一个词来描述，比如百度是“搜索”的代名词，沃尔沃是“安全”的代名词。这个代名词就是心智资源，也是企业的第一资源；企业所有其他的资源，都因为心智资源的存在而存在。如果失去了心智资源，企业其他所有的资源，包括人力资源都会被竞争吃掉。这是企业通过定位获取的第一重竞争力。

当你有了定位以后，企业所有的资源围绕它去展开配置。虽然企业拥有的资源数量并没有变化，但是一旦围绕定位配置之后，资源的运用效率会大幅提高，而且环环相扣，互相加强，不断推进定位，做强做大定位。这是企业通过定位获取的第二重竞争力。

总结一下，定位的定义就是针对竞争确立优势位置。然后，把企业所有的资源围绕这个定位来配置，从而使得企业的资源分配到一种极具生产力的结构中。创业者从 0 到 1，从 1 到 N，根据定位实践，我们把创业的过程分成了四个阶段，在每个阶段有不同的战略要点，以下我们依次讨论。

确立定位

创业的第一步，当然是确定定位。为此，我们可以开创一个新品类。开创新品类有三个要点：

第一点，瞄准更大的市场，开创新品类。

开创新品类，要针对更大的竞争，在更广阔的大市场进行，而不是局限在一个小品类里。比如说瓜子二手车直卖网，它的定位是针对线下二手车商、车贩组成的二手车交易最大的市场，建立起一个新的定位。在互联网二手车交易这个品类里，其实有 C2C、C2B、B2C、B2B 等很多并列的模式，而瓜子是做 C2C 模式的，如果把其他某个模式列为竞争对手的话，我们这个品类就太小了。实际上瓜子的整个战略架构是针对传统那么多黄牛、那么多 4S 店，为用户创造“没有中间商赚差价”的价值，把直卖的方式做成一个全新一代的模式，这样一来整个市场空间才是巨大的。

第二点，为品类定位，明确开创的方向。

开创新品类，应该为品类定位。瓜子二手车，是将 C2C 模式定位为“直卖”，针对线下所有的二手车交易，直卖最大的优势就是：个人直接卖给个人，没有中间商赚差价。有了这个品类定位之后，瓜子就要围绕“直卖”这一方向去定义和开创顾客。

第三点，一定要成为品类的代表。

你只有是这个品类的代表、领导者，你才有权力代言开创品类，否则就是为更大的竞争对手做嫁衣。如果你在一个没有代表品牌的行业中率先发力，那你必须去调动资源，确保有足够的军事储备，一定能够拿下这个品类。成为一个品类的代表之后，对于你来说最关键的是要把品类做大，为品类重新定位，而不要把自己做小。这是创业者普遍需要注意的地方。

大家可以对照这三条原则，检视一下自己的创业定位，有没有这些问题。

围绕定位高速开创

高速快跑，是甩开和防御竞争的最好方式。然而要确保企业能高速而健康地发展，就必须围绕定位去开创。一方面，清晰的定位可以更好地开创需求，确保高速成长；另一方面，定位抢占顾客心智，构建护城河，防御竞争，护航企业发展。

明确了定位之后，企业所有的资源就都围绕定位配置，以定位为方向去开创品类。

比如说瓜子二手车直卖网，它就必须围绕"直卖"这样一个定位去开创，不是直卖的业务(如 B2C)就应该放弃掉。瓜子的成功，我觉得要给瓜子创始人杨浩涌先生点赞。事实上一开始瓜子还有其他的业务模式，并不全都是 C2C 的模式。而且其他业务模式的发展，比如说 C2B 模式，因为是一个原来就有的方式，市场较大，自然增长也很快。而瓜子的定位，恰恰要求我们选择只做 C2C 模式，它是一个全新的模式，很多东西有待摸索，它就快不起来。很多创业者这时就感觉两难了，这个 C2B 业务模式好像更快，为什么不能两种模式一起发力呢？

那么这个时候创业者要怎么决策？

创业者一定要明白，企业根本性的成果是你占领的这个位置，能不能针对竞争建立起优势位置？如果这个位置没有拿到，企业其他的成果，用户数、日活、营收、利润都是虚假的、短暂的，或者说从哪里来还要回到哪里去，迟早被别人收割。只有想明白了这个问题，做取舍才不会那么纠结。所以杨浩涌先生能够把不是C2C的业务果断砍掉，这是极不容易的。创业者一定要具备这种胆识。

我们经常提醒企业家，增长有三种：肌肉型增长、肥肉型增长和肿瘤型增长。创业者一定要区别这三种增长，不要以为所有的增长都是好的。用户涨了就一定是好的吗？用户涨得快，营收增长快，当然是好事，但是你要看清楚，有三类用户：一类用户是冲着你定位来的用户，这些是真正的战略性用户，我们叫作肌肉型的增长；一类用户是偏离你定位的用户，这种用户的增长、生意的增长，就是肥肉型的增长。它会拖住你，让你负重前行。你的运营、你的资源，并不是为这部分用户设计的，这部分用户增长太多会给你带来很多麻烦；还有一类最可怕，有一种用户、有一种增长是在破坏你的定位，这种增长就是肿瘤型的增长，会让你失去存在的理由。所以创业者不要一看到增长就快乐。

追求增长，还是得回到正确的定位定义上来，我们只有针对竞争确立的优势位置，围绕这个位置开发的成长才是我们真正需要的成长。企业真正需要的是强化定位的肌肉型增长，这才是健康的、长久的。知道用这种战略原则去选择，是创业很关键的要点。

应对竞争，主导行业

面对同类竞争的迅速跟进，我们要怎么办？创业者做任何一种创新，都会马上有同类竞争的跟进，甚至会遇到更大的企业、更大的资源投入进来。这时，我们要分不同的性质来界定竞争。界定好竞争的性质，才能正确应对。竞争通常可以分为两类：

第一类，对自己无威胁的竞争。这类竞争是我们的朋友，我们应该容纳这类竞争。既然我们开创了一个新的品类，就应该吸引同类的竞争，共同来做大品类。比如说瓜子二手车直卖网，它有完全同类的竞争——人人车等友商。很长一段时间瓜子二手车完全没有理会人人车这类的竞争对手，任由它们发展。因为人人车也是倡导同样的价值，同样的标准，在不断地教育消费者：你要上网交易，就上没有中间商的二手车网站，这里没有黄牛赚差价。

我们要准确判断竞争的性质，对于无威胁的竞争，要利用我们的主动权引导好。人人车的跟进，就是这样的性质。因为瓜子针对的其实是线下这个最大的市场，所以瓜子要引导同类的竞争对手，共同去教育消费者不要到线下交易二手车，而是要到网上来，通过这种直卖网的形式进行二手车交易，共同做大直卖。

第二类，威胁自己的强势竞争。当竞争增长非常快，威胁到我们的地位，这个时候必须及时封杀，确保我们能够代言这个品类，确保自己是这个品类的领导者。

例如，瓜子二手车上线一年之后，发现友商的速度也跟上来了。一方面，我们作为直卖模式的代表，最大的任务仍然是要让更多的人到线上用直卖方式来交易；另一方面，我们识别到竞争性质的改变，所以战略也从原来容纳竞争到控制竞争。目的就是要告诉用户一个非常严肃的事实，瓜子是绝对的领导者。瓜子把这两个战略任务统筹在一套组合拳里。一方面，瓜子二手车仍然尽品类领导者的责任，开创更多的用户上网用直卖模式交易，因为直卖模式能够让买家少花钱，卖家多卖钱，这种价值我们仍然要不断地普及教育；另一方面，瓜子以其领导地位及时封杀竞争，并且取得了成功。

遭遇强敌，重新定位对手

最后一种情况大家不太愿意看到，但这一类情况最多。如果在竞争当中遇到非常强大的对手，那怎么办？答案是重新定位竞争对手。

比如当年的方太对西门子。现在大家看到方太非常厉害，但是回想当年，西门子曾经大举进入中国的油烟机市场，并且计划三年做到第一。西门子是世界500强，而且是德国企业，大家非常认同德国的生产工艺，在顾客心智中一直都代表高端，这时方太要做的就是重新定位西门子。方太是中国高端油烟机的开创者，销量比西门子要大，所以方太可以利用这一点，在心智中对西门子重新定位："中国卖得更好的高端油烟机，不是洋品牌，而是方太，因为方太更专业。"这样就把西门子重新定位，并且利用了顾客的心智中已有的认知：方太是中国企业，更懂中国厨房。大家都知道，外国人做菜，很少用油，很少炒菜，所以没什么烟，西门子搞不定中国厨房里的那么多油烟。这一点在顾客心智中容易产生共鸣，建立我们优势的位置——方太更专业，更懂中国的厨房。

当然定位不仅仅是一句口号，这里面还有方方面面的战略配称。方太做得很成功，因为它不但确立了优势位置，还围绕这个优势位置发展了一系列的战略配称。比如说方太推出很多高端的好产品，放弃低端的产品，方太还是油烟机领域专利最多、投资研发最多的企业。

没有定位机会，及早放弃

还有一种是大家更不愿意看到的情况，找不到定位机会，无法重新定位对手，或者资源相差非常悬殊，没有胜算，那尽早放弃也是一种大智慧。

这些年来，我们接待创业者无数，碰到非常多的情况是，太多的创业家容易陷入明知不可为而为之的状态。在中国传统文化里，孔子有这种精神，知其不可而为之。有些人到了这个状态以后，容易亢奋，给自己树立一种道德上至高无上、一往无前的孤胆英雄形象。实际上作为创业者，我们一定要追求成果，而不要去做无谓的牺牲。好多牺牲在我们眼里看是无谓的，对于社会资源是一种巨大的消耗。人的一生何其短暂，一个再厉害的人，也经不起在一个错误的方向上一直折腾。如果没有定位机会，我们不要耗在那里，感觉好像还有点钱赚，好像我的市场份额还在增长，好像未来还会变，其实这些都是假象。

创业者判断自己有没有未来，根本标志是，我能不能针对竞争确定一个优势位置，能不能在这个优势位置上建立起主导地位。只有攻克了上甘岭，进入了无人区，你的事业才算起步，你才有了定价权。没有定价权、没有主导一个定位的公司，是没有希望的。

我们社会的心智空间存在着许许多多的定位机会。当你是一种同质化的存在时，顾客的头脑是极其有限的。但是，如果我们能够不断地改变结构，创造出一个个针对竞争的与众不同的优势位置时，顾客头脑的容纳量比我们想象的要大得多。就像一间仓库，当我们完全无序去堆货时，堆不了多少货，仓库就满了；当理货员有条有理地清理好以后，你会发现我们的大脑仓库里，可以容纳相当多的成功。

微积分的发明者莱布尼兹同时也是17世纪最伟大的哲学家之一，他曾经引领了德国哲学，康德、黑格尔（G. W. F. Hegel）都是他的晚辈。莱布尼兹有一个著名的单子论（monadism），他认为世界的本质是由无数个精神单子（monad）有序构成的，上帝是最高层的单子，但是每个单子都是完全不同的。祝愿每一位创业者都能寻找到自己与众不同的精神单子，针对竞争确立优势位置，在顾客头脑里面占领上甘岭，攻入无人区。

问与答

问： 用户痛点与企业战略是什么关系？

答： 这是好问题，用户痛点，这个词我们不大用，它的含义模糊不清，一般是指容易被公认的问题。我们很愿意告诉大家，不要被外面流行的术语牵引，今天是痛点，明天是粉丝经济，各种新的概念。创业者一定要务实，回到基本面。只要针对竞争对手确立了优势位置，我管你是不是用户痛点。等到大家公认有一个痛点的时候，基本上已经没你的事了。

大家可以去读前几年马云给特劳特《商战》一书写的推荐语，他说，幸亏我做这个行业的时候，大家都不看好，所以我才有今天。《商战》这本书讲了商战的四种形式，其中一种是侧翼战，不是正面进攻，而是侧翼进攻，只有这样创业者才有机会。

用户痛点这种概念我们先把它抛开，不要追求这是不是用户痛点。一个好的定位往往在大家都看不见的地方，只有你一个人捕捉到并把它做成了用户的痛点，创造出需求。创业者就像医生一样，不断用锤子敲敲打打，敲到哪个地方，发现针对竞争有了优势位置，就为之整合所有资源配置进去。用户痛点往往是创业家在背后推动的。当然这个词最好是抛掉，我建议我们企业家要务实，不要搞术语。

问： 名字是消费者对品牌最初的印象，非常关键，为什么赶集二手车改成瓜子二手车？这个名字很普通，和企业定位也没有关系。

答： 瓜子名字纯属偶然，过程也比较好玩。杨浩涌先生重新创业的时候，一开始的品牌名叫赶集好车，我们认为这个名字在战略上有问题，赶集网是一个信息分类网站，在人们心智中已经有了认知，做二手车交易网站是有包袱的。当顾客心智对你有一个已有的认知时，没有企业可以改变。

当时新品牌上线时间很紧，企业已注册的品牌都不符合定位需要。定位要成功，首先要选一个好名字，名字的第一要求是“钩子”的弧度足够，才能钩得住心智。像阿里巴巴这个名字就特别好，一次就能记住，而像优乐美这种名字则非常糟糕。名字如果可以暗示定位当然最好，是上佳；如果不能暗示定位的话，首选名字的弧度，要有凸显性。浩涌说还有最后一个名字不知道可否——瓜子——我眼前一亮，就它了！

第7章

与全球大企业竞争的四条原则[1]

原则一：不要期待通过低价赢得与全球大企业的竞争

企业如果想和可口可乐竞争，有很多种方式。二十年前，可口可乐主要在中国的城市市场，那么有一家中国企业就避开可口可乐，跑到中国广大的农村去，取得了非常好的成果。这家企业叫娃哈哈，在中国非常有名。娃哈哈在中文的意思就是小朋友在那里笑。娃哈哈推出的非常可乐取得了什么样的成果呢？就是可口可乐有一百亿，非常可乐最好的时候有几十亿。大家可以看到，娃哈哈避开了可口可乐的优势市场，以低价进入农村市场，请问大家觉得它的这个竞争方式最终会成功吗？可取吗？

我们否定了娃哈哈这样的竞争方式。娃哈哈的非常可乐虽然有了几十亿，但是一旦可口可乐的市场通过渠道下沉，娃哈哈的低价将无法构成可持续的竞争优势。而且随着消费升级，消费趋势将向可

1 2019年12月18日，特劳特伙伴公司在俄罗斯首都莫斯科举办纪念定位理论50周年高峰论坛，包括俄罗斯杜马前副主席阿列克谢·普什科夫（Alexey Pushkov）、俄罗斯总统经济部前副部长哈金·米哈伊尔（Khazin Mikhail）等在内的数百名全球顶级战略专家和企业家齐聚讨论面向未来的商业战略。本文摘自特劳特伙伴公司全球总裁邓德隆在论坛上的讲话。

口可乐慢慢增强,这几十个亿是守不住的,娃哈哈会变成可口可乐的探路者,是在替可口可乐开发中国的农村市场。一路走下来,也就是十年左右时间,验证了我们当初的判断,今天娃哈哈非常可乐的市场已经完全被可口可乐占领,这几十个亿消失了。

正是基于长期竞争优势的考量,我们在非常可乐最为成功的时候,与加多宝公司走了另一条道路。我们没有去追逐可乐风潮,更没有走低价。相反,我们决定去创造一个新的潮流,开创出一个全新的不为人知的新品类,这就是凉茶品类。这是以中国药食同源的养生传统为基础的新饮料,价格也比可口可乐高。我们认为走娃哈哈的路走不长,我们走了一条不同的路。也是用了十年时间,非常可乐不见了,而加多宝超过了可口可乐,成为中国第一大饮料品牌。

原则二: 不做相同的产品,而是做与众不同的产品

各位企业家在参与全球竞争时,选择做什么业务,是战略定位的重大决策。加多宝就选择不在可乐这个位置上和可口可乐去竞争,虽然可乐的市场仍然很大,而且已经有本土企业做可乐也做到了几十亿,但是加多宝不选择和可口可乐同样的业务。这是最重要的战略决策。不迎合需求,不追逐需求,而是创造需求,引领需求。

中国的凉茶,我不知道俄语应该怎么翻译,凉茶是几种中药草本植物煮出来的,装在罐头里、装在喝水的瓶子里。我们当时最重要的战略决策就是不做和可口可乐同样的产品,而是做可口可乐没有的产品;其次,我们跟可口可乐的销售渠道也不一样。加多宝把自己的销售渠道首先集中在餐饮市场,聚焦在人们吃饭的餐馆。餐馆与顾客近距离,并且有大块时间给顾客介绍新产品、引领新需求。所有现有的市场需求,都是既有的企业创造出来的。现有市场不是你的市场,而是人家的市场。一个企业想要有可持续的竞争优势,不能去追逐现有市场,而要去创造出新市场、新需求、新顾客。只有你创造出

的市场与顾客才是属于你的市场与顾客。

原则三：敢于建立起自己的标准

老乡鸡是中国的一家快餐企业，它和麦当劳竞争。全球快餐行业的通行标准就是要做套餐才能做到最快，这个标准是麦当劳建立起来的，至今几乎全世界所有的快餐店做的都是套餐，但是老乡鸡就坚决不做套餐。也就是说，在老乡鸡吃饭，不是给你一个固定的套餐，而是可以点很多种组合，根据消费者自己的需求，组合出一盘菜，虽然速度与效率上有所牺牲，但是为顾客创造出了另一种价值，即丰俭由己、组合多样，从而可以更高频率地来吃，并且也不是急匆匆地对付一餐，而是可以好好享受一餐。你甚至无法想象，在老乡鸡的快餐店里还能喝酒。有了老乡鸡，在快餐店也可以享受美食之乐。这些新标准都是与麦当劳不同的快餐标准。老乡鸡在方方面面坚持建立属于自己的快餐标准，结果怎么样呢？9年下来，老乡鸡在它的创始地区安徽省开的店，是麦当劳加肯德基总和的三倍还多。老乡鸡两年前走出安徽，目前已经是中式快餐的第一品牌。

原则四：充分开发利用区域心智资源的优势

中国企业参与国际竞争，为什么能赢可口可乐、麦当劳？非常重要的原因在于利用好每一个国家和地区的传统。无论是加多宝还是老乡鸡，我们都用好了中国文化的传统。方太厨电也是如此，方太厨电的竞争对手是全球大品牌西门子，但中国的烹饪方式是以炒菜为主，因而油烟很重，西门子在西餐传统下的产品就显得不够用。在对中国厨房、中国烹饪方式的理解与处理方面，方太抽油烟机显然比西门子更专业，从而方太的抽油烟机更适合中国厨房。方太凭着对中国传统的理解、开发与利用，赢得了与西门子的竞争。

俄罗斯有着光辉灿烂的历史和文化，全世界都很愿意为俄罗斯的文化艺术买单。我们非常喜欢柴可夫斯基的音乐，陀思妥耶夫斯基、托尔斯泰等文学巨匠的作品，这样的巨人名单可以列很长很长，还有俄罗斯油画、芭蕾也有着世界一流的认知。俄罗斯的企业家，应该充分发挥出创业家独具的创造力，把这些优秀的文化艺术传统，变成一种相当于土地、相当于资本的资源，作为企业经营非常重要的战略资源来开发和利用，从而丰富、美化人类的生活，造福人类。特劳特先生五十年前创立的定位理论，能为大家提供专业指引，帮助企业家在全球化时代更高效地配置各国资源，做出各自独特的贡献。

第8章

大决战：商业秩序重建的动力机制[1]

公元前413年9月，雅典人和斯巴达人在西西里大港进行了海上决战。这已经是战争的第19个年头。此前，雅典人不断扩充海军，成为古希腊第一海上强国，开始挑战传统的陆地霸主斯巴达，以雅典为首的提洛同盟与以斯巴达为首的伯罗奔尼撒联盟之间爆发了旷日持久的战争。几乎所有的希腊城邦都参加了这场战争，在古希腊人看来，这其实是一场古代的"世界大战"。西西里海上的这一场决战，最终决定了双方的命运。这场战役，能给我们带来哪些商业管理上的启发？

定位理论之父杰克·特劳特在《商战》一书中指出："商业就是战争，在商战中，两个或更多的公司为争夺顾客而战。商战就是企业运用战略和战术去赢得市场竞争。和军事战争不同，商战永不停息。"我们发现，随着人工智能、移动互联网等基础设施的完善，商业环境越发瞬息万变、难以预测，企业以前习惯的持续改善、渐进性的战略提高，已经无法应对当前的市场。相反，许多具有前瞻性的企业发动

---

1 本文是特劳特全球总裁邓德隆和特劳特中国首席知识官柯恩为《哈佛商业评论》中文版撰写的文章，刊登于2020年2月号。

了商业“大决战”，从根本上实现了战略跃迁，从摇摇欲坠的旧世界脱身而出，开创出生机盎然的新世界。

位置是决战的关键

古今中外军事史上有过很多决战，例如中国古代著名的长平之战、巨鹿之战、垓下之战、赤壁之战、淝水之战，国外的滑铁卢战役、斯大林格勒保卫战、诺曼底登陆战等，这些决定性战役动用了举国之力，战争的结果决定了军队甚至国家的命运。

以西西里海战为例。雅典十将军之一的修昔底德（Thucydides）在他的传世经典《伯罗奔尼撒战争史》中记录了双方将领在西西里大港决战的战前演说，形象地说明了大决战的战略意义。

雅典将军尼基阿斯说：“如果你们此战不能取胜，这里的敌人将立即起航直达我们的城邦。你们和国内同胞的命运，都完全依靠这次战役。你们所有人都要记住，现在就是你们坚持战斗到底的时候了，即将登船的你们，是雅典的伟大名誉之所在。”

斯巴达将军吉利浦斯说：“雅典人来到这个地方的首要目的是想征服西西里。如果取得成功，随后他们就要征服伯罗奔尼撒和希腊其他地区。我们要对他们严惩不贷。在一切冒险中，这是最为罕见的冒险：失败了，损失极小；成功了，受益匪浅。”

令人惊讶的是，在这场海上决战中，有着当时世界上最强大海军的雅典竟然大败，200 余艘战舰、5 万余人的雅典军队全军覆没，存活者仅寥寥几百人（历史学者认为当时雅典的青壮年总数也不过 20 万）。为什么会出现这样的结果？

修昔底德在书中“尼基阿斯的愚蠢和固执”这一章解释了原因。雅典海军的强大，在于雅典的战舰机动灵活，船员驾船技艺高超。决战前夜，有人向雅典将军尼基阿斯提议，雅典战舰应该离开行动不便的狭窄港口，到开阔的海域备战。尼基阿斯没有听取这个建议，依然让所有战舰停在港口，结果把第二天的海战生生打成了“在船上开展的陆战”，大败于惯于陆战的斯巴达人。

雪上加霜的是，当天海战结束后，雅典海军虽然受损严重，但是舰船总量仍对斯巴达拥有微弱优势，完全有可能从海上逃出生天。然而，“雅典桡手们拒绝上船，因为他们在失败后斗志全无，不再相信还有取胜的可能性，他们一致决定从陆路撤退”。命运注定了。弃船逃跑的雅典海军在阿西纳鲁斯河边被斯巴达人追上，战争变成了一场单边的大屠杀。从此，雅典再也没有能力挑战斯巴达，最终沦为斯巴达的附属国。

杰克·特劳特在《什么是战略》一书中指出：“《韦氏新世界词典》对战略的定义：规划、指挥大型军事行动的科学，在和敌军正式交锋前部署、调动军队进入最具优势的位置。”雅典此次的决战失败，是一次再经典不过的战略失败——没能把敌人引入对自己最有优势的位置，反而在对敌人有利的位置上进行了决战，失败在所难免。

现代军事思想奠基人之一，拿破仑的参谋约米尼（A. H. Jomini）在军事史上最早确定了战略、战术和后勤之间的分野，他在代表作《战争艺术》一书中定义道：“战略决定在哪里采取行动；后勤确保部队顺利抵达行动地点；战术决定行动的方式和军队的部署。”

西方军事理论之父克劳塞维茨（Carl von Clausewitz）在不朽名著《战争论》中指出：“必须在决定性的地点把尽可能多的军队投入战斗。决定性地点上的兵力优势，无疑是最重要的条件。”

海权理论之父马汉（Alfred Thayer Mahan）在《海军战略》一书中说：“海军战略的精华甚至军事战略的精华都是基于达到集中兵力于决定性地点之目的。威力的方程式是力量加位置。”

商战和军事战争类似，企业战略的核心，在于选择决战的位置。哈佛商学院迈克尔·波特（Michael E. Porter）教授在《哈佛商业评论》杂志先后撰写了《塑造战略的五种力量》和《什么是战略》这两篇战略学经典文献，总结了几十年来的战略研究成果，清晰给出了一个明确并且被企业界和学术界最广泛接受的定义："战略，就是创造一种独特、有利的定位。""最高管理层的核心任务是制订战略：界定并传播公司独特的定位，进行战略取舍，在各项运营活动之间建立配称。""制订战略实际上就是针对竞争力量建立防御，或者发现行业内竞争力量最薄弱的位置，从而为企业找到定位。"

特劳特伙伴公司的创始人杰克·特劳特在1969年创立了"定位理论"，并用毕生时间在全球帮助企业找到自己"最有优势的位置"，以此为基础发动大决战，从而赢得商战胜利。

为何要发动大决战

大决战的背景是时代变了。相对于工业社会来说，农业社会一切都是懒洋洋、慢悠悠的。而相对于信息社会来说，工业时代的变化节奏也像是慢镜头。宝洁公司1837年推出的香皂，可以统治美国市场一百多年，没人觉得应该有什么变化。艾默生公司董事长查尔斯·奈特(Charles F. Knight)在《哈佛商业评论》撰文，自豪地传授"艾默生何以持续增长50年"的经验。杰克·特劳特统计过，1923年美国市场上的25个领导品牌，在77年之后的2000年，有22个仍然是领导品牌。企业的阶层、消费者的选择都"固化"了。

然而，到了21世纪，"VUCA"[1]这个军事术语几乎成了每一篇战略文章开场必定出现的字眼。辉煌了近两个世纪的宝洁光环不再，在全球各地不断失去市场份额。艾默生这家持续增长了50年的老牌能源公司，两次石油危机都没能打断它的增长，在21世纪却不断陷入衰退困局。《哈佛商业评论》主编艾伦·韦伯(Alan Webber)离职创办了一本新的杂志，名字竟然叫《快公司》(*Fast Company*)！连续十几

---

1 VUCA，volatility(易变性)、uncertainty(不确定性)、complexity(复杂性)、ambiguity(模糊性)的缩写。

年全球市场占有率遥遥领先的诺基亚公司突然倒下，“我们并没有做错什么，但是不知道为什么，我们输了”。

这一切变化的背后，是二战之后七十多年的和平发展，技术和管理水平的不断提升，使得全球企业界合力塑造了人类历史上前所未有的高效供应链，可以随时调动全球资源，满足消费者的任何需求。而近几年移动互联网和人工智能等高科技的演进，使企业的经营效率更高、跨界打劫变得更加容易、市场竞争变得更加激烈。“日拱一卒”的持续改善，“质量更好一点”“成本更低一点”的改进，这些曾经行之有效的方法，现在已经无法从根本上改变企业的战略处境。核心竞争力理论创始人加里·哈梅尔（Gary Hamel）在《哈佛商业评论》撰文叹息现在的企业仍然采取渐进式的改善，如同“罗马着火时还在弹琴”（fiddling while Rome burns）[1]，已经无济于事。唯有发动“大决战”，实现战略跃迁，才能离开四分五裂、岌岌可危的脚下位置，来到一个水草丰茂的新大陆。

例如，加多宝凉茶，曾经在广东省内和黄振龙、宝芝林等凉茶铺平分本地几千万的市场份额，十几年没有什么变化。然而，从 2002 年起，加多宝把自己定位为“预防上火的饮料”，从岭南药饮市场，一跃进入饮料市场，销售额从 1 亿元猛增到 200 多亿元，在中国市场击败了可口可乐，成为中国饮料“第一罐”。

老乡鸡，曾经只是安徽省内一家综合农业畜牧业小企业。从 2011 年起，老乡鸡聚焦于中式快餐，围绕“家庭厨房”定位，不断积累运营知识和企业势能。只用了 9 年时间，老乡鸡在全国开出八百多家直营店[2]，成为全国中式快餐第一名。

瓜子二手车，原本脱胎于赶集网的一个子频道，以“二手车直卖”定位后来居上，三年时间打败二手车市场原来的领导者，成为中国二

---

1 这个习语来自传说，用于形容人在危机中忙于琐碎的事情。据说公元 64 年 7 月罗马大火灾时，皇帝尼禄在演奏竖琴。

2 这是 2020 年的数字。2022 年 1 月，老乡鸡全国直营店已经超过 1 000 家。

手车行业领军者，2019 年估值超过 90 亿美元，十几倍于主要竞争对手。

青花郎，曾经是郎酒集团一个小众的高端定制产品，红花郎才是郎酒集团花了将近 300 亿元打造的主力产品。从 2017 年起，郎酒集团大胆变革，以青花郎替代红花郎作为“头郎”出征，在“两大酱香白酒之一”的定位方向上持续改进品质，赢得消费者青睐，以每年翻番的速度高速增长，并带动集团整体营收迅速突破百亿。

纵观以上案例，企业的生产资料并没有改变，还是原来那些生产要素，生产力却有了惊人的提升。为什么呢？因为企业配置这些资源的方式变了，实现了熊彼特（Joseph Alois Schumpeter）所说的“生产要素的新组合”，也就是他定义的“创新”：通过“建立新的生产函数，把各项生产要素引向新用途”，大幅提升企业生产力和创造顾客的能力，对抗经济周期带来的风险，实现新一轮繁荣。而这正是熊彼特眼中企业家这个群体存在的社会价值。

我们认为企业应该发动“大决战”的原因有三：

第一，新技术的发展、商业基础设施的完善，使得现在的每一家企业都无险可守，处于“四战之地”。哪怕是腾讯、华为这种规模的企业，在整个社会的价值链里也是微不足道的。因此，每一家企业都要集聚力量，通过“大决战”建立一个独一无二、具备主导地位的优势位置，使潜在对手无法攻入。也就是华为任正非说的，决不在非战略地点上消耗战略力量，而要在有限的地方集中优势兵力取得领先。衡量大决战的战果，其最高境界是企业能够独占一个词，比如“电商”之于淘宝，“社交”之于腾讯，“搜索”之于百度，令竞争对手望而却步，任何冒险进来的企业都将输得很惨（想一想阿里巴巴做社交的几次尝试，以及腾讯做电商的历史。你甚至可能不知道，其实百度也做过社交和电商。毫不意外的是，阿里巴巴和腾讯也做过搜索）。这个理由适用于全球所有的企业。

第二，中国的经济结构需要调整。各种因素正在冲击中国的经济发展，其中一个重要原因在于中国的经济结构过于粗放，同质化严重，导致产能过剩、库存增加、频繁价格战、容易被其他地区的产品替代。如果中国企业能够通过大决战，在各自专业领域建立主导地位，对于消费者来说，非它不可，那么任何国家想要对中国建起贸易壁垒，恐怕都不易成功。例如，美国从 1962 年禁运古巴雪茄至今，但是事实上从未真正实现，因为美国消费者心中就是认定古巴雪茄才是最正宗的雪茄。

第三，中国的经济发展需要转型动力。四十年前改革开放刚起步时，中国的各种商品和服务都处于短缺状态。大量企业通过挖掘、满足消费者需求成长起来。现在，我们已从短缺经济发展到了过剩经济，每一项新冒出来的消费者需求，都会立刻吸引成百上千企业去满足，比如这几年的“共享单车大战”“社区团购大战”“电动车大战”。满足消费者需求，已经无法驱动企业继续成长（甚至生存）。企业下一步的发展动力，必须从满足消费者需求，转向“主导一个独一无二的优势位置”，不断创造顾客，才有源源不断的新动能，即通过定位更好地实现社会分工。根据亚当·斯密的《国富论》，这是国民财富增长、技术进步的源泉。

有人会问，在变化的年代，企业是否应该随时因需而变，动态调整，以变应变？在我们看来，现在的商业挑战是四处无险可守，以变应变、随波逐流的结果是从一群狼的包围圈跳到另一群狼的包围圈，企业将永远是一个平庸的跟随者、辛苦耕作却所得甚少的“佃农”。这其实就是现在绝大多数企业的现状。没有根据地，没有护城河，平庸企业无法掌握自己的命运。而卓越的企业则主动出击，识别战略机会，构筑自己的根据地、护城河，把决战引导到自己占据最佳优势的位置来。克劳塞维茨在《战争论》中说：“那些看到战争无法避免却又犹豫不决而不主动进攻的政治家，都是国家的罪人。”这句惊心动魄的话同样适用于商战。看到企业面临巨大风险却依然随波逐流的企业家和战略工作者，也是严重失职。

还有人会问，“大决战”是否只适合资源丰富的大企业？在我们看来，恰恰相反，越是资源有限的小企业，越是要重兵囤积在一个小的冲锋口展开决战，积累自己的优势。例如，在“西不入川、东不入皖”的白酒大省安徽，在各种白酒全国大品牌的重压之下，有一家小企业却活得很好，它就是宣酒。针对大企业规模大的优势，宣酒针锋相对建立自己的优势定位——“小窖酿造”，在这个领域成为第一，创造了属于自己的顾客，从一家名不见经传的小厂成为中国白酒界的一匹黑马。德国、日本的很多隐形冠军，也属于小企业通过大决战（几代人上百年的持续投入），在细分市场建立属于自己独一无二优势的范例。无论企业的目标是“大而强”还是“小而美”，都需以大决战捍卫自己的生存与发展。

大决战的四条原则

“黑天鹅”“灰犀牛”“蝴蝶效应”是这几年的热门词汇，反映了人们在变化多端的时代面对各种风险和不确定性的惶恐。而新一代战略工作者的职责，就是通过科学的工作，分析行业、用户、竞争、环境等诸多因素，运用经济学、管理学、心理学等多学科的知识，系统降低战略风险，增加确定性，帮助企业实现长期增长。

这是一项专业的工作，所需的知识要通过跨周期、跨行业、跨国家的长期实践来积累。杰克·特劳特在过去半个世纪里，在全球为众多企业制定过大决战的战略，总结出一套系统的战略方法，创建了定位理论这门学科。从定位理论来看，大决战有四条原则，它们已经在几十年的时间里接受过世界许多企业的检验，被证明可以大大降低战略风险。

原则一：在测试成功的地方发动决战

易趣（eachnet. com）在中国测试成功，证明了 C2C 电商在中国大有可为，阿里巴巴随后成立淘宝，在这个位置投入了更大的资源，一举拿下。IBM、黑莓等众多公司的智能手机测试成功，苹果公司随后押宝 iPhone。谷歌、3M 等以创新闻名的公司，都有鼓励员工拿出 20％的时间投入到本职工作之外领域的企业文化。

这非常符合新时代的“二八定律”，把 80％的精力聚焦于主战场，用 20％的精力探测未知。一旦找到一个新的突破口，后续大部队蜂拥而至。用马云的话说，“有了一张战略图之后，要找到一个地方一刀捅进去就会流血的，闻到血腥味大家自然会冲上来，这张皮一定能撕开。重要的是一定要找到一个点切入，把它做深做透，彻底把这个桩打进去”。

然而，也有不少企业在测试成功之后，未能识别出这是一个“大决战”的战略机会点，错失商战良机。曾经成功推出过“小霸王”和“步步高”两个品牌的段永平以“敢为人后、后发制人”的信条屡战屡胜，是因为他的战略眼光能够从别人的测试成功中识别出真正的战略机会点，然后他才大军压上，发动“大决战”，把市场一举拿下。

原则二：站在领导者的对立面或者关联面发动决战

这一条看起来容易，做起来却很难。因为大多数企业家和管理者，仍然习惯一切从自己出发。杰克·特劳特说：“大多数企业就像是小孩，它们想‘靠自己’，遇到问题时的本能反应就是对企业内部进行研究。企业喜欢考量自身的优势和弱点，研究自家产品的产品质量、销售队伍、产品价格和销售渠道。”——大多数企业家和管理者的心态，正像特劳特笔下的“小孩”。

企业管理者往往会忽略市场竞争的本质，忘了这是一场对着干的“战争”，误以为只是比着干的“竞赛”。太多企业为这种错误的思维方式付出了代价，而深受黄老哲学“不争”文化影响的中国企业，在这个过度竞争的时代里，将面临着更大的挑战。

落后企业应该把注意力集中在领导者身上，研究领导者的优势和弱点。特劳特“22条商规”中的“对立定律”说:“若想成为市场第二,那么你的战略应由第一决定。”你必须发现领导者强大的本质,然后以与其本质相对立的定位出现在顾客面前;或者,把自己和领导者关联在一起。比如,美国的共和党靠减税吸引人,那么民主党就应该坚持加税。北大在文理学科占优,那么清华就应该大力发展工科。麦当劳和肯德基都卖套餐,老乡鸡就只做单点。在这些位置发动大决战,赢面更大。

原则三:最佳的防御是自我攻击

这是最难做到,也是最具威慑力的战略选择。自己淘汰自己,是对人性弱点的最大考验,真正做到这一点的企业少之又少。英特尔是该战略的典型,其董事长安德鲁·格罗夫(Andrew S. Grove)的行事哲学也成了全世界许多管理者的座右铭——“只有惶惶不可终日的偏执狂才能生存”(Only the paranoid survive)。另一个典范是吉列,它在剃须刀市场长保领导地位,占近七成的市场份额,其秘诀同样是不断攻击自己以汰旧换新。乔布斯去世后,苹果公司自我攻击的节奏明显慢了下来,淘汰自己的速度与彻底性都略显苍白,这恐怕是苹果最大的战略风险。

领导者要打的是一场防御战,而最好的防御,就是不断攻击自己、不断前进,毕竟移动的目标总比静止的目标让对手更难击中。华为有一支隐藏了近二十年的“蓝军”,其主要工作就是研究如何打败华为。任正非说过:“要想升官,先到‘蓝军’去,不把红军打败就不要升司令。‘红军’的司令如果没有‘蓝军’经历,也不要再提拔了。你都不知道如何打败华为,说明你已到天花板了。”网上曾流传《华为蓝军批判任正非十宗罪》这样的文章,这种自我攻击大大降低了华为的战略风险。

原则四:在无争地带进行侧翼战有着广阔的机会

在进攻和防御之外,还有一种聪明的作战方法,就是侧翼战。比如朝鲜战争中，美军在仁川的突然登陆。侧翼战和进攻战的区别在于：假如一个山头尚未设防或者防守虚空，一个班的兵力就可以拿下来。如果对方已经设防，那么进攻同样的山头，也许需要一个师。如何找到战略上的“无争地带”？答案是，要密切研究领导者，但是，不要试图变得“更好”，而要变得“不同”。

现实中，大多数跟随者都一窝蜂地仿效领导者，他们的想法是，“领导者能做到最大，他们肯定知道怎么做有效。让我们也这样吧，只是要做得更好。”实际上“更好”的想法并不妙，这样做就把残酷的商战当成了“友谊赛”，而且是以领导者倡导的标准来衡量胜负，在对手指定的战场上决战，完全失去了发展出自己战略的机会。

举例来说，如果在汽车行业，领导者“最快”，那落后者就不应该再去比拼速度，而应该另辟蹊径，去决战“最豪华”“最安全”“最省油”等位置，比如特斯拉就以“电动车”在无争地带发动了一场漂亮的侧翼战。在牙膏行业，如果领导者重兵于“防蛀”，那落后者就应该考虑“美白”“防过敏”“去口气”等地点，云南白药牙膏就以“止血”成功地发动了一场高端侧翼战。

大决战的威力 = 位置 + 兵力 + 节奏

以上四条原则，可以大幅降低决战的战略风险，增加成果的确定性。同时，我们也要提醒企业家，“兵力原则”是所有战争原则中最基本的原则。“上帝总是站在销售队伍更庞大的一方。”当然，兵力大小是相对而言的。传奇的普鲁士腓特烈大帝和拿破仑都曾经多次创造以弱胜强的战例，他们取胜的共同要点就是在总兵力不占优势的情况下，让自己的兵力在决战地点超过敌人。

“战略节奏”是企业家设计战略时要非常重视的环节。企业采取战略行动，有时必须疾风骤雨，有时必须静水深流；有时必须广积粮、缓称王，有时必须动若雷霆。很多企业制定了正确的战略，但是战略部署的时候把优先顺序搞错了，一错就全乱了。

例如，同样是从根据地走向全国，当初加多宝从广东出发“北伐”，原本每次考虑的都是进军周边省份，因为消费习惯比较接近，但是最终采取了“蛙跳战略”，从广东千里跃进，直取北京市场；而老乡鸡从安徽走向全国，曾经尝试在上海开店，最终选择从上海撤回，蛰伏安徽蓄积势能，五年后才进军湖北和江苏这两个邻近省份。

为什么会有这么大的区别？因为两家企业面对的市场局面完全不同。每家企业面对的战略形势都是独特的，所以每一家企业的战略也必须是独特的。定位理论总结出来的规律，虽说是通用的，但是具体到每家企业如何运用，仍然有赖于决策者的战略素养和实战积累。

以定位理论为基础的“大决战”战略视角，和以往企业习惯的传统战略视角有很大不同。其中最大的不同在于，“大决战”视角的出发点是企业外部，而不是企业内部。对于企业来说，把内部运营管理好只是成功的必要条件，而远非充分条件。对于处于动荡时代的新一代企业家而言，急需补上的是“外部视角”，以在外部顾客心智中占据一个什么样的位置，来引导企业内部的运营。正如拉姆·查兰（Ram Charan）所言：“商业环境更加动态、更加难以分辨，生存也更加困难。有效应对这一环境的唯一办法就是以外部战略的方式思考，不断培养从外到内审视公司的意识。”

识别、锁定和扩大战果

军事决战的时间一般不会很长，快仅几天，慢则数月。商战中的大决战，通常需要更长时间，有时需要分成若干场战役。瓜子二手车从发动大决战到拿下行业主导位置，大约用了三年时间。加多宝成为中国饮料“第一罐”，用了七年时间。老乡鸡拿下中式快餐全国第一的位置，用了九年时间。华为体量庞大得多，对手都是全球巨头，任正非说:“这三十年来,我们从几百人、几千人、几万人到十八万人,只对准同一个‘城墙口’冲锋,对信息传送领域进行冲锋,而且对这个‘城墙口’一年的投资量是150亿到200亿美元的力度。”华为打了一场世界级的企业大决战。近日,任正非在英国《经济学人》撰文宣告了华为下一轮大决战的地点,他说:“站在智能社会的门口,我们要展望二三十年后在这个新的社会结构中扮演什么角色。我们想象得到信息洪水的巨大,疏导巨大信息洪流就是我们公司未来二三十年的战略定位。”毫无疑问,未来我们将看到华为十几万将士在这个决胜地点奋战多年。

决战的成功令人欣喜。然而,并不是每家企业都能充分享受胜利的甜美果实。这是所有商战失误中最令人惋惜的。在决战胜利之后,企业要注意三点:

第一点,准确认识大决战的性质。

不少商战赢家未能准确判断胜利的性质,这又分成三种情况:

第一种,是企业没有意识到自己有可能占据一个主导位置,未能乘胜追击发动大决战去锁定战果。很多“先驱”成“先烈”,就是这个原因。比如1990年代,不少游戏机品牌都占据了一方市场,活得都很滋润,但是谁也没有想到发动大决战。直到段永平的小霸王投入重兵发动大决战(“想当年,我是用拳头打天下,如今电脑时代,我儿子要用小霸王来打天下……”),一口气占领了全国近八成的市场份额,其他游戏机厂商才如梦初醒,后悔不迭。

第二种,是企业没有正确认识到自己成功的真正原因。大哲学家李泽厚说,一个人只有正确理解和解释了自己的存在,才真正存在。有些企业由于“暗合”定位原理,无意中占据了一个独特有利的位置,但是企业并没有真正认清这一点。无意中得到的位置,又在无意中失去。例如,相对于麦当劳,汉堡王最大的优势在于其火烤汉堡口味更好,但是汉堡王曾经一度放弃口味领先,改为和麦当劳比拼出餐“更快”,这一轮决战毫不意外地输得很惨。

第三种，是企业过早地放弃了使自己成功的定位。好的位置一旦占领，要长期坚持守住。不少企业高估自己，过早放弃了根据地。1990 年代，春兰空调占据了全国近 40%的市场份额，是名副其实的“中国空调大王”，格力当时是春兰的模仿者和追随者。然而，春兰在空调收入仅十亿多的情况下就贸然进入冰箱、电视、洗衣机、摩托车、卡车、新能源等多个领域，结果新领域未能站住脚，空调大本营也丢了。二十多年过去了，最新数据显示，2018 年春兰股份全年营收只有 6.6 亿元，净利润仅 4000 万元；相比之下，格力 2018 年全年营收突破 2000 亿元，净利润 262 亿元，账上现金 1211 亿元。如此辉煌的战绩，如此丰硕的成果，本来应当属于春兰。

第二点，以定位为基础，跨界收割。

一方面，很多企业害怕被别人跨界打劫，另一方面，大决战的胜利者却可以享受跨界收割的特权。企业以“倾国倾城”之力打赢一场大决战，当然不可能只是守在城堡里故步自封，自娱自乐。相反，夺取要塞、占领制高点之后，企业就从原来的四面受敌、无险可守，变成“会当凌绝顶，一览众山小”，铁骑雄师从制高点奔腾而下，无人可挡。

比如支付宝，在支付领域建立主导地位之后，“提兵百万西湖上，立马吴山第一峰”，挥师进入小贷、理财、保险等高利润相关领域，势如破竹。麦当劳在快餐领域成功之后，乘势进入房地产，做加盟商的“二房东”，赚得盆满钵满。但是可以想象，如果麦当劳失去了快餐的主导地位，房地产行业它就玩不转了。支付宝也是如此。通过大决战建立的强大定位才是跨界打劫的底气所在。

但是，跨界打劫不等于正面向其他领域的领导者发动进攻。阿里巴巴当年收购雅虎搜索，向百度发动强攻，无功而返；而微信在社交占据主导地位之后，推出基于微信社交网络的搜索，百度只能在微信的护城河外望洋兴叹；类似于此，腾讯曾经几次三番做电商，直接进攻阿里巴巴都碰到铜墙铁壁，而通过协助拼多多这种基于社交的拼团模式，大获成功。美团推出打车，直接进攻滴滴，前景不甚乐观；而高德在地图导航建立了定位，顺势推出打车，稳占一块地盘的可能性大大增加。这是两种完全不同性质的跨界打劫。

第三点，多定位协同。

企业通过大决战占领一个定位之后，如果发现新的有可能占据主导地位的有利位置，可以通过一场新的大决战占领下一个定位，并获得协同效应。例如，阿里巴巴在B2B领域建立主导地位之后，依次通过淘宝在C2C、天猫在B2C、支付宝在支付等相关领域建立了主导地位。

正由于商业基础设施的完善，使得现在每一家企业都无险可守，因此必须通过大决战占领一个根据地，拒虎狼之师于要塞之外。然而，生存只是大决战的最低战果。同样的商业环境，其实为大决战成功之后的企业打开了征服世界的广阔空间。雅典和斯巴达在西西里的海上决战之后，修昔底德评论说："这是希腊历史上最大的军事行动——对于胜利者来说，是最大的光荣，对于失败者来说，是最大的灾难。"决战的胜利者斯巴达，从此成为古希腊（也是当时他们眼中的全世界）唯一的霸主。这是大决战为赢家带来的丰厚回报。

商战类似于此：可乐的成功，帮助可口可乐建立了全球饮料帝国；肥皂的成功，帮助宝洁建立了全球日化帝国；电商、社交的成功，帮助阿里巴巴和腾讯成为全球名列前茅的中国公司。一旦你占据了一个强大的定位，最优质的资金、人才、渠道、土地、媒体关注、合作伙伴等资源都会主动向你靠拢。定位并不是把企业"定"在了一个地方不动，而是给了企业一个可以据此撬动地球、重新构建商业秩序的支点。正如《隆中对》诸葛亮对荆州和益州的评估："荆州北据汉、沔，利尽南海，东连吴会，西通巴、蜀，此用武之国，而其主不能守，此殆天所以资将军，将军岂有意乎？益州险塞，沃野千里，天府之土，高祖因之以成帝业。刘璋暗弱，张鲁在北，民殷国富而不知存恤，智能之士思得明君。将军既帝室之胄，信义著于四海，总揽英雄，思贤如渴，若跨有荆、益，保其岩阻，西和诸戎，南抚夷越，外结好孙权，内修政理；天下有变，则命一上将将荆州之军以向宛、洛，将军身率益州之众出于秦川，百姓孰敢不箪食壶浆以迎将军者乎？诚如是，则霸业可成，汉室可兴矣。”

结语

每个企业都渴盼基业长青之道。在我们看来，在一个有可能占据主导地位的位置发动决战，重兵打造自己独一无二的优势，以强大定位占领用户心智，这才是企业最可靠的护城河。它的最高境界，就是“一词占领心智”。当企业为社会创造的是独一无二、与众不同的价值时，用户就会给你一个词来代表你独特的成就。可口可乐代表了可乐，吉列代表了剃须刀，在上百年的历史里源源不断地为企业创造出新的顾客，这才是这两家企业基业长青的原因，也是巴菲特长期投资它们的原因。用这个标准来看，很少有企业能达到这个境界。这其实是一个好消息，说明我们这一代企业家还有大量机会，特别对于那些胸怀大志的中国企业家来说，这个世界还有很多价值连城的空位等待我们去创建、去占领。

克劳塞维茨在《战争论》中说：“人们永远只有通过积极的措施，即以决战为目标，而不是只以单纯的等待为目标，才能取得巨大的积极成果。我们坚信，主要地点的决战将会同时也决定次要地点的命运。一切损失都会在主力决战中得到补偿。”罗马正在燃烧，我们脚下的坚冰正在融化，新时代的商战，呼唤新一代战略家的大决战！

Ⅱ

管理篇

第 9 章

下一轮定位创新在中国[1]

1969 年，特劳特先生在美国《工业营销》杂志发表论文《定位：同质化时代的竞争之道》，首次提出商业领域的“定位”概念。50 年来，定位作为企业战略的核心，已经逐步成为全球越来越多企业家的共识而被广泛地实践。最近几年在中国市场上，无论是协助传统企业转型升级，还是辅助新经济企业领跑赛道，定位理论都展示出了巨大的威力和生命力。

今天，我更想表达的是定位超越传统商业层面的意义和价值，大到国家，中到企业，小到个人，无不需要定位。特劳特先生给冰岛、新西兰、比利时等都做过定位，也曾在 2013 年访华期间给中国做过一个定位——“现代化古国”。在我看来，定位是一个组织存在的终极理由，是某项外部社会任务的客观召唤，是降低全社会交易费用的资源配置方式。定位这个知识如果真正普及开来，整个社会资源的产出效率，乃至人类文明的进步，都还会有巨大的潜力。

1 2019 年 1 月 31 日是定位之父杰克·特劳特先生诞辰 84 周年纪念日，邓德隆为此撰写了纪念文章，标题为编者所加。

定位重构商业底层逻辑

在特劳特先生提出定位理论的时代，企业尚具有极大的权力和资源配置能力，企业生产什么，消费者就只能接受什么。定位的划时代意义在于，它看到了未来商业世界的图景：任何领域都只有数一数二的企业能够长期生存并取得良好的经营业绩。因此特劳特先生总结定位的第一法则是：企业要么成为第一，要么去创造一个能够成为第一的领域。他说："成为第一胜过做得更好。"如何成为第一？特劳特先生认为最重要的是实现差异化，"要么差异化，要么消亡"。特劳特先生进一步提出：企业的增长和发展不应从内部和自身意愿出发，而是应该首先在外部找到一个独具差异的定位，围绕该定位配置资源、展开运营，才能取得最大化的经营绩效。

这一思想在当时可谓石破天惊，实力雄厚的大企业觉得自己无往不胜，正如1960年代的通用电气执意进军计算机行业，大家都觉得赢定了，因为通用电气财大气粗，要钱有钱、要人有人、要技术有技术、要管理有管理。但是特劳特先生早早就预言了通用电气的失败，因为在IBM已经占据极强心智位置的计算机行业，通用电气无法做到第一，甚至第二。企业从内部视角出发，强行进入一个没有定位机会的行业，这是一种可悲的执念，也是社会资源的巨大浪费，而这一浪费几乎在全球各地一直发生着。

定位理论提出二十多年后，哈佛商学院教授迈克尔·波特发表著名文章《什么是战略》，文中提出："战略就是形成一套独具的运营活动，去创建一个价值独特的定位。"至此，定位作为战略的核心，成为学界公认。如今，越来越多的企业认识到，定位是商业世界的底层逻辑，你无法漠视它、绕过它，只能掌握它、用好它。近年来在新经济领域，特劳特中国公司与企业家共同打造了一些行业典范，成功的原因就在于企业将定位作为企业战略的核心，围绕定位去配置资源、优化运营，从而获得了其他竞争对手所“不了解的一股力量”，大幅提高了企业创造顾客的生产力。

企业要理解自身的存在

定位的终极意义，就是企业要超越商业，找到自己存在的理由，找到外部一个社会任务的呼唤。我们经常建议企业家用一句话解释自己的企业是什么。这句话是企业存在的根本理由，也是一条不能逾越的红线。企业里很多的原创想法本身没有错，但是如果它不是出于对外部社会任务的洞察，不思考用户的边界在哪里，不选择焦点，不考量竞争，结果往往是企业战略方向不清晰，资源配置不合理，最终导致失败。那些超市里无人问津的产品、马路边风吹雨淋的共享单车、互联网寒冬里无辜被裁的优秀员工，皆源于此。

而遵循定位规律的企业，它们首先确立一个定位，一个自己存在的根本理由，也就等于选择了企业决战的地点，然后集结所有资源兵力投入这个战场，而绝不把战略资源浪费在非决战地点。2018 年宏观经济下行，而践行定位的企业在这一年依旧普遍能实现强劲的业绩增长，其中的原因大抵在此。

这一年里，许多企业积极拥抱大数据、人工智能等新科技，我觉得这非常好，特劳特中国公司一直在和合作伙伴一起探索如何更好地运用新技术。与此同时，企业一定要认识到，这些新的技术手段，只有帮助企业强化自己的定位，才会有力量。否则，你即使精准推送、精准促销，消费者也可能真的买了，但这只是一次性的流量用户。没了促销，消费者找不到下一次继续用你的理由。没有哪个企业可以靠买流量和补贴支撑起一个健康的商业模式。但是如果企业所有的运营动作都是在强化定位，在用户头脑中找到并夯实自己存在的理由，流量用户就转化成了能量用户。

下一轮定位创新在中国

定位理论在全球的发展很不均衡，在中国最近普及很快，核心原因是中国的市场足够大。亚当·斯密的《国富论》说，分工创造财富。你把面包做到极致，我把黄油做到极致，我们把成果互换，财富就创造出来了。亚当·斯密以制造扣针举例说，因为分工导致的财富创造可以增加 4800 倍。国民的财富就是这么来的。什么导致分工呢？市场规模导致了分工。市场规模越大，分工就越细。从本质上说，定位理论就是帮助促成和完善社会分工的一个工具。

定位理论发源于美国，最基本的原因是美国当时是世界最大的市场。有足够大的市场，分工才存在逻辑上的可能。定位把这个逻辑可能变成了现实可能。毫无疑问，在不久的将来，中国一定会成为全球最大的市场，也就一定是定位理论最大的舞台。在这个全球最大、竞争最激烈的市场中，每一家企业、每一个个人都要把自己的定位做好，向全社会证明，这个事情我做得最好，从而把所有资源逼向自己最擅长的领域。

在我看来，特劳特先生创立了定位理论，他的角色有点像科学家，而特劳特公司在中国最大的创新，则是让这套科学理论得以组织化地运作，让一群平凡的人通过掌握这门学科知识做出不平凡的事业。我们的定位很明确，特劳特中国是一家与企业共同创业的公司，我们不是咨询公司，也不是投资公司。我们创业的方式是和志向远大、志同道合的企业家合作，用定位护航企业战略，共同创造行业典范。

超越定位

近二十年来，我对定位的理解也在不断加深中。我学习定位，也希望超越定位。

我认为超越定位的第一层含义是，定位应当是现代经济运行的核心动力所在，所有的经济行为必须是在用户那里找到自己的一个位置才来配置资源。所以，定位一定会超越定位本身，作为一种全新的社会资源配置方式，作为重构商业秩序的动力机制，它将引领开辟一个经济发展的新时代。

第二层超越定位的含义，我希望定位把经济基础解决好以后，它能够超越经济层面，对人类生活方式有一定影响。工业化带给我们的好处是财富增加了，带来的一个坏处是个性消失了。而我们推崇的定位如果发展到极致，不断分化，每一个定位都是精细服务于一个特定人群，形成一个个独立的生态。人类本来就是形态万千的，不应该所有的人用同样的东西。如果定位发展得非常丰富，对我们个人禀赋的发挥，对我们生活方式的影响也会很大，让每个人都能充分发展个性。

第三层超越定位的含义，我们希望能够通过定位提升中国企业的竞争力，进而把中国的文化贡献给世界。当然，这并不是文化民粹主义的狭隘理解。现在的社会，人一半是机器，一半是动物，也就是马克思讲的异化。我们上班的人就是机器齿轮的一部分，逃离上班又会回到动物的状态。我在纽约工作的时候，最不习惯的是看到路边很多吸大麻的人，各种麻醉和逃避。如果这就是历史的终结，这个世界并不见得多美好，人类理应有更好的生活方式。

李泽厚先生提出第二次文艺复兴，他认为，第一次文艺复兴是回归希腊，把人从神学、上帝的束缚下解放出来，然后引发了宗教改革、启蒙运动、工业革命等等，理性主义、个人主义盛行，也导致今日后现代的全面解构。他期待中国哲学能够发起第二次文艺复兴，把人从高科技机器和社会机器的束缚下解放出来，重新确认和界定人是目的，发掘和发展个性才能。我对这个愿景非常认同。

其实，孔子和庄子的思想就是反异化，如果我们看到西方哲学发展到海德格尔（Martin Heidegger）之后的困境，并且相信克服这种困境的出路不是后现代，而是“该中国哲学登场了”，真正实现以人为本的生活方式，那我们首先要通过定位知识，和创业伙伴一起创造一批有世界影响力的企业，用李泽厚先生的话说是首先要把“工具本体”做到足够强大。比如我们把最好吃的中国菜、最好喝的白酒，还有中药、茶叶等带给全世界，我并没有抢别人的东西，也没有抢别国的就业机会，我是来增加生活的丰富性、文化的多元性。把定位做好了，企业发展了，人的地位凸显了，社会进步了，别人就会尊敬你，重视你，愿意了解背后的中国文化。我相信，这也是杰克·特劳特先生把定位事业传承给我们的真意。

第10章

释放十四亿人口红利[1]

中国四十年的改革开放，激活了十四亿人的潜在生产力，尤其是农村大量剩余劳动力得以进城，农民生产力得到大幅提升，成为中国改革开放四十年经济动力的主轴。中国经济的未来发展，还是需要继续巩固过去四十年的这个主轴，激发人的生产力。

那么，应该怎样来继续开发十四亿人的生产力？

在我看来，这涉及人的脑力的开发利用。我注意到厉以宁先生提出的一个观点，就是我们已经没有了数量上的人口红利，但是劳动力的知识结构正在发生变化，中国还有在知识层面的人口红利。我赞同厉以宁先生的这个观点，要补充的是，我注意到，有些大学生的工资反而低于有些农民工的工资，涨幅也没有他们大，大学生就业是现在的一个难题。为什么呢？这就涉及我们专业上的一个词：心智资源。

心智资源是什么？以迪拜为例。旅游是迪拜的支柱产业，消费者去迪拜有两个地方必看，一个是世界最高的迪拜塔，还有一个是世界最贵的七星级帆船酒店。其实并不是最好的，但是它确实占据了消

---

1 2017年3月，邓德隆在“2017全国两会财新圆桌”的发言。

费者心智中一个非常重要的资源。是什么呢？大家对世界星级最高的酒店、世界最高建筑的向往，这就是心智资源。这种资源非常宝贵，把这种资源调动起来，在沙漠里都能创造出顾客，创造出流量。

迪拜的经验可以学习。消费者的头脑往往只记得住第一，不记第二，这是基本规律。我们都知道世界第一高峰珠穆朗玛峰，世界第二高峰是哪个却难以回答。阿姆斯特朗是第一个踏上月球的太空人，第二个是谁？很少有人知道。这就是消费者大脑运行的规律，往往只能够存储和记忆第一。这样的规律实际上是非常大的资源，中国有十四亿人，企业在任何一个领域占据第一就是全球老大或者是老二。

此外，消费者的心智资源对一些国家和地区有天然的定位和积淀，这也是中国一个很大的优势，当然其他国家也有。比如买手表，大家首选的是瑞士手表，喝红酒首选法国红酒，服装首选是意大利服装。所以，酒是一模一样的酒，倒到法国的瓶子里，价格就要加一倍以上。再举一个例子，阿根廷有一家做激光扫描仪的公司，一直打不开全球化的大门，后来它就很聪明地把美国办事处升级成总部，结果全球销量增加了几十倍，这就是心智资源在起作用。什么也没有变，但是人们总觉得阿根廷足球还可以，牛肉也还可以，做激光扫描仪好像没有这个资格。这种心智资源就是消费者对一些国家和地区赋予某种资质。所以，我们投项目的时候就要调动这种资源，参与到竞争中来。

中国几千年传统文化，有些产业就孕育着这样的心智资源。我们经常呼吁大家关注，比如中药产业。中医药在中国文化里天生就像瑞士手表、法国红酒一样，可以涌现出一大批世界著名的品牌。中餐行业也是如此，虽然经济在下行，但我接触到的很多中餐企业增长非常好，这也是中国深具国际竞争力的行业。再比如白酒、陶瓷、茶叶等，都应该是中国的机会。

这就为我们提供了一个观察国家竞争力的新视角，只要把消费者的心智资源调动到企业的竞争中，中国企业就会有大量夺取世界第一的机会。但是，同样地，如果国外品牌获得了中国这十四亿人的心智资源，他们就获得了成为世界第一的机会。因此，接下来，中国只要下功夫去调动十四亿人的心智资源，我们在全球就能获得更加重要的地位。

第11章

用定位提高企业的生产力[1]

2013年12月，我去拜访吴敬琏教授，请教他怎么解读十八届三中全会的决议。吴老说，中国要做好两件事，三中全会解决了一件事，还有一件事没有解决。我问，三中全会解决了哪件事情呢？吴老说，解决了政府和市场的角色关系问题。三中全会公报说："经济体制改革是全面深化改革的重点，核心问题是处理好政府和市场的关系，使市场在资源配置中起决定性作用和更好发挥政府作用。"吴老认为这句话至关重要，明确回答了政府和市场谁为主导的问题。长期掣肘我们转变增长方式的体制障碍从理论角度看已经解决了，接下来就是实践的问题。如果实践得好，必然会带来一个结果，那就是中国市场将成为国际化的企业竞争的大国主场，如同先秦东周之后诸侯崛起的时代。所以大家不必纠结中国什么时候能打造出国际品牌，将来中国市场本身就是充分竞争的国际舞台，你能够在中国市场拿到第一名，你就已经是世界上最大市场的领导品牌了，大家看加多宝、方太他们在中国市场"与狼共舞"，和跨国企业竞争，甚至已经反

1 2013年12月13日，邓德隆在北京大学汇丰商学院与中央电视台联合主办的"发现定位——定位成果中国案例展暨2013年北京大学特劳特定位年会"上的发言。

超国际品牌。

三中全会决议还指出，中国将建立公平开放透明的市场规则，清除市场壁垒，建设统一开放、竞争有序的市场体系，也就是说，要把原来的条条块块打通，这将会迸发出巨大的市场潜能和产量。在我看来，供应端的竞争将会更加白热化。在这样的态势下，我们具体的一家家企业如何在更激烈的竞争中求生存？吴老说，中国要做的第一件事，政府做好政府该做的事情，第二件事就是企业家要尽好应尽的责任，那就是提高企业的生产力和竞争力。市场变大了，企业家却没有尽好责任，企业没有获得竞争力，那最后国民的财富、福祉也不一定能增加。富士康的一连串员工悲剧事件，为什么会发生？因为企业的利润像刀片一样薄，只能靠延长工作时间、增加工作强度，这种办法换来的竞争力，怎么可能持续？那么，怎样才能持续提高企业的竞争力呢？我和吴老主要集中讨论了这个问题。

吴老所有的书我都读过，其中有一本《中国增长模式抉择》[1]非常重要。这本书系统讲述了从早期增长模式到现代增长模式演进的历史和理论，比如马克思对西方早期增长模式的分析，索洛关于技术进步和效率提高对于现代经济增长的决定性作用的论述，库兹涅茨根据经济发展经验数据的研究对现代增长作出的界定等。吴老还专门研究了苏联的经验。1960年代，苏联已经意识到原来的经济增长方式有问题，苏联经济学家把依靠增加生产要素投入实现的增长叫作"粗放型增长"，而把主要依靠要素使用效率的提高实现的增长称为"集约型增长"，但是苏联一直到解体也没能实现成功转型。在吴老看来，投资驱动的粗放型经济增长模式在早期促进了经济发展，但是发展到了一定阶段之后，这种模式已经不可持续：微观层面看，资源短缺和环境破坏愈来愈严重；社会层面看，贫富差距扩大；宏观层面看，全要素生产率增长放缓。怎么办？吴老的思路是，必须实现经济

1 已收入《吴敬琏论改革基本问题》（全三册），上海三联书店，2021年1月版。

增长模式的转型,改善经济增长的质量。

确实,从空气质量就可以见微知著。杰克·特劳特先生这次来中国,在上海、深圳两个城市都遇到了非常严重的雾霾。我们只好跟他开玩笑说,中国的文化里面,重要人物出场通常伴随着飞沙走石。现在,空气、水、土、食品安全问题都让人揪心。我们在座的企业家应该承担什么责任呢?吴老说了,经济发展要从粗放的投资驱动转向效率驱动,不断提高企业的生产力。怎么提高?我向吴老介绍了从泰勒的科学管理,到德鲁克的组织管理,再到特劳特的战略定位这三次生产力革命。吴老饶有兴致地告诉我,十岁时母亲送给他的生日礼物,就是一本泰勒的《科学管理原理》!我告诉吴老,即使是市场化程度很高的行业,企业也未必能自发提高生产力、培养出竞争力来,需要主动学习运用外部的先进管理知识。比如家电行业,几乎是完全竞争的市场,但是整个家电行业的利润就像海尔张瑞敏先生描述的,利润像刀片一样薄,家电行业员工的生存状态也普遍艰难。

回到今天的主题,我认为,中国要转变经济发展方式,就需要企业家这个群体学会主动地运用"定位"方式。用特劳特先生的话说,我们要"更聪明地工作",做与众不同的事情,而不是像我们原来家电行业那样"更辛苦地工作",靠延长工作时间、增加工作强度,这是马克思批评资本主义必然消亡的工业革命初期的工作方式。我们已经发展到今天了,已经有新的知识出现了,我们应该大胆地运用,让中国这片热土变成我们子孙后代美好的家园。

我们可以看看日本的经验。日本只有1.3亿人口,甚至人口还在萎缩,但是居然曾经在1980年代,甚至1990年代初期都是全球最具生产力的地方,它当年是怎么成功的?靠的是两次生产力革命,第一次是美国质量专家戴明(W. Edwards Deming)引进的泰勒制科学管理,第二次是德鲁克的组织管理。两个美国人把日本的竞争力搞上去了,结果把美国本土的人吓得不轻,应了中国的一句古话,"墙内开花墙外香"。而日本今天的经济衰落,有些人解释为地产泡沫、人口红利消失，在我看来恐怕不是这样。现在的大多数人口并不是体力工作者，知识工作者60岁正当壮年，所谓人口老龄化站不住脚。在我看来，日本衰落的原因是他们没有及时引进定位思想带来的第三次生产力革命，错过了这波新的生产力浪潮。

这就是中国今天的机会。历史上，任何大国崛起，通常是伴随着新技术、新产业的诞生，无论是英国、法国、德国、美国，都是这样，但是日本是唯一的例外。日本从小国崛起为大国，成为全球生产力的中心，靠的不是新技术、新产业的诞生，而是引进先进的管理知识，更聪明地工作。以我的经验，掌握了"定位"这门新的社会创新技术，哪怕是古老的行业，像中药、中餐、茶、酒，都能焕发出勃勃生机。

在现在的信息时代，我们每一家企业实际上都处在信息产业，都面临着将组织信息化的课题。但是，这个信息化并不意味着企业要买多少电脑、多少软件，要注意的是，目前很多企业的信息化方向搞错了。大量的软件、硬件的投入，迫使企业家把眼光更多局限于企业的内部，企业家不自觉地每天把精力放在当天的销量情况、订单情况、员工的工作情况等等。这个方向搞错了，企业现在要实现的信息化是外部的信息化，把企业置入顾客的心智中，找一个可以安放的家园。在如今的时代，任何产品几乎都是可以复制的，只有独特的定位无法复制。第三次生产力革命的背景就在于供应过剩，选择的暴力无处不在，我们必须将企业在消费者心智中实现信息化。

非常幸运，定位带来的第三次生产力革命，我们和全球同步，甚至可能还有点超前。前两次生产力革命，中国赶上的都是末班车。两亿农民进城，释放了巨大的生产力。但大家想过没有，两亿农民，已经超过了日本的总人口，为什么我们的经济社会发展水平离日本还有很大差距？可见生产力的重心早已不在工厂，已经发生了转移。现在企业一把手时刻要盯住顾客的心智，在心智中实现信息化，让你的产品成为顾客众多选择中的首选。如果可以做到这一步的话，我们就赶上了第三次生产力革命，而且很有可能再次"墙内开花墙外香"。

第12章

定位是企业最深的护城河[1]

对于投资者而言，若要用最简单的话概括投资，无非是找到好公司，并建立一个池子，随后耐心等待。当市场情绪出现了巨大波动时，就代表着机会的来临。要顺利完成这一切的前提，就是找到好公司。从战略定位理论出发，考察好公司有两个维度：第一，始于竞争。第二，终于价值创造。特劳特的定位理论，经历了时间的洗礼和检验，应用领域广泛，不但有助于企业找准自身独特的定位并独占鳌头，而且能为投资者提供参考维度，发掘价值洼地。巴菲特提出过“护城河”的说法，战略定位能够为企业带来长久、持续、不可模仿的优势，为顾客创造独一无二的价值，定位就是企业最深的护城河。

始于竞争：从一开始就与众不同

始于竞争，指的是从最开始，就要从众多市场竞争者中脱颖而出，做到与众不同，创造独属于自己的第一。举一个餐饮行业中始

1 2019年3月16日，邓德隆在第十届中欧私人财富投资论坛上的演讲，标题为编者所加。

于竞争的案例，安徽有一家叫老乡鸡的企业，目前已成为安徽餐饮业的第一品牌。不同于肯德基和麦当劳建立的“快餐就是套餐”的标准，老乡鸡走的是一条与之不同的路：一是不做套餐，让顾客自由组餐，在战略上避开与肯德基麦当劳这样的餐饮巨头直接竞争；二是集兵安徽市场，在安徽做到绝对第一之后，才开始扩及周边的武汉、南京，开出了超过800家直营店，浓度足够高，势能足够大。我看好老乡鸡这个企业，虽然目前规模不大，但我认为它会不断发展壮大。

终于价值创造：将定位贯彻到底

海底捞的战略定位是服务至上。提起海底捞，大家首先想到的就是服务。刚才许小年教授说，海底捞最大的创新在于师徒制，我提点不同的看法。我的观点是，师徒制当然是了不起的创新，但是这样的创新在餐饮行业的复制速度其实非常快。师徒制确实是一条护城河，但这条护城河不够深，企业获得相对优势的时间较短，并不足以支撑长期发展。

从定位理论的视角而言，“服务”定位的建立才是海底捞最大的创新，是企业最为可靠的护城河。海底捞二十多年如一日，围绕客户服务的定位，创造欢乐火锅时光，通过高质量的服务，为用户带来最优体验。海底捞的服务，是包括师徒制在内一揽子创新所凝聚的成功。你可以说它是一个佛骨舍利子，有至高无上的宗教价值。海底捞在用户头脑里创造了名为“服务”的战略定位，成了餐饮行业中用户服务的第一，其他人无法通过构筑一家以服务为竞争力的火锅店，对海底捞进行颠覆。

这就是“终于价值创造”。将始于竞争的差异化定位贯彻到底，几十年如一日地不断践行，构筑起独一无二的护城河。

问到极致：你从何处来？要往何处去？

1969年，杰克·特劳特在《工业营销》杂志上前瞻性地提出了定位理论，重塑了商业的底层逻辑。特劳特指出："任何领域都只有数一数二的企业能够长期生存并取得良好的经营业绩。对于企业而言，要么成为第一，要么去创造一个能够成为第一的领域。"为了达成这个目标，企业要找到属于自己的独特定位，这个定位不应该从企业内部和自身意愿出发，而是通过对于外部社会的洞察，结合市场思考用户边界，实现企业的差异化，并围绕这个差异化带来的用户价值进行战略规划，合理配置资源，筑牢自身独有的竞争优势，不断提高企业创造顾客的生产力。

在过去的几十年里，随着经济的发展，市场竞争日趋激烈。老牌企业持续活跃，新兴企业应运而生，各式产品推陈出新，消费者成了商业竞争最大的受益者，市场供需面彻底反转，企业"只要有产出，就必定有人买"的强势时代已经过去。对于投资人而言，活用定位理论，通过始于竞争、终于价值创造这两条维度来判断公司，会使投资的步伐更加从容。在任何一个行业中，都不要选择趋同的公司，哪怕这家公司的财务状况很好，或是技术先进，拥有独特的创新。趋同的公司并不可靠。因为技术被复制的速度很快，比我们想象的还要快。定位理论所贡献的视角在于，公司要能创造与众不同的价值，并贯彻到底，所有的技术乃至所有的创新最终都是为了去创建这种差异化的顾客价值。

始于竞争、终于价值创造的定位理论，分别回答了你从何处来？要往何处去？将这两点追问到极致，"叩其两端而竭焉"，就能找到公司安身立命的关键所在。只有明确了公司需要创造的究竟是什么，特色又是什么，与竞争对手的区别在哪些方面，才能找准自身的定位和专属赛道，创造与众不同的顾客价值。海底捞、老乡鸡等公司就是这样，致力于创造独有的价值，并持之以恒。通过这两个问题，持续探本溯源，不但能明确公司的发展方向，还能找到人生的意义和高度。投资于将这两条视为人生终极价值、生活意义、生命归宿的企业家，就能做到巴菲特所说的："安心睡觉，躺着赚钱"。

第13章

将心智屏障转为心智资源[1]

随着全球经济一体化，技术的革新和信息的流动越发快速，全球资源的配置越来越便利，我们的生活方式已经发生了彻底的改变。比方说，大家想要买手表的话，头脑里蹦出来的手表会来自哪里？瑞士；说起香水，我想在座的各位应该没有人会想到去买墨西哥的香水，好的香水我们首先会想到来自法国；买高端服装会想到意大利；好的啤酒会联想到德国；要买一台豪华汽车，大家首先想到的也是德国的，比如奔驰。全球化的推进，不仅让我们认识到了来自全球不同区域的产品，也让我们能够更加便捷地购买。这就是消费升级所处的时代背景，竞争将在全球范围内展开。

顾客头脑中对某些国家会有一个天然的认知，这个认知就是企业家需要抓住的资源——区域心智资源。一旦抓住了这种区域心智资源，企业在顾客头脑里就已经拥有了优势，换句话说，抓住了这种资源，那么企业天生就是个“富二代”。如果你要创业做手表，“来自瑞士”会让顾客觉得更加值得信赖，对比其他出身“贫寒”的手表企业就

1 2017年11月29日，邓德隆在《商业周刊》中文版主办的“The Year Ahead 展望2018”峰会发表的演讲，标题为编者所加。

有了先天巨大的优势。这种优势在当今全球化竞争中已经越来越成为一种无法被逾越的竞争优势。

我们在阿根廷曾经有过一个非常戏剧化的案例。这家阿根廷公司是做激光扫描仪的,在这个领域里它的技术一直是全球领先,但始终打不开国际市场。我们当时分析下来,发现这家公司的问题在于,当它以"一家阿根廷科技公司"的形象出现时,它一出生就是"平民"。"平民"这个词没有任何贬低的意思,而是指缺乏某种资质,也就是前面谈到的顾客头脑里的"天然认知"。顾客会天然地给某个人、企业、组织、国家设定一种认知,你在顾客心智中有没有这种资质,决定了你能不能从事这个事业。一个阿根廷的公司有什么资质呢?大家想到阿根廷首先想到的是足球。阿根廷在足球领域就是一个"富二代",有天生的资质和禀赋,我们的少年足球队都要去那里训练,这是它相较于其他竞争对手来说很难被逾越的竞争优势。然而,阿根廷的高科技公司却不具备这样的优势。

基于这些专业上的分析,我们给它在心智层面动了一个"手术":其他一切都没有变,将它的美国分部升级为总部,把它从一家阿根廷公司变成一家美国公司;老板的名字也从一个典型的阿根廷名字改成了一个典型的美国名字,除此之外,一切都没有变。然后,当公司以"一个美国人创办的美国公司"形象出现在市场上时,戏剧化的一幕就出现了——它的国际化进程非常迅速,很快成为国际市场上的行业领导者。

我和很多经济学家朋友讨论过这个案例,就经济学传统要素投入来讲,这中间并没有增加任何生产要素,为什么能够多出几十倍的产出?在经济学上该如何解释这个现象呢?

将"心智屏障"转为"心智资源"

科斯定理告诉我们,同样的东西,消费者的选择是由交易费用主导的。现在是信息时代,但是我们发现,使顾客了解企业真实信息的交易费用反而更高了。一个企业要进入消费者的头脑,这中间隔着一片信息的海洋,没有任何一家公司可以轻松跨越。这片信息海洋其实是一种巨大的“心智屏障”,企业能够穿过这片海洋的根本解决之道,就是在消费者心智中建立起一种“认同资质”和“心智产权”。

如果你是一家阿根廷企业,那么在消费者心智中你就不具备“高科技公司”的资质,“心智屏障”会阻挡你的一切信息,企业即使投入再多资源,也难以穿过这个信息的海洋。而当它以一家美国公司的形象出现时,顾客愿意接受企业的信息,那么它才有机会穿过信息海洋,抵达顾客心智中,赢得属于它的位置。

再比如,奔驰营造的永远是一种尊贵的氛围,给人尊贵的享受。人们认可奔驰的“尊贵”,因此愿意花钱买单。当奔驰的科技创新、设计改进等方方面面不断提升消费者的尊贵体验时,通过传播到达消费者心智中,消费者会接受并认同。反观其他汽车公司,如果你也传递“尊贵”,即使你在“尊贵”上确实做得不错,消费者仍然会认为你不具备这个资质,将你提供的所有信息都挡在了心智之外,这样,企业投入的要素就成了无效的投入。

为什么我们服务的阿根廷公司没有进行额外投入,产值却大幅增加?因为消费者认可“一家来自美国的高科技公司”这个资质,那么它就赢得了消费者的“心智资源”,把原来巨大的“心智屏障”转化为了“心智资源”。

对于企业来说,心智资源已经成为一种比劳动力、土地、资本更为重要的生产要素。当然,这种观点要获得经济学界的普遍认同,我认为还为时尚早,但企业的实践永远都走在理论的前面。

当前全球化竞争的环境下,几乎每家企业都处于和这家阿根廷公司一样的境遇,我们面对的是消费者巨大的“心智屏障”,这不是消费者的问题,而是这个时代的特点。云计算、大数据、人工智能等技术的不断发展,使得产品层面的升级变得越来越容易。企业提供产品、服务的能力没有问题,关键是消费者认不认可你的资质,发不发“牌照”,给不给你“产权证”,这是我们身处的时代中所有企业面临的难题。

现在大家都在谈消费升级,很多企业也觉得大机会来了,要加大投入来升级产品、做传播,希望能够赶上这波浪潮。但我要稍微泼点冷水,提醒一下大家,当你没有在消费者心智之中建立起和消费者统一的认知,在没有拿到这个资质前,大规模的投入是有巨大风险的。

几年前,恒大冰泉刚推出来的时候我曾经警告过,即使恒大为冰泉投入再大的资源也不可能成功。我对恒大公司本身没有什么偏见,只是想提醒大家,这种现象在中国每天都在发生:恒大冰泉的产品、渠道、管理都没有问题,唯一的问题在于所有的信息都被消费者的层层“心智屏障”给阻挡了,就像一个城门把恒大冰泉牢牢关在门外。像恒大这么实力雄厚的公司,为什么几十亿投下去,消费者就不给它开城门呢?回到现实来看,没有任何一家企业能够穿越消费者心智上的阻挡,每个企业家都要面对固若金汤的“城墙”封锁,如何敲开城门是企业家必须思考的问题。

围绕定位配置资源,强化“心智产权”

我们经常请企业家做这样一件事情,把公司高管召集起来,共同回答一个问题:我们公司在消费者心里到底代表了什么?用我们的专业术语讲,就是企业在顾客心智中拥有什么样的定位?最好能用一句话甚至一个词写出来。很多企业家朋友,做完后回来跟我说:“坏了,就连跟了我几十年的副总裁写出来的答案都让我大吃一惊。”如果企业高管对企业应该在消费者心智中占领的位置都不能够统一的话,怎么能够要求消费者认同呢?

最高境界应该是,企业家和高管能达到周瑜和诸葛亮的境界:大家一起写,写完摊开看,你写的是“火”字,我写的也是“火”字,相视一笑，这就是企业在战略层面的高度一致。我们企业家就是要做这种工作，尤其是一把手更要去做，我们在顾客大脑中的位置究竟是什么。这个意见如果不统一，企业内耗之大，是非常惊人的。

如今，一个人在组织里高高在上发号施令的时代已经一去不复返了。现在的时代，知识分工非常细致，如果员工不是在某项知识上比你更强的话，他也没有存在的理由。举个例子，丹尼尔·巴伦博伊姆（Daniel Barenboim），二十世纪最杰出的音乐家之一，他早期既是指挥家也是钢琴家，但他渐渐发现，在一个交响乐队里做了指挥就弹不了钢琴，交响乐队的乐手不是你的下级，而是你的合伙人，因为他的领域你不懂。科技和组织的发展使得每个领域的分工越发细密，企业高层必须面临的基本挑战是，如何用一个定位把这些专家串联起来？否则整个企业就成了一盘散沙，用德鲁克的词叫"一伙暴徒"。为什么叫暴徒？每个知识工作者都有自己的追求，如果一个搞科研的违背企业定位，穷尽极致去研究另一个方向的技术，不仅极大浪费企业资源，甚至会破坏企业的定位。其他的职能部门同样如此。

企业一把手应尽的责任，是必须根据顾客头脑里对我们的定位来引领企业内部所有的资源。有一位为奔驰提供服务的企业家问我，如果为奔驰策划一场秀，如何衡量这场秀有没有效果？我认为，对于任何投入，最重要的评价指标是能否帮助企业在顾客头脑里建立、巩固、强化定位。既然奔驰代表了尊贵，这场秀是不是为"尊贵"加了分？加分了就是有效的，就是加强了企业的定位。至于其他的数字、指标，某种程度上只是为了财务审计所用。

企业最终在市场里的位置高低，取决于在顾客头脑中的定位是否强大，这是值得每一个企业家关注的，唯有这样，才能把握住这场消费升级或者说消费分级的大趋势。

第14章

调动员工的能量[1]

彼得·德鲁克认为，企业家的角色是内外信息的连接者，企业家首先要知道外部的成果在哪里，然后将这个信息传递回企业内部，思考怎样去配称资源、做取舍、做激励、做培训、做评估，把握作业的标准。在我看来，中国的企业家比西方的企业家还要多一重责任——为企业确立使命。为什么？因为西方的文化里有两个世界，除了尘世，还有一个属于上帝的世界。

但中国没有上帝，我们只有孔子，孔子不是宗教的教主，他是个活生生的凡人，他不像耶稣，耶稣摸一下盲人的眼睛就可以让他复明，吹口气就能让瘫痪的人立刻起来走路，孔子并没有这种神奇的法力。我们读《论语》时，会看见孔子像我们普通人一样每天日常生活，嬉笑怒骂，甚至会落魄到如丧家之犬，困于陈蔡差点送命。孔子曾经去见了当时大家眼中一个不三不四的女人南子，他的学生子路很不高兴，给孔子脸色看，孔子自己也气得够呛，对天发誓说，我要是做了不好的事情，老天罚我，“天厌之，天厌之”。自己的学生都能把他逼急了，总之，孔子是一个很正常的凡人，一点都不像一位神奇的教主。

---

1 本文是邓德隆的一次内部演讲，原文刊登于《商业评论》2014年8月号。

所以，中国企业家要尽的责任，就是要回归到孔子讲的人生意义——“博施于民而能济众”。这种关怀能达到替代宗教的目的，佛家大乘讲普度众生也是这个意思。在西方没有这个烦恼，上班就上班，下班就下班，灵魂的问题、人生的意义有上帝和教会在照顾。中国没有这样的宗教传统，但每一家企业的每一位员工都需要有精神上的终极关怀。我认为，中国的企业家有责任、有能力为员工提供这种终极关怀。这不是日常的管理系统和激励机制能解决的。

现在的社会是知识社会，对于知识分子而言，这种终极关怀的价值比企业常见的股权激励的能量还要大，每一个员工都需要这种能量。企业家如果无法给员工这种能量，就对不起他。为什么？因为员工很难达到巅峰状态。一个人的工作如果只靠表层意识，靠每天的理性思考来工作，只能迸发出很少的能量，如果想把一个人的才华淋漓尽致地发挥出来，光芒四射，只有调动他潜意识里的力量。但是，这种力量不可能通过金钱和物质刺激来解决，只能通过终极关怀，让一个人建立某种信仰才能赋予。作为领导者而言，如果你没有把一种更大的能量，一种可能会十倍乃至百倍千倍的能量赋予员工，就辜负了他们的才能和人生。

别让信仰成为乌托邦

那么，我们如何才能给员工提供终极关怀？定位理论也许能起到一些基础作用。企业如果没有好的定位，信仰就很容易走向主观上的美好愿望，或者叫乌托邦。

彼得·圣吉（Peter M. Senge）有一本书影响非常大，叫《第五项修炼》，这确实是一本好书，但是我觉得它有一个致命的缺点——太偏重内部思维，而缺乏外部视角。这本书在中国卖得很好，原因是什么？我认为是因为中国自宋朝以后，随着宋明理学的发展，中国的文化走向了一个与汉唐相反的方向，由外王学走向内圣学。何谓内圣学？期望通过我们个人内在的心性道德修养来实现外在世界的太平天国，结果是把外王这一条脉络给切断了。外王上溯要从周公、孔子、荀子讲起，所以在宋朝之前我们通常是周孔并称，大家都去学周公和孔子，而宋明理学以后，是孔孟并称，孟子是亚圣，他是内圣学的鼻祖。明明历史上是周孔并称，孔子是接着周公的，无论是周公也好，孔子也好，他们都有很强大的外王学。定位理论可以延续外王学的传统，它强调首先要为企业解决外部竞争力的问题，外部世界对企业有一个客观的召唤，有一个机会或任务给你，这是定位理论着重解决的问题。

而现在很多企业家，他们给企业定的目标、使命和愿景，很大程度上是个人主观上的愿望，是个人的喜好，“我想做什么?”“我想实现什么目标?”比如彼得·圣吉的五项修炼，他说每个人都应该去内心深处探寻，问问自己，小时候、年轻时候内心最想实现的愿望是什么?去听从内心深处的召唤，然后去实现它。这就是《第五项修炼》的大问题，我认为这种方法走不通。你想实现的愿望，未必在客观上成立。你的竞争环境、竞争对手有可能让你去实现愿望吗?所以一些企业家为了个人的主观愿望，自欺欺人，终其一生，最后只是在追求乌托邦，令人感叹不已。

定位理论恰恰相反，是外部导向的。它考虑的是让你、让企业，在公众和消费者心智中去发现一个真正存在的机会。这个定位的机会，是和顾客相连的，是一个群体对你、对企业的期待，而不是你个体的愿望。换句话说，定位的机遇是客观存在的，不像你的个人愿望，那只是一个主观存在。

按照定位理论的原理来说，你要做的事是竞争对手不能做的，你是与众不同的，独一无二的。对于一家企业来说，达到什么境界，你的定位才算到位?那就是你做的这件事，全世界只有你最清楚、最了解。你所占领的领域，你所做的事情，应该是离开了你就玩不转的。有了这种感觉，定位就到位了。有了这种感觉，你会觉得你这家企业太重要了，坐飞机都要小心，不能把高管都放在同一架飞机上，如果出事，事业后继无人，世界将会有麻烦。

从理论上讲，每一家企业都应该去寻找自己独一无二的地方，代表全人类在这个方面走在最前列。同时还怀有一种巨大的责任感——为了人类把这个事业往前推进，因为你不前进，人类就不能进步，正如登月第一人阿姆斯特朗在月球上跨出第一步时所说的：这只是我的一小步，却是人类的一大步。

彼得·德鲁克说，企业家需要向非营利组织学习的，是为企业找到使命、设定使命。他所说的使命就是要从外部世界找一个企业存在的理由，即回答“我们为什么而存在?”如果说为了赚钱，那可以肯定，这家企业吸引不到一流的人才，也无法把你个人和员工的潜能调动起来。赚钱只能是企业实现使命过程中顺带的结果，是因为你在外部世界里，为顾客、为这个世界做出了某种独一无二的贡献之后给你的回报。

为什么定位越来越重要？因为定位决定了企业存在的理由。实际上，大多数企业都还没有找到自己的定位，都在生产可有可无的产品、平庸的产品，能够摆在货架上顾客却找不到独特理由去买的产品。那种激动人心、鼓舞士气的力量，自然也就不存在了。从某种程度上说，每一家企业都应该像乔布斯时代的苹果一样，成为一个类宗教型的组织，企业家要为这个组织赋予宗教上的形而上的品格。这种品格的根本来源就是顾客心智中企业存在的独一无二的理由，这个理由就是定位。

把天下和组织连接起来

管理学意义上的使命，就是把定位给形而上学化。举一个例子，沃尔沃汽车的定位是“安全”。1997 年戴安娜王妃坐奔驰车出了车祸，沃尔沃的领导者说，如果戴安娜王妃坐的是沃尔沃汽车，人类最美丽的玫瑰就不会凋谢，还会继续盛开。沃尔沃公司会告诉促销员，你的工作非常重要，不只是简单的一份能够养家糊口的工作，因为我们的每一位顾客都是为社会做出杰出贡献的人物，如果你不认真工作，顾客买了别的企业的汽车，后果会怎样？你看看，戴安娜王妃就出事了。所以你们的使命就是见一个逮一个，一个都不能放过，顾客不买沃尔沃车，说明你没有尽到责任。沃尔沃的这种做法实际上是把员工变成了义工，使每一个员工不再是简单地拿一份薪水、打一份可有可无的工。沃尔沃的成功，就在于它有一个鲜明精准的定位——安全，并将安全这个定位形而上学化，上升到企业的使命，回答了企业存在的独一无二的理由。而沃尔沃后来走向衰落的关键原因，就是因为它丢失了这一定位。它放弃了“安全”，而是宣传自己如何豪华、如何环保、如何舒适，而这些都不是自己的独特之处，因此也失去了其存在的理由。

在西方，对功利组织形而上的需求远没有中国强烈，因为他们有上帝来满足这个需求，但对于中国就特别重要，因为中国没有上帝。中国的宗教在哪里呢？中国的宗教存在于“天下”两个字中。“位卑未敢忘忧国”“天下兴亡，匹夫有责”“先天下之忧而忧，后天下之乐而乐”，以天下为己任是每个中国人心里流淌的热血，中国每到紧急关头都会有一大批人挺身而出，士大夫精神流传这么多年，一直深深藏在每一个中国人内心深处。当企业家拥有一个定位时，实际上就是在做与众不同的事情，意味着你在这个领域做得最好，你在这个领域每往前走一步，就意味着人类在这个领域往前走一步，这种力量会把员工内心深处最深层的能量调动出来。

所以，中国的企业家要为我们的企业、为每一位员工赋予一个天下观，这对企业家的要求很高，你必须要有形而上的思考力，不只是每天去做那些具体的工作，而是要考虑怎么把员工调动起来、凝聚起来。企业一旦调动了这种力量，它的能力将会非常惊人。华为似乎调动了这种力量，它能在国际市场上和思科、西门子、爱立信这样的巨头硬碰硬，能够改变全球整个行业的生态，所以，华为的工作不会只是给员工养家糊口的感觉。一旦公司找到了这种使命感，会使整个公司充满能量和激情，特别令人尊敬。这就是企业家一把手的责任，其他人完不成这个任务。

不能走邪路

要特别提醒一点，这种关怀和洗脑的传销、邪教有什么不同？有些企业的领导人也为员工提供了“终极关怀”，每个员工脸上洋溢着“幸福”，“发自内心”地投入工作，但这和我们谈到的关怀有着本质的不同。他们是强加的，或者是利用权力实现信息垄断，目的是要员工对他产生个人崇拜。因为我们没有宗教传统，但是人们心理上的空洞总是需要填补的，使得邪教容易趁虚而入，这是我们要特别警惕的地方。

那么，我们企业家要做的肯定和他们不一样。第一，我们不能强迫员工，不能给员工洗脑。企业家只能给员工提供一种选择的可能性，帮助员工看清自己工作对社会的价值和意义，提升他们的视野和境界，即在平时看似平凡又琐碎的日常工作中，却蕴含着一种价值，一种意义，一种对天下的关怀所在，这是我们存在的独一无二的理由，也是我们对社会的最大贡献。公司可以用使命慢慢感召，慢慢引导，决不能强迫。

比方说，早期的戴尔公司在奖励员工的会议上，会搞一个仪式，得奖的员工会打扮成罗宾汉的形象，因为戴尔的定位是直销电脑，公司的价值是什么呢？就是把 IBM 浪费在渠道里面的费用抢回来，还给顾客，劫富济贫，替天行道。戴尔会说，我们的使命、我们的价值就在这儿，以前那些渠道经销商在电脑价格上层层加码有什么必要呢？一批、二批、三批，明明是两千块的东西，到了顾客手上，可能就要四五千块了。直销电脑的定位，形而上就发展为劫富济贫，替天行道，使戴尔成了一家充满侠义精神的伟大公司。

第二，千万不要让员工对你产生个人崇拜，很多企业因此出事。我有一次在公开讲课时，提到一家企业。这是一家百亿级的企业，董事长邀我去参加他们六点半的晨会，令我大开眼界，晨会的内容就是读董事长语录，谈体会，有几位高管还振臂高呼口号。高管们谈工作有一个固定的套路，比如公司派我到北京开拓市场，一开始碰到很多困难，很苦恼，但是董事长某年某月某日讲过的某句话忽然在我耳边回响，一下子醍醐灌顶，感觉到一种巨大的能量涌向全身，令我最后克服了困难，现在北京市场我们已经做到几个亿，主要就是靠董事长的思想给了我无穷的力量。大家拼命鼓掌。

更让我感到恐慌的是，我并没有提这家公司的名字，但我讲完课后，收到很多短信，猜测是某某公司，全都是知名企业，但都没有猜对。我感觉这个问题大了，说明中国有很多知名大企业里都有这种土皇帝的搞法，邪教模式。这是我们要坚决反对的。

我离开那家公司之前，董事长包了一个礼物给我，就是他的讲话语录，让我带在身边，我死活不肯要，但是他一定要推给我，我就只好带上了，在路上看了一遍，里面的内容肤浅得可笑。显然，他看到了员工的心理需求，也确实调动了一种力量，但是这种做法把中国文化里最糟粕、鲁迅先生最深恶痛绝的东西给借尸还魂了。

这种病在什么时候会发作呢？企业营业额一般过了30亿就进入危险区了。到了50亿、100亿，就是非常危险的时候了，那时候的企业家已经感觉自己是一个教主了。通常，企业到了这种状态内部充满两种人：一种是宦官型人才，只挑好听的跟老板说，处处迎合老板，其实这种人是最值得警惕的，他很有可能是投机分子；还有一种人是庸才，愚忠型人才，老板你说哪儿我就打哪儿。封建帝王思想之下必然会有宦官文化，真正有思想有抱负的人不可能在这种企业长待，最后就是劣币驱逐良币，这种玩法的企业最终会失去人才，失去竞争力，玩火自焚。

企业家要现代化。现代化的根本在哪里？就是以人为本，不把人当工具。你要知道，每一个人跟你都是平等的，没准某个下属换一个企业、换一个岗位，他会比你还成功。所以企业家必须从骨子里对每一个员工产生敬畏感，激发出他的能量，发挥他的长处，他就是公司的人才，我得留住他，如果他走了，他可能就是下一个任正非。要对每一个员工都有这种敬畏感。所以，企业家要往现代化方向走，将外部的定位机会转化为一种使命供员工选择，为员工实现自己的潜能服务，而不是为了老板。

人类的发展走到今天，已经走过了一个标志性的坎——我们已经走过了个人为整体而存在的时代，正在走向整体为个体而存在的时代。如果看不清这个大势，企业的发展就会有问题。前面谈到的那家企业是行业的龙头企业之一，但是这家企业很难再上一层楼，因为人才一直在流失。任何一个有本事的人都不甘为奴。

把定位上升为使命

每个企业都应该有一个使命，这个使命要通过定位来获取。通过你给员工提供的定位平台，使得每一个人看清他和天下的关系。这是企业家要花很多精力和心思去做的事情，把这件事情做好了，胜过十万雄兵，每一个人的能量都能充分释放。

比方说加多宝，加多宝的定位是一款“防上火”的饮料，如果定位仅仅到这里，可能会出现乔布斯去百事可乐挖约翰·斯卡利的局面：“你是想在百事公司卖一辈子糖水，还是要加入苹果改变世界？”在加多宝，不也是一辈子卖糖水吗？没意思。那么企业就必须把加多宝“防上火”的定位进行升华。怎么把这个定位转变成一个伟大的使命呢？加多宝是这么说的：我们这个组织存在的理由，是打造出一个属于中国的可口可乐，能够代表中国文化符号的品牌。中国经过三十年的改革开放，学会了在工厂高效制造产品，从而成为了世界工厂。

下一个三十年，中国要从在工厂制造产品升级为在心智中制造品牌。加多宝如果能超越世界饮料第一品牌可口可乐，那么就为中国的经济转型提供了一个完美的样板。这就是加多宝的伟大使命。为了实现这个组织使命，你要把加多宝凉茶变成最畅销的饮料。

很多年前，加多宝的企业家严肃地对我说，一定要把加多宝做成中国的可口可乐，这辈子一定要做成。这是怎样的豪言壮语！回到十多年前，哪个中国企业敢说自己能超越可口可乐？可是加多宝真的做到了，它在中国已经超越了可口可乐。这种伟大的使命就可以感召员工。

我认为，每一个企业都应该做成这样。企业家的责任就是回答你这家企业和天下之间的关系，让每一位员工都能回答他和天下的关系。通过精准定位，定义企业存在的独一无二的价值。这个工作一旦完成，企业家本人在不在都没关系，因为他已为企业注入了灵魂，每一位员工都成了能量之源。定位就是给企业提供了一个定义使命的工具，提供了一个很好的桥梁，把企业内部和外部世界联系起来。有了精准的定位，再上升为使命，企业的发展就如同星火燎原，势不可挡。

第 15 章

答德鲁克经典三问[1]

英国哲学家怀特海(Alfred North Whitehead)先生说过一句名言:“对欧洲哲学传统最安全的概括是,它由一系列柏拉图的脚注组成。”两千年来,欧洲的哲学家们一直在不断地回答柏拉图提出的哲学命题。德鲁克先生在管理学的地位犹如柏拉图在哲学的地位,管理学历史上无数的思潮,几乎都可以追溯到德鲁克先生提出过的问题。在今天纪念德鲁克先生的论坛上,我想试图回答德鲁克先生提出的一个伟大问题,也是他自己认为最重要、最困难也最具争议的一个问题。这个问题是管理的第一问:“我们的事业是什么[2]? 将是什么? 应该是什么?”

德鲁克认为,企业最高管理层的首要职责就是提出并认真回答这个问题:“我们的事业是什么?”这是决定企业成败最重要的问题。未能正确回答这个问题是企业失败的主要根源,而正确回答这个问题则是企业成长和企业成功的主要原因。德鲁克还特别警告,这个问题不只在企业初创或深陷泥沼时才需要提及,相反,当企业一帆风顺

---

1 2021 年 12 月 21 日,邓德隆在“2021 纪念彼得 · 德鲁克”中国管理线上论坛的发言。

2 What is our business,也有人将 business 译为“业务”,本文采用“事业”。

时，最需要提出这个问题，如果一个企业家在事业蒸蒸日上时没能正确回答这个问题，即使拥有最好的产品，他的企业仍然很快就会衰败，企业家将不得不回到磨破鞋底、挨家挨户推销的苦日子。

有些人会纳闷，这个问题还需要回答吗？似乎没有什么问题比“弄清一家企业的事业是什么”更简单或更显而易见的了——钢铁厂制造钢铁，铁路公司用铁路运载客货，保险公司承保风险，银行发放贷款。难道不是这样吗？然而，德鲁克先生指出，事实上，“我们的事业是什么”几乎总是一个困难的问题，正确答案绝不是那么容易就可以找到的。举例来说，在竞争特别激烈的美国汽车行业，凯迪拉克汽车在大萧条时期陷入泥潭，销量一年之内跌到只有上一年的一成多，董事会不得不开会讨论是否要关闭这项业务，直到尼古拉斯·德雷斯达（Nicholas Dreystadt）提出：“凯迪拉克汽车是同钻石和貂皮大衣在竞争。凯迪拉克汽车的买主，购买的不是一种‘交通工具’而是一种‘地位’。”这一回答在凯迪拉克即将倒闭之际挽救了它。

反面例子也来自汽车行业，而且正是凯迪拉克最害怕的竞争对手——帕卡德（Packard）汽车。除了少数车迷，现在很少人知道帕卡德这个汽车品牌了，它曾经是美国人梦想中最顶级的汽车品牌，1916年就配备了革命性的12缸发动机，帕卡德在技术上遥遥领先，它第一个使用了现代的方向盘，第一个装配了汽车空调，是当仁不让的美国第一豪华车品牌。然而，帕卡德汽车没有能够正确回答“我们的事业是什么”这个问题，它在战后推出了便宜的中端型号，还大举进入了出租车和运输车队市场，很快就失去了顾客。这个传奇品牌在1956年永远消失了，让很多车迷非常伤心。而凯迪拉克则占稳了顶级豪华车市场，最近三十年来美国历任总统的专车都是凯迪拉克。

“我们的事业是什么”这个问题如此重要，而很多企业根本不愿意提出这一问题，这又是为什么呢？在德鲁克先生看来，这是可以理解的，因为这一问题会引起争吵、辩论和不同意见，会暴露企业高管团队的分歧，并肩工作多年并认为已经彼此了解对方思想的企业高管们，会突然大吃一惊地发现，原来大家有着完全不同的答案，这会产生许多人性问题、沟通问题，导致愤怒和指责，结果使高管团队四分五裂。我们可以想象，在当年的帕卡德汽车公司，决定做中档车、出租车的高管，一定也有自己充分的理由，他们肯定也能够拿出详尽的报告和数据，支持自己的观点。事实上，在绝大多数企业，如果问到“我们的事业是什么”，高管们大多会给出五花八门的回答，而且每个人的观点似乎都有一定的道理，在企业内部各有拥趸，谁也说服不了谁。

那么，到底如何才能正确回答这个问题呢？德鲁克先生给了一点提示，他说：

需要有一种方法来界定“我们的事业是什么”。各种意见自然是需要的——而且是不可避免的，但需要把各种意见集中于一个特定的中心论题上，以便提高讨论的效率。从界定企业的宗旨和使命的角度来讲，这样的中心论题与出发点只有一个，即顾客。是顾客界定了企业的事业。

企业所经营的事业，不是由公司的名称、规章或条例来界定的，而是由顾客购买商品或服务时所满足的需要来界定的。满足顾客的需要，就是每个企业的宗旨和使命。**因此，“我们的事业是什么”这一问题，只有从外部、从顾客、从市场的观点来看，才能找到答案。**顾客在某一特定时间怎么看、怎么想、怎么认为以及需要什么，管理当局必须将其视为一种客观事实，而且应该像对待销售员的报告、工程师的试验或会计师的数字一样认真加以对待。

德鲁克的经典三问，指出一个组织存在的目的和成果都在组织的外部。大家通读德鲁克著作以后，可能会想，为什么提出这三个问题之后，德鲁克先生没有特别深入地紧紧抓住这三个问题，穷追猛打地把它一直贯穿下去呢？这是因为，时代有一个巨大的课题在期待着德鲁克先生去回答。

大家知道大型组织的兴起是工业革命以后出现的新鲜事物，经过泰勒的科学管理革命之后，人类社会又面临一个全新的挑战，就是知识工作群体的兴起。如何让知识工作者这个群体能够在大型组织中生存，发挥他们的功能和作用，这是一个迫切需要解决的问题。所以，德鲁克先生终其一生，非常自觉地承担了这一任务。从 1954 年的《管理的实践》到 1999 年德鲁克先生的最后一本管理学著作《21 世纪的管理挑战》，大家可以清晰地看到这样一个脉络[1]。德鲁克始终关注着知识工作者如何组织起来，在一个组织中正常地获得成就，从而发挥出社会各个器官的功能。但是，这绝不意味着组织的内部管理是一切，恰恰相反，德鲁克先生一再强调，组织的目的和成果存在于组织的外部，他有一句名言："关于企业的目的，只有一个正确而有效的定义：'创造顾客'。……企业之所以存在，就是为了要向顾客提供商品和服务，而不是为了给员工和管理者提供工作，甚至也不是为了给股东赚取和发放股息。"

然而，很长一段时间内，整个人类都生活在短缺经济中，或者说顾客的需求得不到更高质量的满足。在这个时期里，有效的内部管理其实就可以自然而然地赢得外部的成果。但是，今天的世界已经发生了剧变，这倒不是说德鲁克先生的管理学失效了，在我看来恰恰相反，正因为德鲁克创立的现代管理学取得了辉煌的成就，使得顾客的任何一个需求，都有无数的组织有能力满足。在这种管理浪潮之外，还有全球化的浪潮和科技的浪潮。这三股浪潮的叠加，使得组织之间的竞争空前激烈，我们现在所处的世界和 1954 年的世界已经是完全两个世界了。

在这种剧变之下，再回来看德鲁克先生的经典三问，当我们回答"我们的事业是什么"时，企业家必须考虑竞争的维度：面对顾客的需

---

1 1964 年出版的 *Managing for Results* 是个例外，主要讲外部。1985 年出版的 *Innovation and Entrepreneurship* 中关于创业战略的章节也是为数不多讲外部的作品。总体而言，德鲁克主要的研究对象是组织内部管理。

求，有这么多企业都能很好地满足，凭什么由我来满足这个需求，凭什么我有资格从事这个事业，而不是无处不在的竞争对手？如果回答不了这个问题，再高效的内部管理，也产生不了外部成果。

定位这个学科，实际上就是在回答德鲁克先生提出的最重要的问题。杰克·特劳特先生在1969年用一句话解释了什么是定位：所谓定位，就是在顾客心智中针对竞争确立优势的位置。为什么我们有资格来满足顾客的需求？是因为在所有能够满足这种需求的竞争对手中，只有我与众不同，站在了一个具有优势的位置上。

所以，各位企业家要检查一下自己的企业，我们与同行业的竞争对手相比，是不是能够做到与众不同？这种与众不同，不是企业口号的与众不同，而是我们有许多环环相扣的业务环节都和竞争对手不一样，从而可以达到无可替代，创造独一无二的价值，获得顾客允许由我们来满足需求的资格。

另外，由于竞争的增多，信息的泛滥，绝大多数企业都很难进入顾客心智。只有吻合顾客已有心智的范式，才可能进入到顾客的心智之中。这对很多企业家来说都是一个巨大的挑战。关于这一点，德鲁克先生说：

> 管理当局总是认为自己企业的产品或服务是重要的，这当然是可以理解的。如果他不这样认为，那么他肯定不可能做好工作。但是，对顾客来讲，没有什么产品或服务，也没有哪一家公司是特别重要的。公司的经理人员总是认为顾客会花费许多时间来讨论他们的产品。但是，到底有多少家庭主妇会互相谈论她们洗的衣服是否洁白呢？如果某一品牌的洗衣粉实在太差，她们就会转移——购买另外一种品牌的产品。顾客想要知道的，只是特定的产品或服务会为他做些什么；他所关心的，也只是自己的价值观念、自己的需要和自己的现实。就是仅仅由于这个原因，任何真正试图表述“我们的事业是什么”这一问题的努力，都必须从顾客，从顾客的实际、顾客的地位、顾

客的行为、顾客的期待和顾客的价值观念出发。

但是说实话，大多数企业家都很难实现这样的转变。杰克·特劳特先生提出的定位理论提供了两个工具，对于大家回答德鲁克先生的问题会有所帮助。第一个工具，我们首先转换思考的范式，不是以企业为中心，而是以顾客为中心。我们要回答我们自己的事业和顾客心智中已有的事业之间的关系，起决定作用的将是顾客心智中已有的体系。所以，企业家一定要把自己放在一边，先去探究顾客心智中如何看待这个行业与竞争，然后，我们再让自己的企业和顾客心智中已有的体系产生关联。第二个工具，企业通过关联之后得到了一个位置，企业还要有足够的环环相扣的运营配称，才能防止竞争的冲击。我们现在可以看到一个现象，许多行业里的明星企业瞬间火起来，然后很快又消失了，很大原因就是在这两个问题上做得不够，要么在顾客头脑里的位置不清晰，要么围绕这个位置的战略配称不到位，或者不鲜明。

举一个具体的例子帮助大家理解这两个工具是如何运用的。比方说火锅行业，毫无疑问，现在顾客头脑里有一个非常鲜明的参考坐标，就是海底捞。任何一个企业要进入火锅行业，并长久地生存下去，就必须回答自己和海底捞的关系，否则在顾客心智里就没有办法获得一个位置，也就是回答不了"我的事业是什么"。有一个火锅企业叫左庭右院，在这方面表现不错，它非常认真地把这两个练习做好了，在上海乃至华东地区都非常火，它在上海的门店数量快要赶上海底捞了。

首先，它回答了自己和海底捞在顾客心智中的关系。大家都非常清晰地知道，海底捞凭借着鲜明的"服务"特色占据了顾客心智，在顾客的头脑里，海底捞是火锅第一品牌。如果想要靠和海底捞一样好、或者更好的服务在顾客头脑里获得一席之地，这会非常困难。因为顾客心智不是这样处理问题的，顾客心智中已经把"服务"这个定位给海底捞了。所以，只要一个企业在顾客心智中已经占据一个定位，后来者就必须避开这个定位，而且还要回答自己和已有企业的关系。左庭右院正确回答了这个问题，它的答案是，“我们的事业是鲜牛肉火锅”，鲜牛肉火锅和海底捞的服务就形成了不同的特色，这样就既避开了海底捞，还借用了海底捞的位置，丰富了行业的生态。

对企业来说，获得了鲜牛肉火锅这个位置还不够，为了守住这样一个位置，企业还必须把这个定位注入企业所有的运营过程之中，形成环环相扣的战略配称，这样才能抵挡各种竞争的冲击。因此，左庭右院已经开始做出一些与众不同的取舍，为顾客创造独一无二的价值。比方说，左庭右院重金投资建设了属于自己的花园式、可视化、智能化屠宰场，每天上午和下午通过自建冷链物流向门店配送两次，确保顾客吃到的是从宰杀到上桌仅几个小时的新鲜牛肉，味道非常鲜美，这就和其他火锅店从外面采购的冷冻牛肉非常不一样。这种贯穿养殖—屠宰—加工—物流—销售的鲜牛肉全产业链，是左庭右院和包括海底捞在内的其他火锅企业与众不同的战略配称之一。如果顾客想吃当天的鲜牛肉，左庭右院就可能是最佳的选择。

因此，只有在顾客心智中定义了和竞争对手不同的位置，并且围绕这个位置形成了自己独一无二的战略配称，把这两个工具运用到企业，思考自己的运营，才能回答好德鲁克先生提出的企业管理中最重要、最困难，也是最具争议的经典三问。我们的事业将是什么？关乎定位潜力的释放与扩展。我们的事业应该是什么？关乎企业的重新定位。这都是极其重大的课题，祝各位企业家运用好德鲁克先生的思想，针对德鲁克先生提出的伟大问题，都能够给出自己的精彩答案。

III

案例篇

第 16 章

郎酒：定位是企业运行的律令

2017 年郎酒发布青花郎“中国两大酱香白酒之一”的战略定位，让外界重新认识了郎酒。经过四年的高速发展，青花郎的定位升级为“赤水河左岸，庄园酱酒”。这个定位是怎么来的？前后两个定位间的脉络是否贯穿一致？它是如何发生作用的？[1]

我们知道，现在大家去消费白酒的话，毫无意外地一定会先想到茅台是最好的白酒，这是消费者头脑中的一个事实。任何行业的创业者和企业家，一定要以消费者头脑中的事实为最重要的起点。

其实，郎酒当年是和茅台等量齐观的，无论价格、品质、销量、口碑，郎酒甚至还有一些自己的过人之处。因此，两大酱香的定位并不是某一个定位专家能够做出来的，也不是汪总能够做出来的。大家今天来到二郎镇可以看到，这里独特的历史条件、地理条件、人文环境已经造就了这个定位，这也是为什么汪总当年愿意把自己的一生投入郎酒的事业。

鲁迅有一部作品《铸剑》写得非常精彩，让我想起一个传说，一柄剑如果一直铸不出来，铸剑师愿意把自己投入火炉之中，最后人剑合

---

1 以下摘自邓德隆在 2021 年 3 月 19 日郎酒战略升级发布会上的讲话。

一。当铸剑师的灵魂注入剑体的时候，宝剑就跳出来了。我觉得汪总和整个郎酒的创业团队给我的印象就是有这种铸剑的精神，把自己的一生投入到熔炉里面，人剑合一，围绕酿好酒这一个使命，没有最好、只有更好。

做实两大酱香的承诺

我也听到过一些争议的声音，说“两大”是不是一个概念？是不是讨巧？我从定位专业的角度来跟大家解释一下，郎酒这些年为这个定位做了什么。

首先是郎酒的品质提升，现在青花郎的基酒年份已经是 7 年以上了。如果出新酒的话，基酒年份在 5 年以上已经是最好的酱酒了，但青花郎用的是 7 年。光这点，是一条口号能替代得了的吗？消费者不傻，常喝白酒的人都是行家，可骗不了他们，一喝就会知道。这背后的故事，从原料到工艺的改进，实在太多了。

吴家沟生态酿酒区也是汪总孕育了多年一直想做的事情，2020 年终于投产了。现在郎酒产能马上就能达到 5 万吨了，茅台大概是 6 万吨，是不是开始和老大哥等量齐观？所以这种投入不是说喊一句口号，而是要企业投入巨大的人力、精力、物力、财力，才能够真正把这个“两大”做实。如果做不到，喊的声音越大，毁灭力量也越大。

汪总在定位上有两句话，他用的不是我们专业的语言，但确实把定位的精髓抓到了。汪总的第一句话是说，“定位是对消费者的一种承诺”，这句话看似普通，实际上是要害。第二句是“定位是企业运行的律令”。“律令”这个词很重，是有典故的，“律令”这个词来自康德的名言：位我上者，灿烂星空，道德律令，在我心中。

所以“律令”是很严肃的事情。汪总说要把郎酒庄园变成白酒爱好者的“圣地”，郎酒的这些创业家们，都是用一种虔诚的心态来构筑一砖一瓦、每一个细节，才对得起这个“圣地”。这是定位的 1.0 阶段，我们通过不断创新，持续努力，用一种敬畏、谦卑、神圣的心态，把“两大”这个承诺做实了。

从“两大酱香”到“各具特色”

今天又是一个分水岭，我们在这里邀请各位朋友一起来见证郎酒定位的2.0阶段。这个阶段用一句话概括，可以说是从“两大酱香”到“各具特色”，也就是说，郎酒向茅台老大哥致敬的方式从“我要和你同行”变成了“我要和你不一样”，君子和而不同。只有不同的音符组合在一起，才是一首美妙的乐曲。

在中国的白酒史上，今天一定会写下一笔，白酒行业出现了一个世界级的酒庄，这是没有过的事情。大家不要小看这样的一个创新，如果中国各行各业都用这样一种世界级的眼光去思考，去填补一个个空白，中国的微观经济就会活力四射。我们希望中国每一家企业都像郎酒一样，追求自己的“各具特色”——在自己的行业里做出一个全新的物种，创造一个完全不同的企业，提供给消费者不同的价值。

“庄园酱酒”开创新价值

“庄园酱酒”这个词是汪总发明的，是郎酒人用自己的血肉铸造出来的。我认为庄园酱酒已经重新定义了品质，好酒固然能喝出来，但如果是庄园酱酒，品质就不只是喝出来的。就像汪总前面介绍的，我们会让消费者参与酿酒的整个过程，郎酒的高品质在“生、长、养、藏”四个阶段都可以看得见、摸得着、闻得到，甚至可以听得见。你进三个洞里静静地听，它在慢慢地长。

通过郎酒庄园，让消费者全方位地感受到品质，这在白酒行业也是一个重大创新，为消费者提供了全新的价值。《红楼梦》之所以成为伟大的艺术作品，不是因为简单的宝黛爱情。贾宝玉伤春悲秋，和万物都能沟通；林黛玉冷月葬花，看着花落，她会掉泪。周汝昌先生说《红楼梦》是要大声朗读的，曹雪芹写的时候就是一句一句读的，所以字字都是血，他也是把自己的一生投在里面，铸了一把宝剑。曹雪芹调动你的触觉、味觉、嗅觉等各种感官，用的是诗化的语言，周汝昌先生终其一生试图改《红楼梦》一个字，结果发现徒劳无功，改不了。因为每一个字都有音律、有节奏、有意义，就像交响乐一样，你动其中一个小提琴、大提琴，那是行不通的。

"庄园酱酒"把白酒品质的内涵大大丰富扩展，为消费者创造了一种全新的价值。汪总为什么要建庄园？因为既然世界上最好的红酒在法国的红酒庄园里，那我们就用中国的世界级白酒庄园形式，吸纳红酒庄园里积极的因素，让中国历史悠久的白酒与世界对话。我相信未来在郎酒庄园还会有很多神奇的故事，和拉菲酒庄等世界著名酒庄品酒师一起对话的故事，不断产生交融，最终让白酒作为中国文化符号走向世界，为人类的文明做出来自中国的贡献。这一切我相信一定会来临。我很荣幸与大家一起见证这个历史时刻。

现身说法　郎酒两次定位背后的战略思考[1]　汪俊林

我们为什么要做企业？我们怎么做企业？我们能做多久？这些是我们经常思考的问题。我做过的行业比较多，做过药厂，做过几万员工的大型机械集团，后来做酒。过去我以为白酒是个很简单的传统行业，应该说谁都能做好，但是做了一段时间之后，我发现不是这样的，白酒行业看着很简单，实际上很复杂，做到后来，传统方法不灵了，我们就开始思考这个企业要怎么走，所以找到特劳特做定位。

1　2021年11月18—20日，郎酒和特劳特共同主办"赤水河畔觅玄珠——特劳特定位实践·郎酒站"活动，邀请年轻一代企业家、创业者在郎酒庄园共话企业战略。郎酒集团董事长汪俊林介绍了郎酒的定位实践，并和特劳特全球总裁邓德隆共同回答了提问。

关于定位的思考

第一，为什么要定位？企业是不是不定位就不行了？我认为定位是很重要的，我们这一生到底要做什么？做企业，是想挣点钱还是要实现梦想？同样做一件事情，目的不一样，方法也不一样。如果我们想把企业做得长远，那么，一家有远大理想的企业是需要定位的。实际上，每一个企业家，每一个人，都需要定位。

第二，人的目标是追求美好生活。企业有没有为顾客的这个目标服务？顾客满意了就会给你投票，就会给你钱。所以企业的目标就是通过帮助人实现美好生活而发展、壮大、挣钱。前几年我经常去发达国家，看看他们是怎么走过来的，再思考我们会怎么走。中国现在是发展中国家，还有6亿人每个月收入不到一千元，那么未来他们的月收入上升到四五千元的时候，我们这些企业该卖什么东西，怎么卖？顶级的美好生活、中级的美好生活、低级的美好生活是什么样的？低级永远是向着中级、高级发展的。现实的美好生活是什么样的，未来的美好生活是什么样的？回答这些问题，就是回答企业的定位。

根据我的理解，企业可以有三个定位维度。第一个维度是竞争定位，同维度的产品、服务太多，比如白酒行业中低端产品满天飞，每个地方都可以生产酒，都可以卖，但是没什么特色。作为一个单个的企业，可以通过定位，与众多同档次产品和服务形成差异化，向上一级的美好生活升维，凸显自己的特色，让消费者喜欢和购买，让消费者把钱留下，把满意带走。

第二个维度是降维定位，就是把高一级的产品、服务通过技术、规模等手段，降低成本，变成下一级的大众产品，满足人们的需求。这个如果做得简单一点，就是“模仿”别人，别人做得好的产品，我们拿过来，降低成本，加大销售，把钱收回来。

第三个维度是升维定位，就是开发出新的顶级产品、服务，企业可以独享成果。如果我们现在的产品是普通的，那就思考怎样把它变成顶级的，这就很难了，但是一旦成为顶级产品，你就可以收割所有竞争。

过去很多人做定位，觉得定位是不是有一句广告语就可以了。其实不是，一句广告语是远远不够的。定位是企业对消费者真实的承诺，是企业运行的律令。企业要践行定位，坚守定位。

为什么讲定位是对消费者的真实承诺，因为现在的消费者跟原来不一样了。过去交通不发达，通信也不发达，我们说郎酒好，但是消费者有可能一辈子都来不了郎酒庄园。现在的交通、通信方便了，消费者随时到郎酒庄园拍一个视频发出去，很多人立刻就能看到。如果你的宣传很好，消费者跑来一看很烂，就会给你打负分。所以，现在的定位，一定是对消费者的郑重承诺。

郎酒是定位的忠实践行者

最早我接手郎酒的时候，企业接近破产，年销售额不到三亿元。我来了之后，郎酒开发了红花郎，但是在红花郎的价位区间，市场上有太多产品了，无法凸显自己。2017 年，在邓总建议下，我们调整了定位，以青花郎为首来发力，这几年青花郎和红花郎量价齐升，2021 年税收过 40 亿应该没有问题。按我们的规划，后年我们的税收将会超过 100 亿，员工人数超过两万人，员工最低年收入超过 10 万。

除了这些以外，我们觉得比较好的是现在我们工作起来相对轻松了，产品少了，也不用盲目跟随别人，走出了自己的一条路。两大酱香确实是个高明的定位，把郎酒和茅台放在一起，给我们的压力很大，郎酒必须全力提升质量，这个定位引领了郎酒整个企业的发展方向，效果显著，是经典的定位之作。两大酱香的核心是要求青花郎的品质、品牌、品味要向茅台看齐。对消费者来讲，可能是我们沾了茅台的光，但是对我们自己来说，是要怎样把这个差距补上，真正形成

"两大"。所以,我们围绕"两大酱香"集中了企业所有的人、财、物,开启与茅台全方位对标找差距的工作,一投就是上百亿。

我们重新匹配了资源,首先是提高青花郎的品质。我们成立了品质研究院,第一车间定位在农田,从原料抓起。我们跟中国农业大学合作,从培育高粱、小麦的种子开始。打造郎酒庄园,使生、长、养、藏成为郎酒独特的工艺,确保品质更优。青花郎的主体基酒由过去的5年,提升到了现在的7年,未来我们还要逐渐把基酒提升到8—10年。我们的产能在2022年会达到5.5万吨,力争在2025年存老酒20万吨,2027年达到30万吨。我们现在每年生产多少基酒、卖多少酒都向社会公布,消费者对我们的信任就有了,我们不赚短期的快钱。

然后是组织架构重建,把红花郎事业部升级为青花郎事业部;重塑对外传播;开启以青花郎品质体验为核心的市场活动,请进来——郎酒庄园之旅,走出去——名酒进名企。总之,所有资源重新构建,做实两大,让青花郎名副其实。企业所有的资源都要为定位服务,这是很多企业很难做到的。我们对标茅台找差距,从而实现:顶级好酒,各具特色,共同做大高端酱酒。我们还要和茅台各具特色,补齐短板的同时找到自己的优点在哪里。郎酒跟茅台都是酱香型,但口感不一样,相差50公里的距离,微生物群不一样,导致风味口感不同。

郎酒正在建设品质文化、极致文化,它的含义是什么?首先是正心正德,敬畏自然,崇尚科学,酿好酒;我们坚守、壮大、长跑;一个战略,几条有效战术;十倍执行,百倍坚持。一个企业的战略和战术不能太多。坚持也很重要,企业家经常犯一个错误,就是不断转换战略,创新是有了,但先要守正,再做创新。再一个是"化繁为简",这是企业家要长期去做的事情。很多企业家每天事情多得不得了,通过管理反而把简单的事情搞复杂了。实际上,企业家要把复杂事情简单化。我在公司要求,汇报工作三分钟内讲不清楚,你就别讲了,为什么?如果三分钟讲不完,说明你自己也没想清楚。如果你把这个事情想得很清楚,肯定用不了三分钟。

升级定位

我们的第一次定位是“两大酱香”，取得一定成功之后，我和邓总就开始思考郎酒的差异化在哪里，优点在哪里。定位不是不变的，我当过医生，上个世纪 80 年代医院里什么病人最多？一个是慢性支气管炎、肺气肿，一个是营养不良，再一个是蛔虫钩虫，其实都是和贫穷相关的病。现在彻底变了，医院里大多是营养过剩引起的疾病。社会在变化，定位当然也要变化。

随着郎酒庄园的建设及呈现，“两大酱香”不能代表郎酒的特点。我和邓总团队商讨，将青花郎的定位升级为“赤水河左岸，庄园酱酒”，使郎酒更具特色与差异化。这个定位出来后，消费者的接受程度很高。新的定位将青花郎的生产、储存、老熟、勾调等特点如实呈现给广大消费者，由消费者去品评、传说。我们把郎酒庄园建好了，打造白酒爱好者的圣地，影响力很大。现在郎酒庄园可以接待 800 人，我们准备再修两个酒店，未来可以接待 1 500 人。

我们现在卖酒也简单了，把品质做好，高端酒永远是稀缺的，我们的高端酒只卖给会员，不是花钱就能买到的。我们不断把品质做好，让消费者主动来买，把竞争变成负竞争。郎酒庄园现在是全球最大的白酒庄园，我们还没有建完，建完后会成为世界第一的酒庄。郎酒庄园的特殊地理地貌及天、地、仁三个宝洞以及巨资投入，使庄园酱酒独具特色。郎酒庄园与世界级酒庄同行，青花郎与世界级美酒对话。

处理好定位与执行的关系

要做一个大企业，你的产品、品质、企业的方方面面一定要经得起检验，经得起推敲。定位与执行的关系，我总结如下：

只有定位，没有执行——无用

只有执行，偏离定位——无用

一时执行，左摆右摇——无用

这个说起来很容易，大家执行起来就会发现很难。特别是周边都在发生变化，有时候看到别人做好了，自己往往就会动摇、偏离。确定好定位后，这个定位就是企业运行的律令，必须调动企业所有资源来实现定位，完善定位，创新定位。当然，定位也不是一成不变的，随着企业所处的阶段不断调整，我们要让定位和自己匹配。

郎酒的目标和战略

到2030年，我们要实现三个目标：第一，在白酒行业占有重要地位；第二，与茅台各具特色，共同做大高端酱酒，浓酱兼香型产品成为大众热爱的产品；第三，郎酒庄园成为世界级一流庄园，白酒爱好者的圣地。既然是白酒爱好者的圣地，这里必须有最好的酒。我们有三个标准：(1)中国顶级的白酒在郎酒庄园；(2)仙境在庄园；(3)仙境中喝酒，快乐在庄园。

为了实现目标，我们的战略是：第一，“等”和“韧”，时间是我们的朋友；第二，创造极致品质，这就是郎酒的大战略、大定位。两大酱香也好，庄园酱酒也好，郎酒一直要做的就是极致品质。把品质做好了，我们的销售就没有问题，但要做最好的酒，我们需要等待。所以我们下定决心，耐心地等。

问与答

问： 我第一次在机场看到“两大酱香”时，确实感到很震撼，为什么能够想出一个这么好的定位，是怎么推导出来的？

邓德隆： 定位是客观存在的，1984 年全国评酒会上，中国白酒行业的顶级专家最终评出了全国十三大名酒，郎酒与茅台是其中“唯二”的酱香白酒。是否以这个作为企业的战略方向、战略定位，这是我们与汪总内外双打完成的。其实每一次定位，各位企业家最根本的任务就是把企业所有的资源，人、财、物投到消费者已有的范式里面，同时又创造一个新的范式。这个工作难度极高。企业家的时间非常稀缺，所有的部门都等着你来拍板，你的精力、你的时间应该用来做什么？汪总愿意用一年的时间跟我们团队一起来讨论定位，大家想想这是什么概念。这是汪总做的最重要的工作，成果很显著，把企业所有的资源从低产出的位置转移到了高产出的位置。

汪俊林： 做定位要真实，这是一个标准。为什么说两大酱香？历史上中国的酱香型名酒只有茅台和郎酒，分布在赤水河两岸，茅台规模第一，郎酒规模第二。虽然讲茅台和郎酒差距大，但两大酱香是真实的。有人觉得差异大，不协调，那我们就要思考如何真正做到两大。两大酱香这个定位的确立，说明邓总团队确实很优秀，但是我们企业家也要一起讨论，不是说把这个事情交给咨询公司就好了。我们对自己企业的优势更清楚，我们也更清楚企业的问题。至于怎么找出定位，他们更专业。定位出来后，我们始终在讨论。现在的定位是庄园酱酒，到底什么叫庄园酱酒？我们要赋予什么东西？消费者到了庄园以后怎么体验？消费者走的时候带走什么？这些都要讨论，而且很重要。

邓德隆： 做战略定位的要点，刚刚汪总已经讲了。第一个要点，就是一定要找到属于企业真实的东西，不能造假。第二个要点，就是你愿不愿意把自己的一生投入进去，把定位做实。

汪总说特劳特和企业家是内外双打，共创大业，不是单方面能做到的。说到两大酱香，历史是真实的，但是差距也是真实的，汪总愿意把自己的一生填进去，以弥补这个差距，甚至超越这个差距。企业家要扪心自问，你愿不愿意？这就问到要害了。汪总前面说，你做企业，是只想挣点钱，还是有一个远大的梦想？如果只是为了赚点钱，郎酒庄园投入两百亿，有这个必要吗？把这个钱分了不就行了。但是汪总想创造一个真正改变世界的新范式，让全世界消费者享受到更好的酒，比拉菲庄园的酒还要酷的好酒，这是超越金钱层面的生命境界。如果企业家做不到，那再好的定位也没有用。

企业做定位，不一定要请特劳特，但你一定要有一个外部的视角，像在座的同学之间就可以互相做顾问，从外部视角提问题。然后你还要拷问自己，愿不愿意用自己的一生去创造一个新的高度。

问： 为什么在现在这个时间点，我们从两大酱香变成庄园酱酒了呢？在我看来是从宴会的标志变成了品味生活。

汪俊林： 白酒是很特殊的一个行业，中国人在宴请上一定选最尊贵的酒。过去你标的贵就可以卖，现在消费者很聪明，贵要有贵的道理，品质不好是贵不上去的，但是光品质好也不行，你还要注入内涵。所以我们把“两大酱香”变成“庄园酱酒”，让郎酒更有品质，更有文化，更有内涵。在两大酱香阶段，我们是一个追随者，而庄园酱酒则是开辟了一条新的道路。

邓德隆： 今天汪总跟大家分享的，包括我的解读，只是给大家提供启发，千万不要一模一样照着做。在中国，我们请客吃饭总觉得只有用最尊贵的酒才能够表达对客人的尊重，但是要做到这一点，只看价格是不够的。如果只是两大酱香之一，就没有办法打破原来的范式。所以当两大酱香被消费者认可后，汪总及时提出了庄园酱酒的新定位，我们评估下来觉得很高明。

消费者认为最好的酒在酒庄，这是一个有全球化共识的范式，拉菲庄园的酒不得了。这本来是红酒行业的范式，汪总把它嫁接到白酒行业，这是一个跨界创新。当然，这种创新能不能做成，也不一定，创新总是有风险的。所以我前面说，定位实际上是一种灵魂的拷问，你愿意为这个定位把自己填进去吗？这就是你生命的境界。庄园酱酒是汪总及团队人生境界的一种表达。

今天大家来游览郎酒庄园，与其说是看庄园，不如说是在体验汪总的人生境界。比如你看倪云林的画，画面上就是几根荒草、几根竹子，其实这是画家向天地回归的人生境界的表达，我们可以从这个层次来欣赏和体验。我们在郎酒庄园走过的每一块土地，展现的都是汪总的抱负：这辈子如果不能在世界上创造一个新范式，只是赚点钱，那我就不干了。我一定要改变这个世界的旧看法，创造新的范式，证明最好的酒在中国。十年不够的话，那就再干十年，这辈子一定要干成。世界就是被这样的创业家改变的。从汪总身上大家可以解读到哲学和美学的东西，看起来很虚，但是企业做到一定规模之后，如果没有这个层次的追求，那你基本上就被固定在一个地方无法再提高了。

问： 我想请教汪总，之前听说过您做酒，但是自己不喝酒，实话实说，大多数企业家是很难跳出产品经理这个角色的，以我现在做燕窝为例，我经常去外面买各种燕窝，每天喝几十杯，我想请教一下，您是怎么做到跳出产品来做产品的。

汪俊林： 企业一把手肯定要关心产品，因为我们最终跟消费者见面、沟通都是靠产品，产品力不够肯定会出问题。但是，企业一把手直接把精力放在产品上，有时候可能会有误导。有一位领导就说过，郎酒做得好，根本原因就是汪俊林不喝酒。如果我喜欢喝酒，按照我的标准去做，很可能消费者不喜欢。企业家如果确实是非常专业的顶级专家，那当然是最好了，就怕企业家是半桶水，按照自己的爱好去做，其他人也不敢提反对意见。我不喝酒，但我会收集市场上消费者的反馈。消费者的意见有时也不一定正确，但是我会都记下来，思考如何改进。企业都是在骂声中成长的，有问题，就改正。

问： 我在市场上看到郎酒高中低端都有产品，请问在品牌塑造上怎么去平衡，未来要怎么做取舍？怎么理解高端？

汪俊林： 消费者知道我们有高端产品，青花郎、红运郎、青云郎，也有大众的产品比如小郎酒、郎牌特曲。有一点是很明确的，从品牌角度必须让消费者能够分清楚，就像一家有三兄弟，三个人做完全不同的事，长得也不一样。

什么叫高端？我认为可以分成两种，第一种是价格高的，第二种是稀缺的。我认为第二种更重要，真正的高端跟金钱没有关系，跟快乐有关。因为高端的消费者其实不在意价格，但是你的产品要能给他带来快乐，光价格高是做不到的，这里面要有文化。就像你现在做的瓜子，瓜子大一点小一点可能没太大区别，怎么让大家吃了之后心情奔放，那就是高端。

邓德隆： 郎酒是一家公司，下面有不同的产品与品牌，就像茅台公司不光有茅台，还有习酒。

战略不是一眼就能看得见的，先有一个大方向就可以了。战略是一个在大方向牵引下不断实践、试错，不断调整、追击的过程。企业存活着，外部环境在变化，可能在某个时刻，机会就来了。企业不能指望毕其功于一役。

问： 作为新一代的年轻人，我会比较困惑，如果将来白酒需求往下走，或者年轻一代的人不一定喜欢喝白酒，企业怎么思考这种风险？

汪俊林： 行业的变化很重要，以前就有人问我，说年轻人现在不喝酒了，20 年后怎么办？其实白酒本来就不是卖给年轻人的，我们真正研究下来，消费者是在 30 岁之后开始喝酒的。其实欧美也一样，原来我们想，中国富裕了，中国人是不是就不喝酒了。但是到欧美去看，欧美人喝酒比我们中国还凶。人们越富裕，就越爱喝酒。我们以为东北人喝酒厉害，实际上江苏、广东才是酒的消费大省，酒的消费量是跟经济成正比的。经济水平提高了，人们喝酒的频率也提高了，想什么时候喝都可以，不像以前只有请客或者逢年过节才喝，而且现在人们要喝好一点的酒。中国人对白酒的消费习惯已经存在了很久，不会轻易改变。就像我们四川人爱吃辣椒，走到哪里都要吃，到国外还是要吃。其实，全世界几千年的变化，高科技的发展，最后都是围绕人的吃喝玩乐来的。

邓德隆： 我们今天活动的主题是“赤水河畔觅玄珠”，《庄子·外篇·天地》说了一个故事，黄帝在赤水河畔失落了玄珠，先后派了三个最聪明的人去寻找，都没能找到，直到无智、无视、无闻的象罔来到赤水河左岸，才把玄珠找回。玄珠就是庄子讲的“道”。象罔这个名字的含义，就是不要把注意力放在自己的聪明才智上，而要关注外部机会、外部成果、外部方向。

各位企业家在选择自己的业务、捕捉消费者需求的时候，要看清楚一个大方向。人类上百万年历史的进程，用一个词来界定，就是人从自然界走出，所以叫“自然的人化”。但是现在自然人化已经达到了极端，就像卓别林在电影《摩登时代》里讽刺的那样，人已经异化成了机器，所以全世界最聪明的哲学家、思想家、艺术家都在反抗。下一个浪潮，人要向自然回归。为什么我会跟大家推荐大哲学家李泽厚，他说西方这么多知识分子反对机器统治，没有一个能超过庄子，庄子在几千年前就预见了这个问题，呼唤人的回归，李泽厚先生在《华夏美学》中对庄子的评述非常精彩。

人类的下一个分水岭就是人要回到自然，释放自己的感性力量，我们中国尤其迫切，因为中国文化过早理性化，经宋明理学之后推向了一个极端，而且中国没有宗教传统，所以中国人感性的一面一直被压抑得非常厉害。西方有一种酒神精神，尼采为什么受欢迎？他就讲释放你的感性，反理性。但是中国没有酒神精神，同样是喝酒，中国人喝醉了，依然是清醒的，这就是中国。中国文化强大的理性已经把我们感性的快乐压抑到极端了，怎么办？现在的企业家、创业者就要考虑这个大趋势，预判到消费者的感性需求会向自然回归，企业要为顾客提供快乐的释放。但是，这种乐绝不是退回到动物层次的乐，而是审美层次的乐，是孔子讲的“游于艺”“成于乐”的乐，是“从心所欲不逾矩”的乐。满足这种乐趣才是企业最高层次的追求。

问： 企业做一个重大决定，其实蛮难的，尤其是企业家请的外脑特别多，往往很容易动摇。像花上百亿来建造这个庄园，没有人反对吗，要怎么说服？

汪俊林： 我们在这里建酒店，有人说，喝酒的话，在北京上海这些大城市随便喝，为什么要跑到这里来喝酒？这些高端消费者是很难服务的，全世界都跑遍了，什么都看过了，凭什么来这里。但是你看现在郎酒庄园每天人来人往，自从 2020 年 5 月份开业以来，每天都很火爆。

企业怎么决策，取决于你的梦想是什么。如果只是为了挣点钱，那就没必要做郎酒庄园了。郎酒庄园我们投了 100 个亿，还要再投 100 个亿进去。庄园落成后，整个白酒行业发生了根本变化，目前全国很多酒企也开始往酒庄这个方向走。我们建庄园还有一个原因，庄园建好了，几十年后对整个区域的经济社会发展都有带动。这里环境好，你把庄园建好了，未来哪怕大家不买酒，很多人也会来这里度假。新能源现在这么火爆，背后还是为了没有污染的吃喝玩乐。过去我们小时候玩泥巴，现在年轻人在手机上玩游戏。过去我们拿小玩具玩，现在很多年轻人玩潮玩，我原来以为是小孩玩的，后来发现是 20 岁到 30 岁的这些人玩，办公室的小年轻有钱了，你办公桌上有什么好玩的东西，我也买一个。就是为了玩，为了快乐。

问： 我想问汪总一个关于个人的问题，您一路走过来，是怎么一步一步发现自己到底想做什么，怎么不断去找到一个更大的心力，能够影响周围所有人？

汪俊林： 我在农村长大，医学院毕业后一开始是当医生，后来下海，目的只是说想多赚一点钱，养家糊口，改善生活，这是第一目标。慢慢就发现了经营企业的快乐，就是你能把一些不可能的事情变成可能。别人没做好的，你把它做好；别人做的产品卖不出去，你把它改善一下，卖得很好，这就开始觉得做企业很开心、很快乐，很愿意去投入。看到什么东西，我都会去想一下，有没有重做一遍的可能。商业就是这么有趣，很有挑战性。

做企业做到后面，自己的境界也会慢慢提高，光挣钱不行，怎么给别人带来利益。企业家刚开始做企业的时候，通常会犯的一个错误就是降成本，把供应商的成本压低，越低越好。但是企业做到一定程度后，你就会觉得这样做是不对的。成本压低了，供应商会偷工减料，最后你自己的产品品质也没有保证了，整个市场、整个行业都要出问题。所以后来就知道要保证供应商的利润，供应商有利润了，他才能改进他的设备，改进他的工作，原材料才会越来越好，这是一个生态链。所以，人的境界是一点一点提高的。

企业都是一步一步起来的，我相信大家都一样，在企业本身比较困难的时候，整天思考远大理想是很难的，但要守住底线，经营要合规。做企业，不要看眼前的营业额、利润做得有多大，关键是要做强，做长远，然后再考虑做大的问题。做企业，亏损是犯罪，对自己是犯罪，对家庭是犯罪，对你的员工是犯罪，对社会也没好处。

邓德隆： 哲学家冯友兰说过，人生境界可以划为四个等级，从低到高依次是：自然境界、功利境界、道德境界、天地境界。其实经营企业也会走过这四个阶段。企业刚刚建立的时候是自然境界，为了吃饱饭；然后，企业家意识到自己可以做些事，其后果有利于他人，其动机则是利己，这是功利境界；然后想到要为更多的人创造价值，到了利他的层次，这是道德境界；最后，企业家想到要去创造一个天地之间本来没有的东西，思考自己的人生为什么能够被后人记住，唯一的答案就是你创造了一个与众不同的东西，一个独一无二的东西，这就是特劳特说的定位，也是天地境界。这种境界给企业家自己也能带来"游于艺""成于乐""大乐与天地同和"的最高快乐。

郎酒创造了一个全新的物种，庄园酱酒。汪总的理想是，未来全世界最好的酒一定在这个郎酒庄园里。这个境界是最快乐的，就是庄子讲的“天乐”，但是这种“天乐”有时也伴随着痛苦，痛并快乐着。想真正在社会上打破旧范式，创造一个全新的范式，一个与众不同的东西，经历自然界一样残酷的优胜劣汰之后还能活着的物种，这是多么艰难。如果只是为了赚点钱，不用这么累，也不用这么痛苦。但这是企业家能够享受到的最大的快乐。

2017 年我们第一次来的时候，这里还是一片荒凉，但是今天大家看到的郎酒庄园云蒸霞蔚，犹如仙境。汪总应该让大家看看这里过去和现在的照片对比。郎酒庄园才建了一半，还有一半正在建设。我觉得每一段历史都要记录下来，人只有在历史面前才能产生一种敬畏感。没有历史就没有敬畏，这是我们中国人的历史理性，也是中国人特有的智慧。黄帝把玄珠遗落在了赤水河畔，汪总花了十年心力，把神秘而美丽的郎酒庄园建在这里，难道不是对历史一种深沉的敬畏么？这是孔子说的“文王既没，文不在兹乎”“吾非斯人之徒与而谁与”精神的延续。

第 17 章

方太：成为高端厨电第一品牌

方太是一家非常重视研发和品质的优秀企业，从第一代创业家开始，就希望能建立一个中国人自己的高端厨电企业。但是在十多年前，消费者心中有一个“执念”，认为进口家电更好，因此，德国西门子、日本松下等牢牢占据着高端的位置。“顾客心智难以改变”，这是定位理论的基本原理。很多企业在面对这种局面时，会想到通过强调自己的产品质量更好和提高定价来塑造自己的高端形象，这是比较典型的“内部思维”，它不符合顾客心智规律，在实践中的效果也很有限。

我们在方太的定位研究中意识到，只有为德国西门子重新定位，才能帮助方太突围。于是，特劳特与方太共同努力，发现顾客心智中有另外两种同样根深蒂固的观念：第一，中国人普遍认为，西方人在家不炒菜，几乎没有油烟，外国人的厨房和我们中国人煎炸烹炒、充满烟火的厨房是不一样的，所以当方太从油烟机这个阵地切入，方太油烟机比西门子更擅长去除厨房油烟，顾客心智是能够接受的。油烟机是厨房电器的核心产品，一旦通过油烟机在顾客心智中建立了定位，就为方太的其他厨电产品打开了广阔的空间；第二，西门子也好，松下也好，这些国外家电企业什么电器都做，不像方太，只聚焦厨房电器，所以方太的厨电比国外家电企业更专业。这一点，顾客心智也能接受。有了这两种心智资源的加持，方太就能够在德国和日本的厨电之上建立一个定位，由此解除了国外品牌对其在心智中的压制，化解了竞争阻力。同时，通过和国际知名品牌的对比，借助消费者心智中对国际品牌的高端认知——方太比国际大牌还要好，树立起方太的行业领导者形象。

方太原来尽管说是高端，但是还有一些产品接近中端，新定位要求方太尽快放弃中端，更加聚焦于高端，不断加强研发，升级技术，推出更新更领先的产品，引领整个行业不断升级。同时方太还要把精力从米博热水器等撤出，回到油烟机主业。方太调整了产品线，去掉中端，充实高端；改善终端设计，给顾客更好的购买体验；油烟机需要安装，还要改善顾客在安装服务中的体验；强化 KA 和传统渠道，同时全面推进专卖店、橱柜商、工程渠道等创新渠道，响应消费者从 C 端向 B 端的转换趋势，奠定更广的市场基础。

方太坚持每年将不少于销售收入的 5% 投入研发，拥有近千人的研发团队、全球规模最大的厨电实验室，同时在德国、日本等地设立研究院。方太成为全国吸油烟机标准化工作组组长单位，还主导完成了国际电工委员会相关国际标准的修订。截至 2022 年 4 月，方太拥有 7800 余件授权专利，其中发明专利近 2000 件，全行业首屈一指。2017 年，方太成为中国第一家销售额突破 100 亿元大关的厨电企业，迄今仍是唯一的一家。不仅如此，由于方太化解了进口品牌的心智优势，也为其他国产油烟机品牌打开了集体向上的空间。

方太案例给我们的启示是，企业内部的高质量运营固然重要，在外部用户心智中建立一个优势位置、获得顾客首选在逻辑上更为优先。企业家在做好内部运营的同时，视野要投向外部，调动用户心智的力量来牵引企业内资源配置，这才是真正以顾客为中心。

现身说法　方太的定位实践[1]　茅忠群

1994年，我从上海交通大学研究生毕业，应我父亲的要求回家创业。当时我父亲做点火枪，他希望我们父子共同把点火枪做好，但是回去之后我觉得点火枪的蛋糕有点小，所以我说我们找一个更大的市场来做，后来找到了油烟机市场。1996年，方太产品上市。

当年在市场调查过程中发现一个现象，就是当时中国家电行业的高端品牌是清一色的洋品牌，而我们中国的企业都挤在中低端打价格战，所以我就有一个梦想，方太能不能成为中国国产的第一个高端品牌。这个二十年前的梦想好像暗合了定位理论。我们和定位理论很有缘，定位理论是1969年诞生的，而我本人就是1969年出生的，这就是一种缘分。

有了这个梦想之后，我们就开始围绕这个梦想行动，很快为进入油烟机高端市场奠定了基础。后来随着消费者购买习惯的变化，我们也生产了灶具、消毒柜等系列产品，我们叫作“成套化厨电”，逐步又进入了嵌入式烤箱、蒸箱、微波炉这样的全线嵌入式厨电领域。到2013年为止，我们走了18年，相对走得比较稳，没有加多宝那样惊心动魄的故事。当然这里面的竞争也是非常激烈的，因为大家知道，中国家电行业可以说是中国第一个完全开放的、充分竞争的市场，走到现在也有很多感想，在这里和大家做一些分享。

定位的三个关键词

定位理论大家都已经知道了，定位其实就是战略。我觉得定位战略有三个比较重要的关键词：第一个关键词“有舍有得”，不舍得失

1　2013年12月13日，北京大学汇丰商学院与中央电视台联合主办“发现定位——定位成果中国案例展暨2013年北京大学特劳特定位年会”，这是方太集团董事长兼总裁茅忠群在年会上的发言。

去，就不会得到，这也是老子的智慧，不舍不得，有舍有得，小舍小得，大舍才能大得。第二个关键词是“独特”，或者说差异化，每个企业都一定要有自己独特的、差异化的定位，记得特劳特先生写过一本书，英文名直译过来的意思是要么差异化、要么消亡。第三个关键词是“容易”，其实当你找准了定位，企业做起来就会变得相对容易。当然，做企业没有太容易的，只是相对容易。这也符合我们《孙子兵法》的智慧，《孙子兵法》里说，只打容易打胜的仗，如果很难打的、没有把握的仗，这个仗宁可不打。

三不原则

方太这么多年走下来，我们还有一个“三不原则”，第一是不上市，第二是不打价格战，第三是不欺骗。很多人问我为什么不上市？我说方太做高端品牌，一定要沉下心来。因为中国人做高端品牌，没有太多成功的经验或者成功的案例，我们必须沉下心，不受任何干扰，才能把一件事情做好。其实“定位”理论也是支持这一点的，不要被任何其他东西所诱惑、干扰。不打价格战，比较好理解，因为做高端品牌，一定是以产品为顾客创造的价值取胜，而不是以价格取胜。第三是不欺骗，这是基于商业环境提出的，我们在诚信上对自己有比较高的要求，永不欺骗消费者，一是一，二是二，对消费者永远真诚、负责。

国际市场三战略

方太在国内市场做得比较成功，那么海外怎么做？其实中国家电到海外做品牌就更难了，因为外国人现在还不相信中国可以做出什么品牌，外国人过去对我们的印象就是广交会摆地摊、砍价。但是，方太不但要到国外做品牌，还要做高端品牌，所以我们提出了三个战略：第一就是坚持一定要做高端，因为这是我们的梦想，如果不做高端，在国外靠低价随便做点销售额，这对我们没有任何意义，不如不要。第二是不接 OEM 订单，全世界最大的几家厨电、家电企业都到过方太，希望方太给他们贴牌，我们都拒绝了，如果这些订单接下来，我估计方太早就超过一百亿了，但是我们深深地知道自己的使命是创建自己的品牌，而不是做 OEM，这是完全不同的两件事，所以 OEM 的订单我们一个都没有接。第三是先易后难，这和当年海尔提出来的先难后易是完全不同的。当然也是感谢海尔这样的中国家电出海先行者给我们提供了很多宝贵的经验，让我们认识到，欧美市场并不那么好打，尤其是我们要做高端，人家认都不认你，所以我们从发展中国家开始做。方太其实走出去有 10 年了，我们已经在两个国家成为了高端的第一品牌，一个是马来西亚，一个是巴基斯坦。先易后难，我们不着急，在海外市场慢慢做，伴随着发展中国家共同成长。

定位三阶段

我们的定位实践可以分成三个阶段，第一个阶段我刚才其实已经讲了，就是我们刚刚开始创业，那时候我们还没有系统看过定位的书，只能说是不自觉地运用，因为当时做完市场调查之后，说中国怎么没有高端品牌呢，然后正好发现油烟机市场的高端是空白，洋品牌还没有进来，在这种情况下，我想我们方太就走高端市场，当时确立了三大"定位"，当然是我们自己所谓的"定位"：专业化、高端化、精品化，自己想出了这样的三个定位。这是第一阶段和定位的缘分。

第二阶段的缘分，差不多在 11 年前，杰克·特劳特先生第一次到中国演讲，我有幸去现场听了。听了之后，尽管还没有和邓总合作，但是我们开始自觉地运用定位理论。这个"自觉运用"，我们也是经历了比较明确的步骤，第一步就喊出了"厨房专家"，为什么从油烟机变成了厨房专家？因为那个时候我们做成套化厨电的发展方向已经定了。后来感觉厨房电器还是太广了，在欧美市场统计一下，包括小家电在内，厨房电器有几百种，太多了，不符合定位理论，于是我们就提出来做“嵌入式厨房电器”，因为方太当时所有的厨房电器都是嵌入式的，非嵌入式的我们一台也没有做，所以喊出了“嵌入式厨房电器”。

到了第三阶段，就是 2010 年，主动合作阶段，当时的背景是西门子大举进入这个行业，然后我们就找到邓总主动合作。西门子这个品牌大家都知道，应该是家电行业在中国做得最成功的洋品牌，它本来在冰洗行业（冰箱、洗衣机）做得非常成功，过去只有冰洗才叫作大家电，我们这个行业当时叫小家电，现在已经是一个独立的行业，叫作“厨房电器”。当时西门子瞧不起我们这些小企业，它决定进入厨电行业的时候，定了一个目标，三年做到第一。在西门子看来，海尔这样的大企业它都可以战胜，何况是方太这样的小企业！当时我们可能也就十来个亿[1]，这种规模的小企业根本不在西门子的话下，没有放在眼里，三年干到第一。当然它的动作也很大，因为它可以承受多少年之内亏损多少亿，他们内部有预算机制，反正只要把第一拿下，不惜成本。所以，当时我们确实感到了很大的压力，于是找到了邓总。

经过邓总团队详细的定位调研论证，给我们提出了一系列建议。这些建议也是现在大家所熟悉的，比如给我们的定位是，“方太——中国高端厨电专家与领导者”，定位陈述是：中国卖得更好的高端油烟机，不是洋品牌，而是方太，因为方太更专业。看起来有点复杂，但是后来仔细想，很有道理。为什么“专家”和“领导者”同时摆上去，为什么不挑一个，或者挑领导者？其实主要是针对西门子，因为西门子在中国消费者的心目中确实是一个非常好的品牌，尤其是特定的人群中，首选率非常高，可以说产品都不用看，只要看到西门子三个字就买单了。但是西门子的特点是领域非常广，不但有家电，还有其他很

1 注：本次演讲四年之后，即 2017 年，方太成为中国首家年销售额突破百亿的厨电企业。

多工程领域的产品，所以我们提出“专家”，意思是方太只专注于中国的厨房，我们只研究这块，所以我们比西门子更了解中国的用户。中国厨房是很有特色的，爆炒这种烹饪方法在欧美国家是没有的，油烟量非常大，所以中国厨房的具体问题，还需要我们这个专家来解决。

至于领导者，这是基于行业当时的现实地位，我们确实是领导者，因为中国的高端市场就是我们开创的。从方太诞生开始，高端市场我们一直是领先的。自从有第三方数据以来，高端市场占有率我们一直领先，所以我们才叫“领导者”。“定位”不是可以随便定的，假如说你还不是领导者，你自己定位领导者，这个行不通，消费者也不信，也违背了商业伦理。特劳特的这个定位陈述写得非常好，“中国卖得更好的高端油烟机，不是洋品牌，而是方太”，在中国消费者心里，高端家电卖得好的都是洋品牌，突然看到说高端油烟机不是，那么他的印象会非常深。为什么是方太？——“因为方太更专业”，这句真是定位的经典案例了。

特劳特在战略配称方面也给我们提出了一系列的建议，我觉得核心有两条。首先，尽管我们一直说方太是高端品牌，但是过去确实还是有一部分中端产品，邓总他们提出，既然是高端，就要彻底的高端，中端的型号一个都不要出来，要系统地放弃中端产品线，同时往更高端、更先进的方向持续创新。这是第一个重大建议。

第二个重大建议是彻底放弃“米博”热水器业务。当时米博热水器项目刚刚红红火火做了一年多，特劳特给我们泼了一盆冷水，一下子要砍掉，当时在感情等方面都没有办法接受。当然，通过随后半年深入的思考，我们把它彻底砍掉了，因为还要把团队安抚好，是需要时间的。本来以为米博热水器已经做了一两个亿了，我想这样突然砍掉，肯定会对我们下一年的增长有一些影响，但是后来事实证明没有影响。不但没有影响，我们的增长比往年更快了，这是事先没有想到的。

得到了特劳特的定位战略方案之后，我们就是贯彻，要把这个方案落地，包括内部的宣传贯彻，这个很重要，因为要统一思想，把我们的定位战略充分传递给内部的员工。然后是产品调整，砍掉中端的，加强高端的力量。因为我们是传统家电行业，这个调整其实不会太快，一个好的产品，没有一两年是开发不出来的，所以我们的实施周期相对长一点。然后再进行整合营销，从广告片开始，到空中、地上、网络，所有的营销动作我们都要重新聚焦、整合等等，一系列的贯彻。

三年来，我们一直在做同一件事情，结果是比较理想的，首先是我们高端油烟机的市场占有率达到了洋品牌的近三倍，刚才也说了，自从有第三方的数据以来，我们连续 9 年高端市场占有率一直遥遥领先，而且优势在不断扩大。其实不光是油烟机，因为我们定位在高端厨电，所以包括灶具等我们的销量也是第一。这也容易理解，因为现在大家的购物习惯都是整套购买，而不是说家里装修只买一个油烟机，消费者一般都是先找到油烟机，然后再把同一品牌的灶具等嵌入式厨电一起搞定。现在买五件套六件套的顾客越来越多，这是一个大趋势。

三类创新

“定位”解决了我们的战略和方向问题，但是如果要把它真正贯彻好、落实好，离不开创新，也就是说，战略和创新肯定是连在一起的。方太在创新上也做了很多工作，可以分成三块来讲，第一是产品的创新，第二是管理的创新，第三是文化的创新。

首先是产品的创新。对于传统家电行业来说，产品一定是非常重要的。从创业开始，我们对产品一直非常重视，方太开发第一个油烟机的时候，我本人就是半个工程师，一半以上的精力投入到第一代油烟机的开发中，因为我是学理工科的。我们在产品研发上一直保持着强大的投入，行业中的“第一”几乎都在我们公司：我们建成了第一个国家级企业技术中心；我们有全球最大的厨电实验室；我们是行业中唯一承担国家“十一五”科技支撑计划项目课题的企业；我本人是油烟机协会的会长，我们还是全国吸油烟机标准化工作组组长单位，这几年我们在代表中国油烟机行业修改国际电工委员会的国际标准，当然，在中国同行业当中，我们是唯一的参加者，为整个中国吸油烟机行业在全球赢得了更多的市场话语权。在工业设计方面我们也是长期和世界顶尖的工业设计公司形成战略合作关系，世界三大工业设计奖项，一般企业获得一项都很困难，我们到目前已经获得了二三十项。再说一下发明专利，企业家们都很清楚，专利有三大类，外观、适用性、发明性，其中含金量最高的是发明专利，我们拥有的发明专利数量，可以说行业里第二、第三、第四名加起来的总和没有我们一家多，这也证明了我们在技术方面的投入非常大，国家知识产权局把我们评为第一批国家知识产权示范企业。

再简单讲一下管理创新，我们企业的第一个 5 年，主要专注于研发和营销，第二个 5 年，是卓越绩效模式；第三个 5 年是企业文化建设，第四个 5 年是探索儒家管理模式。

最后讲一讲文化创新。企业家实践“定位”理论，最关键的是看企业家的悟性。回到源头，我们一定要从企业的使命、愿景、核心价值观出发。

使命是什么？使命就是我们为什么办这个企业。以前很可能第一代企业家基本不太想这个问题，或者说比较简单——为了赚更多的钱，为了脱贫致富等等。我们为什么办方太这个企业？是为了让家的感觉更好，分两个层面：第一是努力为顾客打造一种健康、环保、有品位的生活方式，让亿万家庭享受更加幸福的居家生活，这是我们的使命。所以我们不会被其他任何利益所诱惑，因为我们非常清楚，我们就是为了这个使命而诞生的。第二是员工层面，我们也要追求全体员工物质和精神两方面的幸福，让方太这个大家庭更加美好。所以，我们把顾客和员工放在企业源头最重要的位置。

第二是愿景。什么是愿景？你有没有宏大的目标，或者说梦想？

10 年、20 年，甚至 50 年后，你想把你的企业办成什么样？这叫作愿景。方太的愿景是要成为一家伟大的企业，这里面包含四个方面：顾客得安心，员工得成长，社会得正气，经营可持续。

第三是核心价值观，方太以“人品、企品、产品三品合一”为核心价值观。

方太从最早的高端油烟机，到自觉定位厨房专家、嵌入式厨房电器，再到主动合作时期的中国高端厨电专家与领导者，我们一直朝着实现自己的使命、愿景前进。

第 18 章

老乡鸡：把内外双打的制度创新落实到用户价值[1]

和老乡鸡共同创业的九年一眨眼就过去了，今天回想起 2011 年最初的合作缘起，如同昨日。我们和其他咨询公司最大的不同在于，我们没有客户，我们在做的事情是寻找志同道合的创业伙伴，我们的目标是和企业家团队一起创造有世界级影响力的企业。我们不缺客户，但是我跟老乡鸡束总一见钟情，从此相信爱情。

九年前，束总听了我的一堂课，课间说找我聊一聊。他说他想做一个超过麦当劳的中式快餐，大家想想，这是什么概念？今天听起来震撼性没有那么强，但是当年的老乡鸡是什么情况？企业主业不清，有旅游，有养鸡，还卖活鸡，活鸡在上海卖得还不错。我们合作以后，重大的战略调整除了改名之外，更关键的是调整企业结构，我们建议束总收缩旅游、养殖和卖鸡等业务，集中资源将快餐业务做大。

我们与束总共同的愿景是做超过麦当劳的企业，所以，我们一定是开创者而不是跟随者。我们的快餐不能跟着其他企业做成同

1 2019 年 7 月和 10 月，中国饭店协会和中国烹饪协会分别发布榜单，老乡鸡均名列中式快餐全国第一。2019 年 10 月 16 日，老乡鸡在上海举办进军全国战略发布会，本文是邓德隆在发布会上的演讲。

质化的，而是要做出一个全新的与众不同的企业。这对企业的持续学习、持续创新提出了非常苛刻的要求，要对自己不断革命，这个过程是极其煎熬的。收缩业务以及聚焦安徽，都是为了完成模式、运营的不断创新、不断迭代，不断积累出新的知识。铺得太宽太广的企业忙于解决问题，不可能沉下心来创新。九年走下来，现在的老乡鸡和九年前已经不可同日而语，可以说蜕变过无数次，并且仍在急剧地蜕变。

接下来，向大家报告老乡鸡和特劳特这两家公司正在实践一种对中国企业乃至全球企业都很重要的制度创新。我们特劳特负责捕捉外部的变化、市场的变迁，特别是用户心智的变化，从而对企业不断提出新的要求；企业则负责把用户的要求变成产品和服务。我们形成了这样一个内外双打的治理结构。这种治理结构的制度创新带来的生产力之大，很可能超过科技的变化，甚至于科技能不能前进，也要取决于制度能不能创新。

我经常举一个例子，1870年代的第二次工业革命浪潮，中国在技术引进方面和全球基本同步，并没有落后。但为什么中国还是明显落后，被动挨打？因为输在了制度创新。李鸿章、张之洞这些人把坚船利炮的技术都引进来了，但是官督商办的制度没有把所有权和经营权分离开，最终洋务运动失败了。而日本的明治维新却实现了经营权与所有权分开的真正的制度创新，从而把日本带向了现代化。明治维新给我们的启示是：制度创新比技术创新重要得多。

目前我们所处的环境快速变化、日益复杂，企业一定要以外部为核心，特别是以用户为核心来配置企业内部的资源。如果企业没有专门的机构或团队去应对外部的急剧变化，就像航船进入大海却没有指南针的导航，有无数的暗礁和冰山在等着你。

那么，制度创新怎么落实为用户价值？以老乡鸡为例，我们的愿景是要做人类的家庭厨房，所以首先从产品上，就不能像传统快餐那样用于应急、对付一顿，而是要真正为老百姓做好饭，给顾客家庭般的安心。老乡鸡的产品是现在市场上没有的。比方说，因为我们是家庭厨房，要经常吃，所以我们坚决不卖套餐，而是顾客自选，丰俭由人，变化多样，适合常吃。这一点与麦当劳、肯德基就根本不同。这需要巨大的勇气，因为快餐的标准是麦当劳建立起来的，套餐才是标准，套餐运营速度足够快，企业资源效率才更高。老乡鸡之前的所有快餐都天经地义地认同并遵从着这一标准。但老乡鸡恰恰不是这样，我们坚决不卖套餐。不要小看这一创新，这需要一系列的体系才能保障这一创新的实现。

还有，我们的味道会偏清淡一些，不放味精、鸡精。有一位老大爷不相信，老乡鸡的鸡汤那么鲜，怎么可能没放鸡精，于是他去老乡鸡的店里盯了一整天，看老乡鸡的厨房怎么熬鸡汤，发现确实不放鸡精和味精，这才相信了。这就是我们的产品不一样。

为了配称“家庭厨房”这个战略定位，老乡鸡每个月都要上新菜，餐饮企业有几家能做到？这对整个体系的考验是非常大的。为什么老乡鸡强调“每月上新”？因为作为家庭厨房，用户就餐的频次非常高，我们必须确保用户能够不断有新菜吃、吃不厌。

老乡鸡的服务也非常不一样。现在很多餐饮企业在学海底捞的服务，海底捞的服务令人尊敬，这没问题，但是每家企业都要做出属于自己的独特贡献。如果顾客要享受海底捞般的服务，去海底捞就解决了，来老乡鸡干吗？所以老乡鸡的服务跟海底捞的服务完全不同，我们定义海底捞的服务是把顾客当作尊贵的客人，而老乡鸡不会把你当尊贵的客人，老乡鸡的服务是把顾客当作亲切的家人。

举个例子，有一位南京的顾客，他家楼底下新开了一家老乡鸡，但是他每次还是要跨过一条街道到更远的一家老乡鸡吃，什么原因？因为那家店的店员跟他的关系就像家人一样，他生病的时候那家店的店员会把菜送到他家里，是这样一种亲切的家人关系。这就与海底捞区隔开来，创造出了属于老乡鸡的与众不同。

现身说法　从鸡汤小馆到每个人的家庭厨房[1]　束从轩

我养鸡已经37年了，我是真正的养鸡人，我们一直在追求养最好吃的老母鸡。我们是怎么养鸡的呢？踏破铁鞋觅鸡种。当时不像现在交通这么便利，为了寻找鸡种，骑着摩托车到山里去找，不是说找一回，我是一有时间就到处去搜寻，鞋子都磨破了几双。我记得大概在1984年，有天晚上我睡在床上，在想怎么能够找到好鸡呢？越想就越兴奋，晚上拿了两千多块钱出去以后将近十天都没回来，家里人着急到处找我，没想到我是找鸡去了。

养鸡不是那么容易的。小鸡对温度非常敏感，热了冷了都不行，空气里的氨气过重也是养不出好鸡的，就像养鱼一样，水要特别好。老乡鸡的鸡生长在大别山余脉中，空气好。而且，同类群的鸡必然有长得大一点的、小一点的，需要的饲料也不同。我真正跟鸡在一起睡了7年，正因为如此，我才对鸡比较了解。把我眼睛蒙住，让我到鸡舍走一趟，我大致可以说出这个鸡有多重，它是渴了还是饿了，胖了还是瘦了，是不是生病了，这是我跟鸡长时间零距离接触的结果。

老乡鸡的前身是肥西老母鸡，从全国快餐来说我们开店算是比较晚的。我在1999年参加了一个餐饮企业培训，当时还不知道有快餐这个概念，也不知道麦当劳，回来一看肯德基和麦当劳这个生意真好，我们就也想做这样的业态。为了开店，我准备了四五年。我聘请了四个大学生，干什么呢？写营运手册，他们写了半年也没写出什么名堂，最后我就自己写吧。每天晚上八点多坐下来写，有时候写到半夜两点，也有时候写到快天亮。经过大概五个月，我写了六本管理手册，按照这个手册去培训我们的员工。

后来我们准备开店了，大概花了半年多时间装修第一家店，觉得

1　这是老乡鸡董事长束从轩在此次战略发布会上的发言。

哪里不行就拆了再装，总想把它做到最好。正因为这样的高要求，开店以后生意非常火爆。火爆到什么程度呢？当时一个店200平方米，顾客一多就非常拥挤，我们派了几个小伙子站在门口，把顾客5个或10个往里面放，就怕里面太拥挤。有一天收银机从早到晚中间没有停过，一直在工作，到下午4点多钟冒了一股青烟，收银机都烧了，火爆到这种程度。

开店成功的另一个原因是鸡汤好，汤好了才养人。开店之前我带领我们的厨师试吃这个鸡汤，一直试了上千只鸡，终于做出来的鸡汤连我儿子与女儿都愿意喝，因为他们从小喝鸡汤喝到大，很难再喜欢鸡汤了，如果他们也喜欢，我就知道这个鸡汤成功了。除了鸡汤以外，我们的菜不是什么山珍海味，道道都是家常菜，我们的研发人员真的非常辛苦，月月都上新，把每一道菜都做好。

大家都知道我们老乡鸡店面是非常干净卫生的，洁癖般地干净卫生。比如说青菜会有一些虫子，我们员工就用肉眼去挑，一直挑到眼睛花了还在挑。比如说老母鸡养了这么长时间有淋巴结，我们把颈部的淋巴结全部去除。我们工厂几百号的员工都是附近的农民工，一开始到厂里打饭都不知道要排队，通过我们的5S管理、标准化管理，把大量的农民工培养好。现在到什么程度呢？全厂没有一个烟头，车间是十万量级的净化，也就是说在里面做手术都可以。为了寻找好食材，采购人员一年有200天在天上飞，寻找最好的食材。有一些食材来自东南亚甚至更远的地方，比如说我们的牛肉就是新西兰的。

接下来再汇报一下我们最基础的东西——门店，超过800家店，怎么管理？要靠系统。开店前我写了六本管理手册，定性的东西比较多，定量的不多。到2013年我们营运团队带着几十号的员工重新写，写了几个月。我们的管理机制也比较特别，员工把他们的岗位当作一个发展的平台，每个人都很拼。现在我们普通员工的月收入到了4 000元以上，高于其他洋快餐的工资。我们店长有的一年收入近20

万元，平均也有十几万元，而且我们已经培养了200个店长候选人在那里等着接新店。

各位可能都知道在老乡鸡发展的过程中，特劳特一直陪伴着我们，是我们的创业伙伴。我们2011年跟特劳特公司签订了合作协议，把那一年利润的70％拿出来支付特劳特的咨询费。特劳特的战略报告出来以后通知我到上海来开会。在特劳特办公室，他们告诉我说要换品牌名。对于我们企业家来讲，品牌名就是我们的命，我跟邓总说，你让我抽一根烟想一想，就10分钟的时间。这10分钟我做了非常激烈的思想斗争，最后决定换。因为肥西老母鸡在当地太出名，换名第一天，媒体不断打我电话，到晚上9点钟才结束采访。第二天，合肥街谈巷议都是我们换名的事情，网上有个帖子引发了非常大的热议：肥西老母鸡都改名了，从此我不再相信爱情了。

这次改名非常成功，改名花了2 000万元，改掉后第二年我们的净利润是改名费的2.5倍。后来特劳特要求我们把全国各地开的店，包括上海开的都关掉，聚焦在安徽，卧薪尝胆积聚势能。我们那个时候真想走出去，每当我说要走出安徽，邓总就把我按住，说一定不要出去，你就在安徽，把安徽做透再说。当我们在安徽从100家店开到300多家店，把安徽这个根据地夯实以后，2016年邓总说，现在各种条件具备，我同意你出去了。我们出去以后发现积聚的势能果然很高，发展真是非常顺利，也感谢分众传媒在宣传方面给了我们很多支持。

特劳特要求我们把早餐上升到战略来做，几年努力下来，早餐经营得非常成功，早餐一个人也就几块钱，老乡鸡最好的店早餐可以做到八九千元。自从老乡鸡卖早餐以后，合肥的早餐路边摊少了很多。

而我们午餐这一块，只要不是恶劣的天气，我们95％的店午餐时间都是要排队的。外卖的增速也非常快，我们在上海外卖占比将近50％，武汉、南京的外卖占比达到40％，安徽也将近30％，公司2019年外卖收入大概在10个亿。

在合肥，网上有一个经典的帖子说：今天我们吃什么？吃老乡鸡；今天不知道吃什么？也吃老乡鸡；今天要出差了，吃一顿老乡鸡再走；出差回来了，第一顿就要吃老乡鸡。天天吃，吃腻了，今天坚决不吃老乡鸡，后面想想还是老乡鸡，真香。

通过持续努力，在安徽我们的店面总数已经是所有洋快餐之和的3倍。我们用3年时间成为了南京第一，用2年的时间收购了武汉永和，我们用3个月的时间在上海成为快餐业标杆。我们在上海的店面100平米左右，平均每个店的日营业额3万多，有望冲破日均4万。

在束小龙的带领下，老乡鸡企业已经成为一个大平台，在信息化方面建立了前台、中台和后台，现在的架构可以承载上万家店。现在老乡鸡每天接待顾客40万人次，并且每年以40%的速度在增长。我们有一个愿景——有城市的地方就有老乡鸡。我们的使命就是要成为每个人的家庭厨房，我们的价值观就是要为我们的顾客做一顿好饭。

第19章

徐记海鲜：中国海鲜酒楼“一哥”的创业之旅[1]

正餐作为中餐皇冠上的明珠，虽然最能代表中餐文化的博大精深，却也被公认为中餐领域最艰难的一条赛道——“火不过三年，活不过五年，十年以上就可称为老字号”。徐记在正餐这条最艰难的赛道上创业22年，成为中国海鲜酒楼“一哥”。记者问创始人徐国华，创业二十多年想必经历了很多困难险阻，记忆中最难的坎儿是哪一次？没想到这个问题竟然难住了徐国华。尽管记者多方提示，徐国华仍然想不起来有什么特别难的日子，“经营企业一直都很顺”。记者又问邓德隆：“很多中国创业者勤勤恳恳干活，但为什么就是做不好企业呢？”邓德隆回答说：“这个时代不是靠体力劳动就能创造财富，而是要靠知识创造财富。”徐国华不仅善于学习知识，而且善于传播知识、运用知识，他率先将特劳特定位理论、泰勒制科学管理等先进理念引入徐记海鲜并不断创新运用，使这些知识内化分布在徐记的近七千名员工身上，把企业打造成了一个拥有“如何经营好海鲜酒楼”

---

1 1999年开出第一家店的徐记海鲜，经过22年创业，终成中国海鲜酒楼“一哥”。2021年，徐记在上海、深圳、武汉、西安、长沙等地已拥有近60家门店超10万平米，被中国饭店协会授予“海鲜领军品牌企业”，在“2021中国海鲜餐饮品牌综合影响力排名榜”名列全国第一。作为伴随成长、相知多年的长期创业伙伴，2021年9月，特劳特全球总裁邓德隆和徐记海鲜董事长徐国华共同接受了正和岛的专访，畅谈徐记创业之旅。

的相关一流知识的综合体，这也许是徐记创业以来一直顺利的重要原因。

暗合定位的创业

徐国华： 1990年代，我揣着借来的400元开了一家农贸公司，为各大宾馆酒楼供应海鲜，这个过程中看到了许多乱象，以次充好、缺斤少两、把死海鲜当活海鲜卖等等，所以很多海鲜酒楼都开不长，而他们一旦生意不好，就会拖欠供应商货款，我们就是在这种情况下被迫自己干起了餐饮，开出第一家徐记海鲜酒楼。开店之初，我就默默下了决心，开餐厅不靠朋友熟人来吃，一定要自己做出特色，朋友订不到位子找我订餐位，还得感谢我。

作为一个以前的海鲜供应商，我非常了解这个行业。所以徐记从一开始就对食材品质要求极其严格，首先是新鲜："天买天、天卖天、餐做餐、餐卖餐"——当天食材必须全部卖完，鲜货最多存放18小时，海鲜冰箱零库存。创业早期，我经常去检查冰箱，一旦看到冰箱里有海鲜，即使是大龙虾、象拔蚌这样贵重的东西，一律扔掉。其次是食材品种一定要好，比如青岛带子进货3元一只，广东沙带8元一只，我们就一定采用品质好的。食材好，就可以少放调味料，更耐吃。

创业22年，我认为我还是比较有定力的。开第二家店的时候，我就看过《定位》这本书，而且看了不止一遍。也许是受这本书的影响，也许是我本来就是这样的个性，徐记在战略上一直比较聚焦，我们一直提倡"一伙人、一辈子、一件事"。顾客想到吃海鲜、吃好一点、吃健康一点，就会想到徐记海鲜，因此我们的创业比较顺利。

邓德隆： 其实徐记海鲜走到今天的秘诀，就是死磕一件事，把海鲜做大、做到极致。

徐国华： 对，这是方向性的问题，在和邓总合作之前，我们也是这样做，但是认识邓总之后，我们就做得更好了。

邓德隆： 徐总一直非常专注，天然适合做战略工作。企业家容易冲动，这其实是好事，创业者如果没有冲动的话，企业是很难做好的。但是企业制定战略的核心前提，就是一定要明白自己的精力应该聚焦在哪一个成果区实现突破，把自己的冲劲释放在哪个领域，这就需要有人帮助企业家把外部局势看得更清楚。

徐国华： 人性喜新厌旧，为什么海鲜正餐领域很少有大的企业，我觉得这个行业其实不缺企业家，但是很多企业家想法太多，做了太多的事。企业不是被别人打死的，而是被自己乱搞搞垮的。真正要把一件事情做好，就是要能坚持，耐得住寂寞。像我们 22 年每天就只做这一件事，听起来很单调，这是反人性的。

定义"我是谁"

徐国华： 2010 年左右，我们第一次面对要给企业清晰定位的问题。当时我的确遇到了一些困惑，尤其是来自团队的声音。虽然我很坚定、很淡定，但是团队会提一些问题：怎样多品牌发展？很多餐饮企业都推出了多品牌，我们怎么规划？我们要去哪些城市发展？我内心是不同意的，一个品牌还没做好，为什么要做第二个品牌？一个城市没做好，为什么要做第二个城市？

但是后来我们还是尝试走出了湖南，去了西安、青岛。当时在省外市场，徐记海鲜是一个陌生的品牌，刚开始生意不是太好，我们也在困惑，一个新品牌，怎么样让人家知道你是谁呢？我们叫过"经典湘菜"，还叫过"湘派海鲜"，因为当时来的很多顾客是身在外地的湖南人，他们喜欢吃湘菜。但是这样的做法到底对不对，我们心里也很彷徨。正好听了邓总的课，又近距离观察了邓总给其他餐饮企业制定战略定位的过程，于是下定决心请邓总来给我们把脉。

邓德隆： 这正是每个企业都会遇到的"我是谁"的问题。

毕竟徐总是湖南人，长沙是内陆城市，不是沿海城市。湖南人做海鲜，其实在顾客认知中从一开始就“不合法”。在传统的观念里，大家都会认为湖南人的基因里没有做海鲜的基因，做海鲜并不正宗，所以企业一直不太敢在海鲜这个方向上吃得那么准，才有徐总刚才讲的“经典湘菜”或者“湘派海鲜”，这样兼顾了海鲜和湘菜，行不行？

当时我明确告诉徐总，“湘派海鲜”不可行。这个问题就是定位了：我是谁？我向何处去？徐记海鲜的定位问题，本质上就是它该怎样来确定自己在社会上的一个位置。位置是整个企业的中心，位置清晰了，企业的所有资源才能够合理配置。企业要能鲜明地回答自己的核心方向，否则整个企业的资源会在长期的无效经营中被耗散掉。

2011 年，我们和徐总一起回答了这个问题，“我是谁”。特劳特公司单独不能回答，因为实际上徐总才是企业战略定位的首要责任人，我其实是他的助手，只是从专业上提供一些思考的模型、范式，逼迫他深入思考。最终，我们一起决定，把徐记定位为“海鲜酒楼”，未来在中式正餐市场里，徐记要靠海鲜的特点占据一个重要地位。

徐国华： 虽然我讲我很有定力，也很淡定，但是面对我们几千人的团队，管理班子也有很多人，如果战略不清晰的话，就会形成内耗，资源就不能被真正有效利用。战略清晰了之后，整个公司从上到下步调一致，运营效率高了很多。同时因为定位清晰，你抓到了对消费者真正有价值的事情，消费者也就会真正认可你这个企业。

邓德隆： 徐总讲出了企业家的普遍痛点：这么大的组织、这么多的资源，在哪里聚焦才能效益最大化？这个问题非常严肃，需要一个专业团队来完成。我们和徐记形成了内外双打模式，共同完成定位这件日常工作，回答两个问题：一个是对外的确定性，企业的成果区域在哪，第二个是内部资源怎样围绕这个成果区实现最佳资源配置，高效创造顾客。

徐国华： 企业有了定位，有了奋斗一生的方向，就会大大减轻创业中的不确定性和焦虑感。焦虑通常是因为你不知道未来会怎样，对前途很迷茫，手里即使有资源也看不到未来。2020年突发疫情，堂食停掉，一个月亏三千万，但是我能清楚地看到未来的方向，知道我们十年后会是什么样，所以我并不担心。疫情控制住之后，顾客立刻就回来了，所以我们才有底气追加一亿多资金，一年又新开了8个店。

做正餐行业里的奔驰

邓德隆： 明确做海鲜，这只是第一步。徐记的定位战略，我们用了一个词来形容，叫“奔驰战略”。

战略就是选择，战略就是取舍。奔驰是汽车的发明者，当时面临无数的选择，它可以选择做便宜的车型，比如福特，也可以做中产阶级的车型，比如别克，但它最后选择做豪华车。奔驰也没有选择做劳斯莱斯，后者只服务很少的人。奔驰选择了做一个大众人群比较向往的豪华车品牌——既让人们非常向往，但又不是遥不可及，有可能向往得到。这个度，是战略定位非常难拿捏的一个度。当然，做劳斯莱斯也很好，服务小众，也是社会生态中一种独一无二的价值。但是奔驰有更大的壮志。尤其是行业早期，做奔驰这种选择是更加可取的。

做战略，确是一个辩证法。一方面，要足够地窄，为什么呢？因为任何人都在高度竞争之中，你如果不足够窄的话，是守不住的。另一方面，又要尽可能地大、宽，要能服务更多的人，才有更大价值。正餐本身已经是比较贵的，定位不能定得太高。但如果定得低了，又够不上消费者的品位，更谈不上非常正式地满足中国人隆重的一餐这一需求。所以此时徐记海鲜就有点像汽车行业的奔驰，奔驰是豪华车，但是它无处不在，销量还特别大。

徐国华： 人人都想拥有一辆奔驰，只要有钱，就会买奔驰，就是这种感觉。但是它毕竟又是一个豪华车，虽然大家都想买。

将定位转化为核心竞争力

邓德隆： 道在伦常日用之中。在徐记的日常工作中，我们一起把“奔驰战略”的方向、节奏贯注在里面，形成并沉淀为企业的独特优势。

我们把定位当作企业日常功能的一部分，实际上我们是和徐总一起，共同来打造“奔驰”。即使徐总自己有时也会偏离自己的想法，那我们在旁边就要及时提醒。在日常的资源配置上，比如去哪里开店，什么时候开店，开多大的店，店的风格，未来的创新方向等等，我们都要和徐总一起讨论、碰撞，但最后都会变成徐总的思想，如果不是发自企业家内心，我们强加一个东西进去，是不可能有成果的。

徐国华： 西安市场做得惊心动魄。

邓德隆： 我印象很深，徐记本来是一个区域企业，徐总有那么大的志向要做一个“奔驰”，光湖南满足不了他的雄心。跨出去的第一步就是西安。去西安看了市场之后，我对徐总说，你的理想要实现，首先要把西安变成第二个长沙。其他的事情都可以不做，有一件事情必须要做。徐总问是什么？我说你必须在西安办公，我要把你家里的草庐烧了，你在西安想回湖南，必须向我请假，我不同意，你就不能回去。只有这一条，才能把这个局给破了。你不可能在老家遥控着就把企业跨区域经营的问题给解决了，世上没有这么好的事情，一定要有一个创业家真正地专攻这个市场。后来徐总在西安把徐记做得比在湖南还要强。

徐国华： 现在西安有 15 家店。

邓德隆： 如果说徐记在湖南是奔驰，那徐记在西安就是奔驰 S 系，西安市场展现了徐记最酷的状态。

徐国华： 正餐难做，因为菜品太多，而且海鲜对品质的要求很高，很多事情是中央厨房、机械化、智能化的东西解决不了的，必须大厨现场手工操作。徐记有上千名厨师，怎么保证每一个厨师的出品保持同样的高品质？我们在各个方面创新，比如执行“菜品七环节”标准，选材、新鲜、火候、本味、色泽、装盘、温度，在这七个方面统一标准。现在已经能够保证只要师傅有基本功，就能把菜做出一样的效果。

邓德隆： 中国的正餐企业中，上规模的凤毛麟角。因为标准化太难，大部分创业家想一想都不敢去碰。正餐是请客吃饭，必须确保高品质、好口味、够隆重，但同时还必须在隆重之上实现一定的规模化、标准化。开出几十家店、上百家店，但同时还保持住每一个店的高品质。既要让顾客有固定的预期，还不能影响高品位，常规来说是矛盾的、难以调和的，而这正是徐记海鲜实现的一个重大创新。

徐总真真正正地去琢磨、创新、优化每一个流程，把能标准化的部分分解出来，实现高效的标准化。同时，保留了一些艺术的、能为顾客带来美感价值的部分。也就是说，他创造了科学和艺术的一个比例，能科学的科学化，能艺术的艺术化，最终确保规模化的同时有很高的出品水准。

这其实是科学管理之父泰勒的工作，泰勒开创了管理学的第一阶段：科学管理，他系统分析工人的劳动，分析出哪个劳动有效、哪个无效，然后把无效的去掉，把有效的重新整合，得以大幅提高劳动生产率，人类由此实现了大规模的工业化。有人认为泰勒是20世纪最伟大的人，他真正改变了人类的生存状态。在泰勒之前，先进国家和落后国家的穷人都是一样的穷，但是泰勒的科学管理大幅提高了生产力，把蛋糕做大，一块给企业家，一块给消费者，一块给工人，发达国家这才真正成为了发达国家。徐总在中式正餐行业实施了泰勒式的开创性创新。

“奔驰战略”的题中之义也在于此。奔驰并不是手工做的，我开的奔驰跟你开的奔驰品质都一样好。奔驰在高品质和规模化之间实现了一种创造性的统一。如果没有这种创造性的统一，豪华车是不可能有量的。

徐国华： 中式正餐标准化是业界的难题，我们一直在思考标准化和高品质如何有机统一。确实现在前面的标杆也看不到了。

邓德隆： 你现在是第一，你就是标杆。徐记从湖南起家，基因里有海鲜、粤菜加湘菜，实际上这三系是徐记的底子，通过这二十多年走到今天，现在去徐记体验，你会感觉到它已经自成一系，叫徐记系，或者海鲜系。徐记不仅仅是中国的海鲜烹饪方式，不仅有湘菜、鲁菜、淮扬菜、川菜里的海鲜做法，还引进了西班牙式、俄罗斯式、泰式、法式、新加坡式等海鲜烹饪方式，围绕海鲜这个核心食材，把全世界所有的海鲜美食做法都融进来。

正是因为这样，徐记形成了自己独特的"核心竞争力"，别人不可能用徐记海鲜的模式，再去复制或者打败徐记。从知识的角度来定义，核心竞争力就是"集体的互补知识"——是集体的，又是互补的。22 年来，徐记海鲜已经形成了一种"积淀"，把原来外在的、运营层面的集体互补变成了内在的集体互补。这是一种积淀下来的文化上的优势，本质上是企业几千名员工的内心层次、情感态度、兴趣判断、审美趣味。徐总经常得意地说，我的一个员工派出去，他对顾客的态度、做事情的品位，都有徐记的风格，和别的餐厅不一样。这就是徐记的核心竞争力。

定位"一学就会，一用就错"？

徐国华： 我的创业历程暗合了定位，后来又得到了特劳特的专业帮助。很多创业者都在学定位，有些人说定位理论"一学就会，一用就错"。这是很大的误解，其实我觉得这两句话都是错的。定位理论并不是一学就会，真正要把定位理论学好，还要实践好，这不是容易的事。我看了很多定位理论的书，有些书甚至看了好多遍，在实践中反复又去认真学习，向老师请教。至于一用就错，很多人并没有真正用。企业有了正确的定位,还要有环环相扣的战略配称,用战略定位来牵引企业方方面面的运营,几十年如一日,把所有的战略资源聚集起来进攻同一个城墙口,这才有力量,这才是定位理论的真正实践。

邓德隆: 是的。第一点,"一学就会"本身是个误区,定位不是一学就会的,要反复地学习,反复地讨论,反复地实践。不存在一学就会,因为定位本身是一个实践的学科,它不是 1+1=2 的信息。第二点,企业在每个阶段都要界定出一个核心的战略任务,把企业所有的资源聚集在这个方向上,这才叫"用"。有的企业只是喊出一句定位的口号,然后坐等着看它会不会发挥作用,那能叫"用"吗?

向左宗棠学什么

徐国华: 我的家乡湖南湘阴在中国近代史上出了一位非常知名的人物——晚清四大中兴之臣之一左宗棠。我最敬佩左宗棠的地方有两点:第一,他读书是读活书的,不读死书;第二,他志向远大,能够把握住大机会,一般的小机会他不会在意。

邓德隆: 左宗棠曾给自己写了一副对联:"身无半亩,心忧天下;读破万卷,神交古人。"他这副对联的意思是说他在草堂里读破万卷,神交古人,和孔子这样的人对话,当世的人他都不放在眼里。如此自信的一个人,四十多岁了还在种地,自号"湘上农人",这是什么原因?他不是躺平族,不愿意工作,而是因为他想干一个不朽的事业,如果不是一个不朽的事业,那不如不干,种种菜、神交古人就好了。

中国的企业家都很勤奋,但是这个时代不是一个靠体力劳动就能创造财富的时代,而是要靠知识创造财富。所以创业者要像左宗棠那样,读破万卷书。徐总开第二家店时就去书店看《定位》,每天不断学习。任正非说一杯咖啡吸收宇宙的能量,一杯咖啡是华为的基点,把全球所有相关的知识都吸纳进来,而徐记海鲜则是把全球最精华的知识,包括我们的定位知识都整合到海鲜上来。

我经常讲左宗棠的故事，主要是因为左宗棠的追求跟徐总是相通的——要做的事业一定是达到“神交古人”的级别，追求一种终极的大事，以此作为人生的意义所在。这一点他们两个老乡心意相通。

徐国华： 我们的愿景是“领鲜世界，鲜活人生”，“领鲜世界”有两层意思：第一是我们要走向世界，在海鲜酒楼这个品类上做到世界第一；第二，海鲜最重要的特点是“新鲜”，我们要在新鲜这个维度上做到最好。“鲜活人生”是说，人的一生不应该是平庸的一生，我们这一伙人要围绕着海鲜这一件事一辈子持续奋斗，活出精彩的一生。

邓德隆： 刚刚徐总讲了自己人生的定位，把徐记企业的定位和自己的人生定位合在一起。徐总未来要把海鲜正餐做到全球最大，像奔驰一样无处不在，到处都可以看到，又有很高的品位。这是在做一个“神交古人”级别的事情：把以海鲜为特色的正餐，作为一种中国文化的载体，开到全球去。

我们经常讲中国走向世界，实际上要有一个具体的载体。中餐就是中国文化的最佳载体之一。西方文化有“两个世界”，其中一个是宗教世界，因此他们看轻此生，看重彼岸，吃得太好恐怕是一宗罪。中国文化只有“一个世界”，中国人所有的情感、寄托都在此生，因此对饮食极为看重，从孔子起就“食不厌精、脍不厌细”，许多大知识分子都是美食家，比如曹雪芹。徐记海鲜立志把中国源远流长的饮食文化带到国外去，改善和丰富全人类的生活，这件事徐总若做成了，功劳就太大了。

第20章

妙可蓝多：奶酪女王养成记

奶酪是一种极具营养价值的食物，法国的戴高乐将军有一句名言，也是戏言，说“法国有246种不同类型的奶酪”，这是法餐具有吸引力的一个侧面。奶酪在中国本来是一个小众产品，近几年在妙可蓝多柴总等企业家的全力开创下，渐渐走入了更多中国消费者的视野，这体现了企业家精神在促进经济发展、提高生活水平中的作用。但是，并非每一个这样做的企业家都能带领自己的企业赢得市场竞争的胜利，不少行业的先驱者未能坚持到最后。有人说，爱拼才会赢。我认为，企业经营总是会遇到各种风险波折，所以企业家要每天学习各种经营管理知识，降低不确定性，提高确定性。

妙可蓝多在奶酪领域开展了一场经典的大决战，其中有两个关键点值得企业家借鉴：

其一，是判断真正的决战地点。妙可蓝多在奶酪市场上从小到大，直至成为中国奶酪第一，是不是已经完成战略目标了？这取决于你如何确定“市场”的边界。当前中国奶酪市场的流行产品主要是低温奶酪，但这一定仅仅是中国未来奶酪市场中很小的一部分，还有上百倍的常温奶酪市场现在几乎是一片空白，等待着企业家去开创。常温奶酪市场的第一名才是奶酪真正的第一名，它可以携巨大的体量和心智优势进入低温市场。在这个问题上犯错，企业将失去主导地位。

其二，是正确设计大决战的节奏。我们和妙可蓝多一起规划了进军常温奶酪市场的节奏。特劳特先生说，“追击与进攻同等重要”；克劳塞维茨说，“如果没有追击，胜利就不会产生巨大效果”。很多企业取得暂时领先后就停止了行动，他们的想法是，这里已经取得了胜利，把资源调到别的地方去吧。这就大错特错了。越是成功的地方，越是要追加资源，巩固扩大自己的优势。柴总迅速调整了企业的组织架构和人力资源配置，集结精兵强将，将妙可蓝多在低温奶酪的优势扩大至常温奶酪，正在极大地拓展战果。

现身说法　坚定做第一[1]　柴琇

我从创业一开始就是定位理论的践行者，一直用定位理论来设计创业的战略路径。今天的妙可蓝多虽然已经成长为中国奶酪第一品牌，但距离我们要达到的目标还有很长的路要走，也许再过五年来分享，妙可蓝多已经成长为中国领先、世界一流的优秀奶酪企业，那才是我心目中的妙可蓝多。

选好赛道，只做第一

我 1997 年下海经商，做过经销商，又做过房地产，后来我觉得在房地产行业发展，我没有优势，于是选择了转型。最近有点小庆幸，如果我当时不坚决转型，可能就不会有今天妙可蓝多在奶酪赛道的领先。转型之后，我做了液态奶，当时也把广泽做成了吉林省的第一品牌，但一直被全国性乳业巨头压制，我想了很多办法，还是做不大，

1　2021 年 10 月 24 日，妙可蓝多创始人柴琇女士应邀在特劳特定位培训班的分享。

于是只好继续做房地产，但是内心还是念念不忘做食品，总觉得在一个十四亿人口的国家里，一定可以找到一条让我能成为全国第一的赛道，所以我一直在找机会。

2007年，一个偶然的机会，我到法国参加世界食品博览会，看到了上千个品种的奶酪，感觉很震撼。我从2007年接触奶酪，到2016年下决心转型做奶酪，历时九年。2016年，我把地产公司交给家人，来到上海，专注做奶酪。

当初选择赛道的时候，我还看了很多其他行业，包括奶粉、冰淇淋、酱油、水、预制菜等等，研究了一圈，最后认为奶酪最有机会，为什么？2015年的时候，中国的奶酪人均消费量只有0.18公斤，而韩国和日本的奶酪人均消费量分别是我们的10倍和20倍，跟欧洲和美国更是相距甚远。

中国的乳业发展，最早从奶粉开始，现在是液态奶，我相信奶酪将是下一个趋势。按照中国的营养标准，每人每天应该喝300克牛奶，但是一直做不到，为什么？我找到的答案是：因为中国人没有吃奶酪的习惯。奶酪是奶黄金，通常，十斤奶才能出一斤奶酪，奶酪是奶中精华。中国的人均奶摄入量要达到标准，一定要养成吃奶酪的好习惯。中国人营养达标，得靠奶酪企业的努力，做品类教育，生产出中国消费者喜爱的奶酪，把西方的奶酪同中国的饮食文化相结合，让奶酪进入每一个家庭。

此前，中国奶酪市场上有一些产品，但是都没有占据消费者心智。我把特劳特的定位系列书籍读了很多遍，意识到，如果在某个行业没有任何一家企业能够占据消费者心智，那这个行业就是蓝海。奶酪在中国会成为一个大趋势，而不是一个小风口。

我们进入奶酪行业也并非从零开始，当时收购了三家企业，其中一家是天津的妙可蓝多，它当时只有一个产品，就是做匹萨用的马苏里拉奶酪，2018年的市场份额是3.9%。我在2019年参观了特劳特的战略定位实验室，看了很多特劳特的案例，走进郎酒等企业，实地考察他们的定位实践。通过学习，我坚定了自己做成中国奶酪第一品牌的决心。现在回忆起来风轻云淡，其实当年到特劳特学习定位的时候，我心里压力特别大。

如果要总结过去五年的成功要素，我认为最重要的一点就是我们选了一个好赛道，其次就是我非常明确地给自己设定了标准：要做第一。什么事情都拿“第一”的标准来要求自己，一切行动都按照“第一”的标准去做。所以我从一开始搭团队、买设备、采购原料的时候，都选最好的，我也找最好的定位公司合作。刚到上海，我第一个拜访的就是特劳特，问能不能给我做战略定位。当时接待我的是李湘群[1]老师，但李老师没有接我的案子，说我那时候体量不够，太小了，让我自己先跑一段时间再看。当然，后来我们合作得非常好。我们定位在奶酪棒的时候，首先我要确保我们的奶酪棒比别人的更好，我们做了大量的消费者盲测，确信我们的产品力领先，做出了“好吃、好玩、好营养”的产品，然后才开始铺货。再比如，选代言人的时候，我问同事，谁最厉害，大家都说“娘娘”厉害，于是我们请了孙俪做代言人。每个行动我们都是按照中国第一的标准要求的。

我们真正成为第一是2020年12月，当月销售收入超过了国外的品牌。2021年5月，我们成了名副其实的中国奶酪第一品牌，现在的市场份额已经超过30%。

市场聚焦，占领心智

其实2016年刚做奶酪的时候，我特别纠结。我研究奶酪到了痴迷的程度，做梦都在琢磨奶酪。奶酪有上千个品种，从哪里入手？做什么奶酪？国外所有人都吃奶酪，中国消费者吃奶酪的还不多，那我们要从哪儿切入呢？

---

1 特劳特中国管理合伙人。

在寻找原点人群的过程中，我想明白了一点，要从高势能人群开始。饮食习惯是很难改变的，但是我可以从培养孩子的口味开始。所以我们选择了从儿童市场破局，产品就是奶酪棒。这个选择的背后是上亿元的设备采购，从国外进口设备，周期至少一年。中国当时没有那么大的市场，卖得最多的国外品牌，年销售额也不过5亿左右。而今天，由于妙可蓝多的引领，仅奶酪棒市场就已经有了60多亿的规模。

这一系列决策，前面有人做过吗？没有，靠的就是我们自己的判断。市场是企业家创造出来的，这个时候需要外脑帮助。我特别感谢特劳特，我也跟很多人推荐过特劳特，我说：如果特劳特开班，你们一定要去学习，因为咨询费比较贵，而培训班价格便宜，哪怕只学到一两点，用在企业上，收获可能是上千万、上亿的。

产品准备好了，渠道准备好了，然后我们就要去消费者心智中占据一个好位置。分众传媒董事长江南春老师对我的影响比较大，他一直说"饱和攻击"，定位理论也告诉我，要占领用户心智。但回到当时，你们不知道我有多纠结。媒体碎片化，资源往哪投？再说我们也没有太多钱。做了媒体研究之后，我决定和头部媒体合作，用当时有限的资源集中去投分众。

在这里和大家分享一个观点：某件事到了该做的节点了，没钱也要想办法做。当产品、渠道、团队都准备好的时候，一定要去占领顾客心智。我当年就没有钱，但是我做了。光大银行给我贷款五个亿，用来买设备、做传播。银行的人问我，如果销量起不来，你能还得了银行贷款吗？于是我把自己的观点和银行一二三讲完，他们听后就放心了。

我的核心目标是，通过在分众的饱和攻击占领消费者心智，做到"一说奶酪就想到妙可蓝多"。据我了解，当时有一家外资奶酪企业，一年也有上亿的传播费用，但是消费者都说没什么印象。为什么？因为它没有聚焦。这里其实有很多技巧，一个环节错了就事倍功半，一个环节对了就事半功倍。到2020年，妙可蓝多已经是奶酪第一提及率的品牌，成为中国消费者心智中的奶酪代名词。

同时我们做了品类教育，“在欧美，奶酪被誉为奶黄金，妙可蓝多奶酪棒，浓缩牛奶精华，高钙美味，助力成长”，把奶酪定义为乳制品中的高端品类。不做品类教育，行业第一的位置怎么能是你的？做了品类教育，销售数据也会告诉你，你将是收获最大的那个人。过去五年，我就做了这几件事：选择原点人群，选择合适时机占领心智，做奶酪品类教育，聚焦打爆。

当然，在战略背后，我认为作为一个品类的开创者，产品力一定是这个阶段的核心竞争力。从长期看，我们要把品牌作为企业的护城河。这些年，我觉得我最合适的身份是产品经理。我从2007年开始研究奶酪，持续研究了十多年，我能给研发团队做指导，能跟市场总监头脑风暴，能跟厂长探讨如何保证品质，跟老外谈奶酪也能谈得像奶酪专家一样专业。

战略进化，代言奶酪

给各位看几段广告片，通过这个侧面介绍一下妙可蓝多过去五年的发展历程。

第一个片子用唱歌的形式，拍这条片子的时候还没有运用定位理论，我也还没上过特劳特的定位课。后来上课的时候我拿这个片子给李湘群老师看，李老师说，妙可蓝多名字太长了，不好记。当时我想了很多名字，没有满意的。但是当时妙可蓝多的马苏里拉奶酪在全国是排第一的，在阿里的数据银行当中，妙可蓝多的品牌价值都值七个亿了，我想七个亿扔掉太可惜了。不就是名字难记吗，那我们想办法让消费者记住。所以我们就用法国童谣《两只老虎》的旋律帮助大家记住妙可蓝多这四个字。那定位语是什么呢？我想了很多，没有一个满意，但是产品都上市了，广告怎么也得跟上。我就说用“好好吃哟”，对孩子来说，好吃总是没错。

第二个片子就能体现定位理论了。“奶酪就选妙可蓝多”，定这句话的时候我很纠结。广告语的背后，其实体现的是战略方向的选择。我们的事业到底是什么？当时我们有其他战略方向的选择，其中一个方向是“儿童健康零食——妙可蓝多奶酪棒”，有人认为零食这个方向好，但我感觉，妙可蓝多应该等于奶酪，不能等于零食。不管多健康，都不能等于零食。最终，第二个片子用了“奶酪就选妙可蓝多”，依然传承了唱歌的形式。

再看第三个片子，这是与特劳特合作之后拍的。特劳特的老师说，奶酪棒要拓展应用场景，所以我们让代言人说“放学回家来一根，运动学习来一根，快乐分享来一根”等，最后落到“奶酪就选妙可蓝多”。如果 2019 年我不和特劳特合作，我肯定会把这句话改了。跟特劳特合作的第一年，给我的定位是“奶酪就选妙可蓝多”。我们当时好失望，怎么没有给我们一句更好的话？但是这句话用到今天，很多人跟我们说，你们太牛了，奶酪就选妙可蓝多。这句话和妙可蓝多的身份越来越贴近了。

跟特劳特合作，其实重要的不是他告诉你做什么，而是他告诉你这件事做对了，你别改。我们合作之前就有“奶酪就选妙可蓝多”这句话，后来一直有人想把它改掉。如果不跟特劳特合作，可能早就改了，好多人说这句话不够锐利，没有独特的销售主张。但是我现在觉得这个定位是对的，因为我要代言奶酪，用这句话是最贴切的。

后来，特劳特又帮我们看清了常温奶酪的机会。中国的冷链运输还不够发达，如果要创造足够大的市场，就必须研发常温产品。我们的常温产品在 2021 年 9 月正式推出，我预测常温产品的销量很快会追上冷藏产品。通过多品项创造更大的奶酪市场，这正符合“妙可蓝多等于奶酪”的定位。

引入蒙牛，共创大业

最开始做奶酪的时候，我以为这是一个细分市场，做着做着，发现奶酪是大赛道。有多大？我觉得可能会超过酸奶，上千亿肯定有的。在这么大的赛道中，我这么一个小身板，能不能站稳第一？我的竞争对手是谁？一定是乳业双巨头，我做液态奶的时候就饱受被他们压制的痛苦。所以我就想，能不能和巨头联合一下？于是做成了一件大事。

2021 年 7 月，我们用定向增发 30 亿的方式，战略引入蒙牛成为妙可蓝多的第一大股东，我现在是创始人兼 CEO。很多人问我，你的企业蒸蒸日上，为什么这时候让出第一大股东的位置？当时我问了邓德隆老师的看法，该不该引入蒙牛？他说引入得好，我就更有信心了。和乳业巨头一起，我有信心把这个市场做得更大更好。未来，我们将持续做好奶酪品类教育，让中国的消费者了解奶酪、爱上奶酪这种健康美食，实现我们的使命：让奶酪进入每一个家庭。我们的企业目标之一是让妙可蓝多的家人们共同富裕，让我们的经销商、合作伙伴共同富裕，同时带动乳业源头的奶农共同富裕，共承担、共成长、共分享。

终身学习，成为王者

特劳特定位理论的精髓之一是“做第一”。做第一好处太多了，做第一就会出现马太效应，你会比第二名、第三名获得更多资源。你如果不想做第一，学定位的效果至少要打一半折扣。

我就是坚定要做第一。五年前我开始做奶酪时，见人就说我要做奶酪第一，很多人笑话我，我就是用这句话逼自己，你都说出去了，做不到，别人不笑话你吗？不是会说你在吹牛吗？我们每天都在学习，跟书本学、跟同行学、跟外脑学。今天站在这里，和五年前的自己相比，我已经进步了很多。十年磨一剑，在第二个五年，我们定了更高的目标——“中国领先、世界一流”。坚持做下去，你就是第一，你就是王者！过去五年，我做到了，所以现在大家都叫我“奶酪女王”！

第 21 章

明月镜片：挖出行业的大金矿[1]

为了见证明月镜片乃至整个眼镜行业这一历史性的时刻，我改签了两次去美国的机票。作为明月镜片的战略顾问，今天我把明月镜片的战略意图跟大家做个报告。

中国的眼镜行业，乃至整个中国经济结构存在一个问题，在于用户没有得到足够的尊重。我们看看眼镜市场，十年才配一副眼镜的大有人在，镜面已经磨损得像块纱布了还照样戴着的大有人在。企业家最重要的社会责任不是捐款做慈善，而是能不能把产品做得好一点，能不能改善人们的生活水平？这才是企业家最根本的社会责任，谢总[2]就产生了强烈的使命感。

今天来了很多渠道商，我想请大家思考一个问题，连马云都不让大家再提“电商”这个词，而是呼吁大家拥抱新零售，为什么马云都产生了危机感、紧迫感？马云在渠道上已经做到极致了，他拥有全球最大的渠道，如今连他都得“变”。“变”的方向在哪里？就是要归还用户以绝对的权利，用户第一、员工第二、股东第三，用户的想法是我们

---

1 2017 年 12 月 21 日，邓德隆在明月镜片“相信‘一’的力量”战略发布会上的演讲。

2 上海明月光学眼镜有限公司董事长谢公晚。

至高无上的律令，必须按照用户的想法配置所有资源，跟着用户的思考方式来变化。

那么用户是怎么想的呢？我们今天的主题为什么叫“相信‘一’的力量”？随着大数据、云计算、人工智能越来越发达，我们将面临一个巨大的挑战：供应能力越来越强、供应效率越来越高，但是用户对这么多信息进行识别、甄别和选择，却变得更加困难。

大家原本以为，信息时代消费者掌握一切信息，信息畅通无阻。但大家恰恰会看到，信息社会以后，信息拥堵的现象反而更严重了，任何一个企业都面临着一片信息的汪洋大海。消费者无法获取你的信息，你也不知道消费者在想什么。企业现在配置资源的方式基本上仍然是从内部出发。下一步的机会就在于我们要从外部出发，让我们的企业家、组织乃至于我们个人，去完成下一个大迁徙，迁徙到顾客心智里去。

大家一定注意到了现在商界的一个现象，互联网公司大举投资传统行业。互联网公司实质上提供信息化的基础设施，这些基础设施对传统行业彻底改造以后，消费者头脑里会形成一个观念，想买任何东西只要通过手机，在房间里就可以完成消费和体验，时间和空间对于顾客来说消失了。这预示着如今顾客头脑里的想法决定了一切，争夺顾客心智就是企业的首要任务。

定位作为这样一个研究顾客心智的新学科，是特劳特先生1969年发明的。他发现消费者心智运作有一个规律：顾客在消费行为中只会倾向于他认为在某方面做得最好的企业，就会给企业颁发一个“资质”，企业定位和顾客心智中的那个资质一旦对应上了，就会产生核聚变的效果。特劳特公司进入中国15年，我们发现企业一旦登陆用户的心智，用户心智带来的力量之大超乎我们想象。这就呼应了我们今天发布会的主题“相信‘一’的力量”。

前面谢总提到，很多人说镜片行业太小，劝他去做房地产，谢总不为所动，我觉得谢总高明。谢总曾经跟我说，确实感觉这个行业里有金矿，也想跟所有人分享，但就是挖不出来。而我们特劳特恰恰知道怎样去把这个金矿挖出来，但我们是一群手无缚鸡之力的知识分子，坦率地说，我们非常幸运碰到谢总这样的团队，通过和在座各位企业家一起合作，我们一定能把谢总感知到的大金矿挖出来。

“相信‘一’的力量”，这个“一”的力量就是我们各行各业的领导者，要在顾客头脑里面重建行业秩序，对一个行业彻底改造，这不仅仅体现在产品上、渠道上或者市场份额上，这一切最终还要回归到用户心智中，要让顾客认同你是最好的，企业的获客成本就会大大降低。

茅台的市值怎么来的？就那么一瓶酒，有多少科技含量呢？是用户给了它一个定位，因为中国的用户认为茅台做酒资质最佳，我们专业上把它叫“心智资源”。我们经常讲生产要素包括土地、资本、劳动力，而茅台告诉我们，还有个要素叫心智资源，而且它是第一资源。

以前明月镜片的确过多关注内部，我觉得也有一定好处，把产品质量做到顶尖，有了这个基础之后，我们进入下一个大迁徙。在座的企业家们，大家一起努力，把明月植入到用户心智里去，获得做镜片的最佳资质。眼镜这个行业并不小，美国的人口只是我们的四分之一，它的眼镜行业都有两千多亿规模。中国人目前换眼镜的频次还不到美国人的一半，再注入一些时尚感，这个市场大家可以想象一下，谢总说的金矿已经近在眼前了。

现在线下门店的客流量越来越小，引流的成本之高，已经不可思议，但是互联网上的引流成本竟然比线下还要高。明月扛起了这个责任，明月现在就是在创造顾客，给大家引流，为大家挖金矿做准备。最能赢得顾客、拥抱顾客的力量就是“一”的力量，明月在这个领域做到第一，才最有资质把客流集聚起来，然后分流到各个门店，让大家一起来分享谢总看到的大金矿。

我觉得谢总所做的事情，不仅仅只是在为各位分金子。通过明月转型的成功，我们要带动更多的企业来完成这次波澜壮阔的经济大迁徙，打造各个行业的明月，把中国经济带入到高质量发展的下一个四十年。这是在座每一位创业者都要肩负起的历史责任，也是特劳特公司的使命。孔子说："苟有用我者，期月而已可也，三年有成。"我们携手共创明月的未来！

现身说法　像哥白尼一样颠覆，像哥伦布一样执着[1] 曾哲

一周前去特劳特开会，邓总给我布置作业，让我来讲明月的实践。说实话，我的心情比较矛盾，一方面邓总亲自出面邀请，足见他对这个培训班的重视。另一方面，我在准备课件的时候看了学员企业的基本资料，发现不少企业的规模比明月更大，历史比明月更悠久，所以今天我来这里是有压力的。谈不上教大家什么，只是给各位汇报一下过去这些年我们是怎样走过来的，真正的老师是特劳特，我们只不过早几年进了这个学校，我和在座各位同学算是师兄弟的关系。我今天分享的主题是如何建立外部视角，不断将事业做大。

行业状况扫描

正式分享之前，我请大家先看一段视频。明月上市之前，我在全国各地一共做了 42 场路演，到现在嗓子还没恢复，后来大家说，你讲得累死了，不如放个视频给大家看吧，起码你可以休息几分钟。在这 42 场路演里，我最大的感受是，只要我准确地把明月的定位输出了，对方理解并接受了，投资人给明月的估值一定是高的。我们先来看一下视频。

1　2017 年，明月镜片与特劳特开始战略合作。2021 年 12 月 16 日，明月镜片在深圳证券交易所创业板上市，成为创业板注册制背景下"中国镜片第一股"，上市首日备受追捧，最高涨幅 189.86%，市值迅速过百亿。2021 年 12 月 30 日，明月镜片常务副总裁曾哲先生应邀在特劳特举办的定位培训班分享了明月镜片的战略定位实践。

视频旁白： 现在请各位观众取下自己的眼镜，请你仔细观察手中眼镜的镜片。你能说出自己镜片的牌子吗？

请各位戴上眼镜，回想一下你购买眼镜的时候，挑选眼镜框是不是花了好久，但是镜片却没怎么关注过，接下来我们将为各位讲述品牌镜片对你有多重要。

明月镜片总裁谢公兴： 当一个产品没有品牌认知的时候，消费者购买的过程很痛苦，而且没有安全感，不愿意投入更多的钱，眼镜片也是如此。一副好的眼镜，核心是眼镜片，好的眼镜片不仅解决我们看得见的问题，还可以让我们看得更清楚、更舒适、更健康、更安全。

没有品牌、品质比较差的眼镜片，不仅不能解决我们视力的需要，而且可能会造成我们视力的二次伤害。眼镜片是全生命周期消费品，而中国目前超过7亿人存在不同程度的视力缺陷，镜片作为最有效的视力辅助器材，市场非常庞大。

曾几何时，中国眼镜片市场长期面对有品类而无品牌的局面，消费者常常面对的是国外的技术垄断以及国内良莠不齐的产品格局。明月镜片作为中国镜片品牌市场的先行者，一贯坚持自主创新，确保品质，树立民族品牌的战略，与国际企业同台竞争。

明月镜片董事长谢公晚： 我18岁开始做眼镜，35年来从没换过其他工作，最开始是为了生计，现在是因为热爱。除明月外，其他上规模的镜片企业，大多数被外资收购了，而我们一直坚持走自主创新、自主品牌的道路。因为我们对未来发展充满信心，满怀期待。

明月镜片深耕镜片行业近20年，通过艰苦卓绝的不懈奋斗，如今我们的品质获得了良好的口碑，销量更是遥遥领先，并远销美国、日本、新加坡等国家和地区，成绩斐然。

我们利用技术优势，积极参与国家重大项目，2020年国家登山队再次成功登顶珠峰，测量出世界屋脊的新高度，全体队员所佩戴的眼镜均由明月镜片提供。守护中国“奋斗者”号载人潜水器万米级海试，见证神舟十二号发射升空，为明月镜片赢得了良好的口碑和美誉度。

为了让消费者获得最佳的产品体验，我们建立了完善的产业链，拥有完备的研发、设计、生产、销售能力，为市场提供品质稳定、品类齐全的眼视光产品。为了持续积极布局新型材料的研发与技术储备，我们与全球知名光学专家，国家探月计划专家组成员庄松林院士及其团队合作，建立了行业示范性的院士工作站和眼镜工程技术中心，对眼视光行业的前瞻性课题进行专项攻坚。12 项发明专利、54 项实用新型专利、21 项外观专利，这是我们站在行业尖端的信心来源，也是品质的保证。

明月镜片常务副总裁兼董事会秘书曾哲： 人类已经进入知识社会，眼睛成为获取知识和信息的最大流量入口。明月虽然连续多年保持领先，但相比于未来的巨大成长空间，现在还处于起步阶段。我们已经在品牌、科技、行业生态圈三个方面建立起明显优势，加上资本市场的助力，我们将抓住消费升级和国货崛起的巨大机遇，在防、控、矫、治、美多方面发力，将明月打造成具有全球竞争力的优秀品牌。

明月镜片董事长谢公晚： 我们将以用心呵护视觉健康为使命，日拱一卒，把明月建设成可以和世界品牌竞争的优秀企业。中国人的视觉健康，需要中国人来守护！

现在各位桌上放的太阳镜是我们最新的明星产品，第四届中国国际进口博览会定制礼品，也是陈道明老师的同款。在电视剧《流金岁月》里，陈道明扮演的角色经常换眼镜，所有镜片都是我们提供的，包括一副某大牌奢侈品牌太阳镜，陈道明老师特地让经纪人寄给我们，把原装进口镜片抠出来，换成了明月的太阳镜片。大家平常买的普通太阳镜片是 TAC 材料或者尼龙的，我们这一款是树脂材料。普通的太阳镜片只有一层膜，而我们镀了 20 层膜，中间还有树脂加偏光片共有三层。但是，即便我再讲下去，你们作为消费者从外观上也看不出太大的差异，这是镜片产品的特点，也可以说是打造镜片品牌的一个难点，那就是消费者无从识别镜片的好坏，甚至根本不知道镜片之间还有区别。

中国14亿人口中有将近一半近视，但是目前中国的眼镜行业零售总规模只有一千亿元，这意味着人均消费只有140元一年。我见过最久的一副眼镜戴了20年，通过这副眼镜看出去，像雾像雨又像风，根本看不清楚，但是也能坚持下来，因为顾客觉得眼镜就应该戴一辈子。邓总曾经介绍一位中国顶级的学者到明月配眼镜，他的眼镜螺丝都已经掉了，两边各用一颗别针别起来，他就天天戴着这样的眼镜出门。我问他为什么不换，他说好像也能用。邓总还推荐过一位企业家来我们这里配眼镜，他原本戴的眼镜镜片是进口的，很贵，可惜已经脱膜了，镜架也很贵，可惜左右歪了，但是这位企业家自己并不知道。这么有名的学者，这么成功的企业家，对自己的视力健康却如此不重视，一开始我们觉得不可思议，但是学了定位理论以后，再反过来看，会发现这是一个巨大的机会，一旦我们能够改变他们，行业的潜力就会展现出来。比如这位企业家，现在已经养成了每年定时来明月报到4次的习惯，每个季度都换眼镜。

中国的眼镜行业处在起步阶段，人均年消费只有一百多块钱，比美容美发少多了，各位再怎么省钱，一年剪头发肯定不止一百块钱。这其实很不合理，你不剪头发，最多人家说你邋遢，不修边幅，可是近视眼不戴眼镜寸步难行，对于高度近视的人来说，10米开外人畜不分，5米开外雌雄不分。像我就是高度近视，如果我今天不戴眼镜，根本看不清在座的各位。你们没近视的人，不知道我们这些“残疾人”有多痛苦。在德国，近视超过600度就视同三等残疾，社保会出钱给你配一副眼镜。奇怪的是，中国人虽然每年消费眼镜产品只有一百多块钱，但一说起眼镜行业，大家却都说是暴利行业。一年到头人均消费就一百多块钱的行业，能有什么暴利呢？但是人们一旦形成了这种认知，就很难改变，所以消费者不愿意配眼镜，总觉得一进门就会挨宰。

中国的眼镜行业本身就很小，还要分成镜架和镜片，所以这一百多块钱还得在镜架和镜片之间分配。中国消费者更愿意在镜架上花钱，而不愿意在镜片上花钱。因为消费者觉得自己看不出镜片的差别，但是能看出镜架的差别。其实大多数消费者也不是真的懂镜架，只是他觉得他懂。好多人买了很大牌的镜架，其实不一定适合自己，有些人甚至戴出视力问题来。举个例子，不少人去欧洲旅游买了大牌眼镜，觉得好看，但是戴上以后其实是不舒服的，为什么？因为欧洲人的脸型比较窄，鼻梁比较高，所以欧洲眼镜的鼻托很矮，不适合中国人的脸型。镜片的差别就更专业了，普通消费者靠肉眼是看不出来好坏的。正常情况下每个人每年的视力情况都可能会变化，应该每年定期去检查、更换眼镜，尤其是应该选择适合自己的优质镜片，但是这个合理的消费意愿被抑制住了。大部分中国消费者每年都会换鞋子、换衣服，却几乎不换眼镜，这就是行业的怪现状。

眼镜店的格局是怎么样的？全中国有 10 万多家眼镜店，不算少，但是每家企业的平均店铺规模不超过 10 家，最大的一家也就 1 200 多家店。全国一共 10 万多家店，第一名却只有 1 200 多家店，说明这个市场极其分散，意味着这个行业的效率一定是不高的。大家都说眼镜暴利，甚至有“成本 20 元的眼镜，200 元卖给你是讲人情，300 元卖给你是讲交情，400 元卖给你才是正常行情”的段子，毛利率看起来确实很高，但是实际上眼镜店的净利润率很低，远远不如卖水、卖奶茶、卖咖啡的。为什么会这样？因为眼镜店运行效率偏低，最大的成本在于房租、人工和镜架库存，而且这三项是刚性支出，砍不下来。结果，在成本结构中占比本来就低的镜片反而成了价格战的重灾区。

中国是世界工厂，镜片行业也是全球第一。中国生产了全球 40%的镜片，其中又有 80%在江苏的丹阳。丹阳有全世界最大的镜片产业集群，全球每三片镜片就有一片产自丹阳。丹阳有几百家镜片相关企业，但是国内市场镜片工业产值只有 60 亿元，规模其实不大。根据欧睿的调研，我们明月镜片连续多年全国销量第一，但是行业第2名到第10名全部都被外资收购了，现在它们主要靠价格战来开拓市场。价格战打到什么地步？市面上卖两三百块钱的镜片，批发价居然可以打到匪夷所思的不到10块钱一副。在我们看来，这种价格的镜片，几乎不可能保证品质了。但是在2017年，行业就是这样的状况。

与特劳特合作

我们当时面临两个选择题，第一道选择题我们做对了，第二道选择题我们做错了一半。第一个选择就是外资也提出来收购我们，我们当时还很诧异，因为对方确实是一个鼎鼎大名的外资企业，怎么会看上我们呢？但是我们一想就拒绝了，不愿意卖。其实就两个原因，一个是明月的创始团队都很年轻，卖了以后干嘛呢？除了镜片，我们不会干别的，也不想干别的。第二个原因，来谈收购的外资CEO之前收购过其他企业，被收购企业的结局不太好。对于创业者来说，企业相当于自己的孩子，就算卖掉，也希望能卖给一个好人家。所以我们当时没卖，当然了，因为没卖，这些年我们也付出了一定的代价，因为你不卖，它就会来收拾你。但是自从我们有了自己的定位战略以后，我们也就不怕它打了。

第二个我们做错了一半的选择题就是价格战。明月自从创立起，初心就是要做品质跟外资一样好的产品，甚至要超过外资，但是价格在它一半以内。为什么会这样？因为我们的创始人谢总最早在南京开眼镜店，他在寻找镜片供应商时发现，品质好的镜片价格太贵，价格便宜的镜片，品质又无法保证。大家都学过定位，一看就明白了，这中间相当于有一个空白的无争地带，品质很好价格适中的产品没人做，于是谢总创立了明月镜片，填补了这个空白，做得非常顺利。但是，在2013到2015年这几年时间里，镜片价格战打得太凶了，我们也差不多一只脚踏进了价格战的泥潭。

一旦行业的领先者也开始降价的时候，对整个行业会是一场灾难，尤其是这个行业本来就不大。杰克·特劳特说，打价格战很容易，拿一支铅笔改下价格就可以了。那个时候真的很累，感觉再打下去整个行业全完了。我说这样下去不行，要找一个能把我们带出困境的人。谢总问，找谁？我说，找特劳特。为什么是特劳特呢？也是机缘巧合，大概在2005年的时候，我无意中在八佰伴书店里看到了特劳特的《商战》，后来又看到邓总写的《2小时品牌素养》《中国企业如何定战略》等书。书是全看完了，我觉得我看懂了，但是后来发现，字全认识、标点符号都记下来没有用，专业的事还是要找专业的人来做。

于是我打电话给特劳特，接电话的人说，我们不接待陌生企业，给我们发了一个邮件，就跟审计一样，叫我们填各种信息。我当时一看就很火，搞什么名堂，我是甲方，你还问我这么多问题，再说我们那时候还没上市，财务信息我们也不愿意对外讲。过了段时间，我们还是填了表发过去。突然有一天来了个电话，说你这个行业小归小，公司也不大，但是还可以玩一玩。后来我听香飘飘奶茶创始人蒋总演讲，发现香飘飘和特劳特的合作也有类似的经历。

想跟特劳特合作，企业家必须自己上门，在特劳特的会议室谈——说是为了帮助企业家获得"外部视角"。那么，我们就登门拜访，李湘群一个人扛着个电脑接待，聊得挺好。过了段时间，他说去你们公司看一看。考察完公司后过段时间，又打电话给我，让我们再去一趟特劳特，说给你们做了一个项目建议书。我现在想，其实有一种省钱的办法，类似于去海底捞不花钱也可以吃饱肚子，进门把免费的吃完就走。特劳特当时给我们讲的那个方案，如果我要是心黑一点，听完我们就走，不合作，功力也会大增。听完之后，果不其然，我们觉得特劳特的方案真的很有水平，提出的方向令我们非常振奋，愿意花很多年去做，觉得特别好。然后李湘群优雅地说："好，接下来把合作的报价也跟你们讲一讲。"听完价格之后，我和董事长立刻都安静了。后来熟悉之后，我发现特劳特的合作伙伴都有这么一个心路历程，老乡鸡的束总讲起来也是义愤填膺，邓总第一年要了我多少利润？但是第二年就全赚回来了。这个经历真是训练人的魄力和胆识。

我们说，那今天就先聊到这里吧。然后中饭也没请我们吃。特劳特公司一向以不会接待为荣。我们走出特劳特办公室时，其实很沮丧，这帮人水平这么高，收费这么贵，就不能够人道主义一点吗？所以，2016年我们接触了，也非常认可，但是没合作。当然，特劳特不会因为你没合作就断了联系，有活动还是会邀请我们参加，后来在上海交大安泰管理学院的一场活动上，我们第一次见到了邓总，我跟董事长两个人互相暗示，顶住，不合作。

后来有一天，李湘群给我打电话。我们那时在两个地方投广告——现在想想恨不得打自己几巴掌，做这种挥刀自残的事还喜不自胜。我们干了些什么事呢？第一个，是在农历八月十五中秋节这一天，我们在上海外滩投了广告，因为我们觉得，人们在中秋节这一天肯定会想起明月。第二个，我们在高铁上也投了广告，我们虽然没有跟特劳特合作，但是我们抄了特劳特给方太的广告语。我跟湘群老师说，我们同事好像剽窃了你们的东西，你介不介意？湘群说，没关系，欢迎剽窃。大家知道，方太原来跟西门子打的时候，用的广告语是“中国卖得更好的高端油烟机，不是洋品牌，而是方太”。我们觉得这句话特别好，很符合我们的情况，于是我们就替换了一下，改成“中国卖得更好的高品质镜片，不是洋品牌而是明月”，把这句话贴到高铁上。

湘群老师说，不合作没关系的，我们也不缺客户，虽然你花的是你家的钱，但是我实在看不下去你们这么浪费。我说，我们怎么就浪费了？他说，第一，八月十五打明月，你是卖月饼的吗？大家会以为是明月月饼。我说，我写了是镜片啊？湘群老师说，消费者有义务看吗？消费者一瞥而过，明月、八月十五，那肯定是月饼。外滩的广告很贵，你的钱白花了。第二，你的竞争对手根本就不是洋品牌，因为你的价格连它的一半都不到。

他说你们花钱这么浪费，还不如给我们。我们觉得好像也有道理。所以最后到 2017 年的时候，我们开始合作了。我知道大家各位未来也许会运用定位理论，也许会跟特劳特合作，也许只想听课，坚决不跟它合作，对吧？2017 年我们与特劳特合作，终于得到了正式的战略定位方案，我估计全文不到一千字，一个字肯定不止一万块钱，标点符号不算。

我向大家展示一下这份报告的部分内容，确实很有水平。我知道肯定不是湘群老师一个人的功劳，因为我们随时找邓总或者其他合伙人，发现他们都很了解我们的情况。这是特劳特一个非常好的特点，就是你虽然只跟特劳特两三个员工对接，但是特劳特所有合伙人都十分清楚你这个项目，信息对称速度非常快，我也不知道他们有一种什么样的内部机制。在这份初始的报告里，只用三句话就把我们的竞争格局讲清楚了，大家可以数一数一共多少字。

第一句话，“进口局限于高端”，这是什么意思？进口品牌看起来很高端，甚至是百年品牌，但其实在用户群体里面影响力是很小的，一线城市也许还有人知道，二、三线城市基本没人知道，所以它只是一个渠道品牌而不是消费者品牌，在用户心智里面不存在。而且由于它价格太高，渠道是铺不开的。香奈儿和爱马仕能开很多店吗？开得多对它是一场灾难。所以，进口品牌不是我们的竞争对手，即使把进口的量全都给我，我的生意也增长不了多少。判断谁是你的竞争对手，应该是你的用户不选择你而选择的其他人，这才是你的竞争对手。所以我们针对洋品牌其实是搞错了竞争对手，消费者完全无感。

第二句话，“大众心智空缺”，就是说在用户心智里没有一个镜片品牌，用户选择的时候完全靠渠道里验光师和导购的推荐。但是用户心里的想法是，我就没打算在镜片上花钱，你休想忽悠我。所以特劳特说这是大众心智空缺，大家知道，眼镜这个行业在中国已经有上百年历史了，顾客心中竟然一个镜片品牌都没有。刚开始看到这句话，我们简直不敢相信中国还有这么原始的行业，但这就是事实。

第三句话，“国产冠军隐形”。在座各位同学做什么行业的都有，我看了一下，在你们的面前强者如林。而我们是什么情况？明月已经是国产冠军，但很抱歉，我是隐形的，大家都当我们不存在，没有人知道明月。

这就是特劳特的报告原文，字很少，一页纸就能写完。当然，高级的东西都不用很多字，诸葛亮只写了一个“火”字，连纸都不用，在手掌心写一下，看完就擦掉。我们觉得这份报告有水平，只用三句话就把企业和对手的格局勾勒清楚了——进口品牌局限于高端，所以不用管它；大众心智空缺——那就赶快把自己推进大众心智里，现在心智是空白的，机会难得，简直就是掉在地上没人捡的金子，而且，这么多年竟然真的没人看见这块唾手可得的金子；国产冠军隐形——那就把隐形去掉，不要再做隐形战机，要显现出来。

我们当时还有一个担心，觉得这个行业总共才60亿元，就算做到一半也才30亿，听起来太小了。特劳特告诉我们，凉茶行业最早不到一个亿，但是加多宝把它做到了几百亿，无中生有的生意有可能会做得更大。美国在镜片上的人均消费是我们的10倍，这就意味着中国的镜片行业最少还有10倍的增长可能。中国的消费品行业到现在为止，无论手机、汽车、电器，包括大量的互联网应用，都不亚于美国，甚至超过美国，镜片行业也会如此。

我们公司那时候不叫明月镜片，大家都想把自己说得高大上，我们当时对外沟通使用的企业名称是上海明月光学、江苏明月光电科技，听起来很高端。但是特劳特说，你就应该叫明月镜片，不要以为叫光电科技、光学就显得高级，你叫得太高级，用户无法理解，用户脑子里面没有的东西，就会当你不存在，你这是在跟自己未来的发展过不去。光电、光学不好，眼镜也不好，如果叫眼镜，大家的第一反应是眼镜架，第二反应是眼镜店，第三个反应是一副眼镜，唯独不会理解为是镜片，沟通的效率非常低。你现在叫镜片，没有人会理解为其他东西，用户一秒钟就知道你是做什么的。

我们最大的战略机会是什么呢？大众心智空缺，有品类、无品牌，明月作为国产冠军，可以代言品类，这是一个超级大机会，不是每个企业都有这个机会的。而我们明月有这样一个大机会，就是以中国镜片第一的身份代言镜片品类。你们中有人会问，我不是第一怎么办？特劳特会告诉你，自己开创一个新品类，成为第一。

特劳特总是强调，要以外部用户的视角看问题。外部视角下，镜片行业是什么样的？用户心智里根本没有任何镜片品牌，完全不知道哪个镜片好、哪个镜片差。尤其是给孩子配眼镜的时候，用户其实很痛苦。但是这个不能怪用户。我们自己知道，明月的镜片品质和洋品牌的一样好，甚至超过洋品牌，但是价格不到洋品牌的一半，这是我们长期建立起来的优势，却从来不曾告诉用户，自己还觉得挺委屈。这就是没有建立外部视角的代价。

邓总经常说定位是哥白尼式的彻底翻转，这个翻转的难度很大，因为企业总是不自觉地从内部视角出发看问题。比如我们以前的公司标志，上面有英文的“Ming Yue”，在中国，有几个人会根据这个拼音来记你？在国外，老外也发不出这个音，实属无效信息。标志上还写着“非球面镜片领导品牌”，听起来似乎有点定位的感觉，但是大家理解这句话是有歧义的，因为“非球面”是镜片行业的专业术语，行业外的人不知道什么是非球面，会把这句话理解为“非领导品牌”。但是我们竟然还花钱传播这句话。自从我们跟特劳特合作之后，这种傻事不会再干了，省下钱干点什么不好。后来按特劳特的要求，我们把公司标志改掉了。这不是特劳特设计的，特劳特的费用里没包含设计费，它只是说你要去重新设计，大概给你画个样子，你自己找人去设计去。特劳特的合作伙伴，公司标志几乎都是这个风格，很少会搞得花里胡哨的，都是这样简单的风格，一眼就能识别出来。

特劳特认为，要在镜片这样一个用户以前不在意的行业里建立品牌，需要一个顶级代言人。当时特劳特卖了个关子，大概写了有七八行字，说代言人要具备哪些条件，我跟谢总听下来就觉得，你再讲下去，就只有陈道明合格了。然后谜底揭晓，果然是陈道明。但是请陈道明很不容易，尤其是我们这样一个“隐形”的企业，人家听都没听说过。合作了之后陈道明老师才告诉我们，为什么愿意接明月的代言，有两个原因。他说第一，听说你们一辈子只做这一件事；第二，听说你们不卖给外资，很有骨气。所以从外部视角看，你会发现别人看你和你自己理解自己很不一样。陈道明老师非常认可我们，觉得明月在外资重重围剿下孤军奋战，很不容易。其实请代言人的风险很大，当时还有人问我们为什么不请某某某、某某某，事实证明他们都错了。

邓总有一句名言，企业要分清三类增长，砍掉“肿瘤型”增长，转化“肥肉型”增长，做大“肌肉型”增长。这就比较狠了，尤其是砍掉低端产品。根据特劳特的建议，我们一口气砍掉了大量低端、低利润的业务，现在来看，真是刮骨疗伤。所以过去几年，我们的利润率在增长，但是销售增长率不是很高，原因在此。2019 年，谢总更进一步，宣布永久退出价格战。退出价格战不难，难就难在“永久”。我们也想把自己的后路斩断，让企业和行业从此走上良性循环。现在我们的财务状况非常健康，只要自己不作，将来死掉是很难的。我们砍掉低端产品之后，整个镜片行业都松了一口气。原来我们作为领导者打价格战，别人怎么办？现在我们不打价格战了，其他企业就有空间了，行业关系也改善了。

“三流企业卖产品，二流企业卖技术，一流企业卖标准”，明月是一流企业，那我们就应该制定标准。我们率先提出了好镜片的四大标准，材料、膜层、功能、视觉效果：一、材料是关键；二、膜层更耐用；三、实用功能更全面；四、视觉效果更出色。现在进口品牌也在跟进我们提出的这四大标准，这是好事情，不用担心它们抄，这说明我们提出的标准得到了行业普遍认可。

大家去过眼镜店会发现，在眼镜店里看不到镜片，只有一本像字典一样厚的价格册。特劳特告诉我们，明月要尽可能在终端露出来，协助眼镜店改善用户体验。为此，我们做了一个“万店四专计划”，在全国几万家眼镜店设置明月镜片的专位、专柜、专区、专卖，让镜片作为主角王者回归，用真实的镜片让用户体验，为什么明月 1.71 镜片特别好，为什么明月镜片可以抗冲击，为什么明月镜片可以独创双重防蓝光，等等。我们还提出了新一代的眼镜店应该有的样子，未来我们会在一线城市开一些类似苹果旗舰店的超级体验店。

特劳特经常强调第一法则："成为第一。如果你不能在某一方面争得第一，那就寻找一个你可以成为第一的领域。这就是定位的第一法则。"成为第一的好处太多了，各种顶级资源会主动汇聚到你身边。2020 年是中国登顶珠峰 60 周年，中国登山队重新测量世界第一高峰珠穆朗玛高度，以及"奋斗者"号载人潜水器万米级海试、神舟十二号载人航天、第四届中国国际进口博览会……我们都是官方镜片赞助商与技术支持者，理由不言自明，明月是国产冠军，当然是合作的第一选择。

我们的事业是什么

该怎么定义自己的事业？这是德鲁克的管理学第一问。明月的事业是镜片吗？这是以企业为中心的内部视角。特劳特说，从以用户为中心的外部视角出发，明月的事业不是镜片，而是管理人类的视觉健康。明月帮助人们看得见、看得清、看得美丽、看得健康。当然，我们首先要管好 14 亿中国人的视觉健康，然后再去管 70 亿人的视觉健康。这样一想，这个事业就特别值得做，愿景宏伟，使命高尚，我们愿意为此奉献一生。

我们曾经纠结过镜片行业的规模，这是内部视角限制了我们的视野。而一旦实现了哥白尼式的颠覆，切换成从用户心智出发的外部视角，把我们的事业重新定义为管理视觉健康，在我们的面前顿时出现了一片广阔的新世界。这个重大的转变，对我们的意义不亚于哥伦布发现新大陆——从拥挤内卷的欧洲出发，找到了可以策马扬鞭、纵横驰骋的新天地。基于此，我们重新定义了我们所处的行业、我们的产品，也重新定义了竞争对手。和视觉健康相关的预防、控制、矫正、治疗、美观等各种事业，都将是等待我们一展身手的战略新蓝海。

例如，2020年由于疫情，人们越来越多地通过屏幕学习、工作、交流，这让我们看到一个新的机会——防蓝光眼镜。2021年，我们又联合中国工程院庄松林院士团队共同推出了青少年近视管理镜片“轻松控”和二代产品“轻松控PRO”，两代产品分别采用周边离焦眼轴控制技术和微透镜离焦眼轴控制技术，将成像控制在视网膜前，从而起到抑制眼轴过快增长，延缓孩子近视加深的作用。我们在这个产品上的技术积累已经全面超越了进口品牌，临床效果非常好，供不应求，我们正在加大马力生产。

现在，全球顶级科技公司都开始做眼镜，华为、苹果、谷歌、微软、三星、小米……随着科技发展，眼镜将解放我们的双手，眼睛将成为知识社会最大的“流量入口”。未来的镜片天然就是一块屏，也许会比手机屏幕更自然，通过虚拟现实（VR）和增强现实（AR）技术，让我们以一种全新的方式去了解世界。未来每个人都戴上一副智能眼镜以后，你和我看到的世界很可能会不一样。明月正在和一些全球顶尖的科技公司合作研发下一代智能眼镜。由于保密的要求，我不能透露是哪几家。为什么全球顶尖科技公司都来找明月呢？因为我们是第一，拥有中国最领先的镜片技术。

为了推动事业发展，我们构建了四大发动机：品牌、科技、资本、生态圈。特劳特赋能给我们，我们再赋能给生态圈。明月是一家B2B2C的公司，在我们看来，B2B企业能不能做好，很重要的一点就是能否给下游的企业输出新的知识、新的模式，或者说得简单一点，你能不能给你的下游企业做咨询？比如全球最顶级的香料公司就必须有能力给牙膏公司、化妆品公司做咨询，它每次推出一款新的香料，都要告诉牙膏公司、化妆品公司，现在你可以用我最新的香料做成什么样的产品，下游企业说我不懂，没关系，我已经帮你做好了；下游企业说我不知道怎么去推广，没关系，我已经帮你测试成功了，你照着去做就可以。

我们这几年从特劳特学到的知识挺好用，那我们就把这些最先进的知识输出给我们的客户。比如我们有一个客户，在某个城市开了几十家眼镜连锁店，在当地领先，但是也面临品牌老化、不知道下一步该怎么走等常见管理问题。我们把特劳特的方法运用在了这家连锁企业，选择其中一家店做样板来升级。这家店原来一个月营业额不到 30 万，用我们的方法改造升级之后，一个月营业额 60 万。本来 30 万就是赚钱的，想想看，现在一个月能赚多少？我昨天看了一下数据，这家连锁企业速度很快，已经升级改造了十几家店。

B2B2C 企业做到这个份上，为客户创造了这么大的价值，客户就不会再和你锱铢必较谈价格了。企业 2C 的时候，你要站在用户的角度，2B 的时候，你要站在客户的角度，怎样让客户的管理更简单，工作更有意义，人生更丰富。我们帮客户赚到钱，这只是一个表象，更重要的是帮他找到了工作的意义。原来这位企业家的家人觉得他就是一个卖眼镜的，现在发现他的事业这么酷，顾客从香港、澳门慕名而来到他的店里配眼镜，天天都有网红小姐姐在他的眼镜店里拍照打卡。

定位对企业有什么用？它帮助我们实现了三者共赢。首先，对用户来说，有利于简化购买决策。在座各位同学以后配眼镜买镜片不用烦恼，选择明月就对了，物美价廉。对我们的合作伙伴来说，定位给他们带来客流，提高经营效率，降低获客成本和交易费用。最后，对于明月自己，我们成为了顾客的首选，公司资源全面聚焦，内部运营更简单高效，销售额、毛利率、净利润连年提升，定位还帮我们把事业从镜片转向管理视觉健康，大大拓展了事业的前景。我们还为全行业撑大了发展空间，探索了新方向。

我们的定位之路，到现在为止，第一阶段已经完成了。如果不是因为疫情的原因，按照特劳特的规划，2020 年就应该完成，因为疫情延迟了一年，从现在开始进入第二阶段。说实话，做定位很累，但是每天都很开心。开心的原因不是说账上多少钱，市值有多少，而是我们发掘出了人生的另一种可能。之前大家看我们，可能觉得只是一个镜片大工厂而已，现在我们的事业和人生已经截然不同，我们在用心呵护 14 亿人的视觉健康。

前几天开会，我们提出了一个目标，要大幅提高劳动生产率。我们现在的人效在制造业里面算很好了，但是我们觉得还远远不够。如果用若干年时间实现人效翻倍，我们在员工待遇和员工关怀上的投入还可以大大增加，可以支付远超行业水平的薪资，这样我们就可以请到最好的员工，让他们这辈子都不离开明月，持续学习。原来我们是一家苦哈哈的制造型企业，现在我们变成了一家走在前沿的高科技企业。

定位实践心得

我们实践定位的心得，有以下几条。

第一条：在企业外部寻找机会，在企业内部是折腾不出来的。大家做企业，有时候发展不好，在公司骂员工，回家骂小孩，其实内部运营你再怎么改善也是有边界的，机会只可能在外部。永远要从外部探寻发展机会，内部运营要围绕如何抓住和放大外部机会来设计。在企业内部，你做得特别认真的一件事情，对于用户来说可能一点用都没有。就像我们八月十五打广告一样，投入越多，损失越大，这种傻事难道现在没人干吗？我看到在座各位企业的一些资料，虽然我水平不高，但是我知道你有些钱肯定已经浪费了。不要在内部折腾，要从外部找机会。特劳特给企业带来的最重要的改变，就是建立外部视角，你要有哥白尼式的翻转，不要站在地球上看，只有跑到月球上，你才能看到地球的全貌。

第二条：差异化，与其更好，不如不同。这里面其实有一种美学的境界。邓总是哲学高手，我上周跟邓总交流，我说我对定位有了新的理解。我觉得可以从美的角度去理解定位。你从事一个行业，你就去寻找那些对用户、对客户、对员工、对自己不够美的地方，然后去改造它。像我们做镜片，一开始总觉得别扭，为什么大家都觉得眼镜行业暴利黑心，消费者怕被宰不敢进眼镜店，许多人戴着根本不适合自己、甚至会伤害自己的眼镜，这个现状太不美了，我们明明是帮助顾客改善视力健康的行业，怎么会变成这个样子。

所以，我们不要做跟别人一样的事情。别人越做越廉价，我越做越高端；别人 SKU 越做越多，我 SKU 越做越少；别人搞关系拉客户，我们一概不搞。我跟谢总都是马拉松的重度爱好者，我这几年为了增体重跑得少一点，谢总每个月跑步量都在 400 公里以上，身轻如燕。我们不需要应酬，有应酬的时间不如陪家人。我们学特劳特，以不会接待为荣，客户要玩要接待，不要找明月，想做大事业，来找明月。

第三条：专注。人生为一大事而来，成一大事而去。我们谢总的微信签名很有意思，叫“非典型温州人，不炒房不放贷，做了半辈子的眼镜了，下半辈子还只想做眼镜”。我们也有做房地产的机会，但是我们没兴趣。专心只做镜片这一件事，不用东想西想，人生就没有烦恼。

我正式加入明月 7 年。这 7 年是我人生中最累的 7 年，也是迄今为止我人生中最快乐的 7 年。快乐的原因在于心无旁骛，享受做实业的成就感。当然我也喜欢钱，但是我有自知之明，一旦赚了快钱，肯定就回不去了。炒房、炒股、一天赚几百万、几千万，你还愿意辛辛苦苦做实业吗？这种钱来得快，去得也快，我们整个明月创业团队都是同样的想法，不去碰这些东西，我们只做我们能守得住的事。这不是安贫乐道，而是心安理得。镜片就是我们安身立命的地方，很多人一辈子找不到，我们找到了，这是多么幸运。

镜片我们已经做到了中国第一，将来能不能做到世界第一？现在看起来差距有点大，人家毕竟是千亿级，将近两百年历史的老牌企业。我们这辈子做不到也没关系，愚公移山，下一代总能做到，到时候我们也会被载入史册。在座各位同学，如果你现在做了很多的业务，甚至一张名片都印不下来的，你就选其中一件你热爱又有机会而你又擅长的，然后你就只做这件事，你的人生幸福指数将会从此不同。你们能坐在这个培训班教室里，说明你早就过了温饱阶段，接下来要做一些可以传世的事情。以前我们觉得镜片这个行业很小，跟有些行业比起来不够高大上，现在我们再也不这样想了。

第四条：善借外力。我们困惑的，对专业人士可能是常识。太阳底下没有新鲜事，你困惑的东西一定有高人知道，你把自己关在屋里想，天天召集员工开会，没有用，这是典型的内部思维。

第五条：注意节奏。邓总说定位要有战略节奏的设计，慢时快不得，快时慢不得。每家企业情况不同，我们比较稳健，先慢后快。

如何客观认识定位的作用？我认为，定位是企业的一项客观功能，是企业的“存在之家”，是一把手工程，不管是否和特劳特合作都要解决，只是特劳特在这件事情上特别专业，所以，花得起钱的可以找特劳特，花不起钱的，更要为自己找好定位。一家没有定位的企业，虽然活着，已经死了。就好比某家上万亿的大企业，它的产品没有任何特色，还搞多元化扩张，它存在或者不存在，对社会、对消费者没有什么不同。这家企业虽然做到了上万亿，但是我们今天看到它突然就倒掉了。倒掉了也没什么，因为它从来就不曾真正“存在”过。同行业比它规模小的几家企业，各有自己与众不同的鲜明定位，我们作为顾客，非常清楚地知道自己买到的是什么，这几家企业现在都还活得好好的。

企业如何认识特劳特的价值？特劳特说自己不是咨询公司，而是共创大业的创业伙伴。特劳特对我们的帮助，具有非凡的意义，一定会载入明月的发展史。但是，特劳特不是也不应该是万能的，企业的发展归根到底还是靠自己。定位相当于导弹的制导系统，为你指明方向。如果制导系统不能正确工作，导弹毫无用处，炸错了地方，甚至炸到自己。但是光有制导系统也不行，方向正确了，导弹的威力有多大，还是要靠弹头和动力装置。

在座大部分同学所处的行业比我们的大，其实行业小也没关系，特劳特经常说，行业再小也不会比当年的凉茶小，行业位置比规模更重要。凉茶其实是可喝可不喝的，这样都能开创出几百亿的新市场。战略定位一旦确定，剩下来最难也是最重要的事就是坚持，战略定力比战略定位更难。我听过一个段子，说一家企业请了一个咨询公司20年，到第20年的时候，企业家实在忍不住了，说我请了你20年，每年花这么多钱，你第一年给了我新东西，后面19年都没再给我新东西，这是为什么？咨询公司回答说，我后面19年最重要的事情就是让你不要去瞎改。

你未来选择了一个定位，如果一开始所有人都觉得好，有可能是不靠谱的。相当于巴菲特讲的，擦皮鞋的大爷都在跟你讲炒股时，你就应该逃了。如果一个定位刚开始很多人不看好，或者觉得很难，就像明月当年那样，也许才是对的。我们采取了那么多大动作，打破了那么多行业惯例，还大刀阔斧砍业务，许多人说，明月今年必死。咦，怎么今年没死？那第二年必死。这个时候你需要有战略定力，认准了方向，就一定要把它做成，不要管别人怎么说。我们上市，很多人也说做不成，因为镜片行业没有先例。惯例就是用来打破的，常规就是用来颠覆的。认准方向，坚持做下去，“虽千万人，吾往矣”。

企业家要有远大的志向，企业很小的时候也可以立一个远大的志向，不说出来没关系，自己心里想，但在你特定的圈子里还是要说出来。这个远大的志向其实是一个概念，人因概念而生存，你有一个远大的志向才能把大家凝聚起来。人这一生，能做成一件事已经很厉害，不要同时做那么多事。就盯着一件事，把它从小做到大，一路打怪通关，我感觉跟打游戏一样，挺好玩。当你树立远大的志向，并清醒认识到自己的能力局限，坚持就没那么难了。

最后我想讲一讲哥伦布的经历对我的启发。哥伦布1451年出生在热那亚一个普通的家庭，他一直有着远大理想，当然他的理想里也掺杂了一些庸俗的因素，就是想发大财，所以他总觉得我要去外面看一看，在热那亚这个地方是发不了财的。没钱怎么办？他借助外力，到处游说化缘，就跟融资一样，可是没人相信他，他就四处路演，最后西班牙女王不知道因为什么原因相信了，从自己的嫁妆里拿出一部分钱来资助他，但是即便如此，他的船队硬件也很差，排水量不过一百吨出头。他驾着这样的小船远洋，其实是有生命危险的。但是，最终他发现了新大陆，改变了人类的进程。

哥伦布从二十几岁就想做这件事，到四十几岁才化到缘，如果他不是胸怀对大海的这种执着向往，这么多年坚持不懈的战略定力，有可能今天的世界格局不是这个样子。他的经历跟我们做企业何其相似，坚持、专注，相信未来的世界一定会更好，不从众，别人向东我向西，不惧任何艰难险阻。我们做企业，寻找一个定位，构建一个定位，坚持把定位做成，这个过程不跟大航海一样吗？当你进入茫茫大海时，你会发现你最需要的是什么——那个来自灯塔的一束微光。这束微光是什么？就是定位。

我想借这样一个故事跟各位共勉，当企业家其实很苦，做到一定程度，你会发现你原来追求的东西对你已经没有激励作用了。赚到人生第一个一百万也许很开心，后面就没感觉了。我们现在不焦虑、不急躁，别人跟我讲他赚了很多钱，我祝福他，但是并不羡慕他，因为我们已经找到了更有意义的目标：毕其一生，终成一事，改变世界。我想这可能是明月过去几年定位实践超越物质本身、超越世俗功利，给我们带来的最大的回报。

Ⅳ

对话篇

第 22 章

企业家的人类学历史本体论

李泽厚、邓德隆对话录[1]

李泽厚： 听说你逢人就推荐我的书，为什么要让企业家读我的书？

邓德隆： 因为你的书深刻研究了中国人的文化心理结构，也就是中国人的心智构成、情理结构，而定位理论恰恰认为经济结构重建的动力在心智之中。今后的经济秩序将根据顾客大脑的结构这一根本的动力，牵引产业重构。有意思的是，你所继承发展的康德哲学在哲学里实现的哥白尼式的翻转，也会在经济中发生。经济将不再是由企业驱动，而是由顾客心智驱动。如果企业家不了解中国人的心智如何运作，不了解中国人的思维方式、行为模式、善恶标准、情感态度、审美趣味，那就无法应对这场经济秩序的大翻转。

这里有一个例子。20 世纪 80 年代，日本的企业管理水平超过美国而领先世界，日本人把这一功劳归功于德鲁克。德鲁克在长达 25 年的时间里，每年花一个月时间在日本，帮助日本企业提升管理水

1 作为企业家的邓德隆与作为思想家的李泽厚相识近廿年，时常相聚及电话畅谈，其中对中国企业家经营企业或有帮助的部分内容整理成此文。

平。当被问及何以能把产生于西方的管理理论植入东方的日本时，德鲁克说他潜心研究了日本的历史、文化和艺术，从而知道如何让日本人易于理解和运用产自西方的管理原则。德鲁克的这段成功经历使我意识到，中国的企业家要用好定位理论，同样需要了解中国人的心智结构。不要以为作为中国人，就一定了解中国人的文化心理结构。这里有一个将无意识上升到有意识的艰巨的学习过程。

现在有一句流行语，说认知能力决定了人的边界，企业家赚不到认知能力之外的财富。孟子说："孔子登东山而小鲁，登泰山而小天下，故观于海者难为水，游于圣人之门者难为言。"孔子登上东山，觉得鲁国变小了，登上泰山，觉得天下变小了，所以看过大海的人，就难以被别的水吸引，在圣人门下学习过的人，就难以被别的言论吸引。我们人类对世界及其运行规律的学习、认识和理解，能达到什么样的水平，取决于我们大脑中的知识积淀达到什么样的水平。企业家经营企业，如履薄冰，每天都要进行大量的思考。但是，如果没有深刻思想范式的支援，就会变成低水平的凭空乱想，所以《荀子》开篇《劝学》说，"吾尝终日而思矣，不如须臾之所学也"。有些人更糟糕，受一些肤浅甚至错误思想的影响，于人于己有害。我一直认为，你的哲学思想是继康德之后人类思想史的又一个巅峰，站在你的肩膀上看世界，"登泰山而小天下"，高度、格局和视野会完全不同。

你引用高更的名画《我们从何处来？我们是谁？我们向何处去？》，代表全人类提出了三个根本性的哲学问题。如何回答？各个宗教有神创论的答案，上帝造人；达尔文提出进化论，物竞天择；你的人类学历史本体论则提出，人类创造了自己，这是一个全新的"创世记"叙事：

我们从何处来？人类从制造、使用工具开始产生对世界的认知，形成人类独有的秩序、伦理、逻辑、情感等，创造出不同于动物界的物质文明和精神文化，人类文明（civilization）、文化（culture）都是历史的产物，人类自己创造了"人类"。这区别了人与神，也区别了人与动物。

我们是谁？我们是一种制造、使用工具并有人性心理的动物。人性主要是指人所特有而为动物所无的文化心理结构，落实到个体上，便是情理结构。这“情”是文化积淀的“情理结构”，不等同于动物的情；其中有理，但不同于机器的理。

我们向何处去？这确实是当今人类遭遇的命运大问题，因为只有今天的人类拥有毁灭自己整个族类的危险和可能。你希望有“第二次文艺复兴”，把人从高科技机器和各种社会机器的束缚下解放出来，重新确认和界定人是目的，发掘和发展个性才能。由“道始于情”而以国际和谐、人际和谐、宗教和谐、民族和谐、天人和谐、身心和谐为标的，开创一个更具温情的世界。

企业家肩负使命，调动社会各种资源，带领数十、数百甚至成千上万的员工协力前行，在这个漫漫旅途中，企业家如果能够站在人类历史的高度，知道我们从何而来，我们是谁，去往何处，有这样一种大的坐标作为参考，把握整个人类的历史走向，会有更清晰的方向感，而不至于像瑞·达利欧(Ray Dalio)形容的那样，如同蚂蚁一般只知道一辈子全神贯注搬运面包屑，却不了解蚁丘之外的世界。倘若企业家手握大量资源和财富，却不知我们从何而来，也不知要去向何方，那真是企业家本人和社会的悲剧。

李泽厚： 就这些原因吗？

邓德隆： 人类通过概念去认识世界，企业家也不例外。每个企业家都生活在自己思维构建的世界里，世界到底是什么样的，取决于企业家脑中已有的概念。比如，同样一个行业，为什么有些企业家认为没有前途避之不及，有些企业家却看到了巨大的机会？谁的看法更加深刻？谁的看法更加高明？我认为，这取决于企业家如何调用大脑中的概念来认识世界。读过你的书的企业家，和没读过你的书的企业家，他们的认识能力，甚至大脑结构都会不一样。我希望更多的中国企业家读你的书，站在你的思想高峰上认识世界，那中国企业的竞争力一定会再上一个台阶。

办企业，日日不得安宁，劳心又劳力，也许是一件很苦的事，但也可以是一件很酷的事。企业家要为自己及员工找到人生和工作的意义。西方有宗教作为心灵关怀，我们中华文化也有自己的伟大传统，那就是你提炼出的“情本体”，它既是“人道”，也是“天道”，把我们日常平凡琐碎的生产生活，从穿衣吃饭的工具本体，上升成为关乎人生意义、生命价值的心理本体。“万物静观皆自得，四时佳兴与人同”，“日日是好日”，每天上班、下班，心安理得。我们的灵魂、寄托、救赎、皈依，尽在其中。

“非英俊之才不能从事工商”

李泽厚： 哲学对你有何用？

邓德隆： 我曾经以为，企业管理是我的职业，哲学只是我的个人业余爱好，这两件事同时发生在我身上，是偶然的。但是，最近我越来越意识到，这两者之间有内在联系。哲学极大地帮助了我的企业战略管理工作，也极大地帮助了我的企业家朋友们。

李泽厚： 哦？

邓德隆： 如你所说，哲学研究的是命运。很多企业家创业的初心常常是改变个人命运，实现个人抱负。然而，随着企业越做越大，意料之外的烦恼难免越来越多。企业家也会怀疑，这样苦苦挣扎着把企业办下去，既哀人生之虚无，又体人生之苦辛，就像鲁迅笔下的《过客》，在充满荆棘的路上踯躅独行，遍体鳞伤，到底是为了什么？“长恨此身非我有，何时忘却营营”，要不要落袋为安，把企业关了、卖了，“小舟从此逝，江海寄余生”？中国的企业家群体其实很不容易，几千年来处于“士农工商”最末一个等级，也许有点钱，但是心理上始终如同浮萍飘零。

以前东亚都是这个样子，19 世纪，涩泽荣一访问欧洲，发现日本与西方列强之间存在巨大差距，而其中最令他震撼的，不是西方先进的蒸汽机、铁路、机床，而是日本商人在幕府和武士面前卑躬屈膝毫无尊严，欧洲列强的企业家却是国之瑰宝，连国王都要积极推销本国企业的产品。终其一生，直至晚年，涩泽荣一仍然不厌其烦地反复跟别人讲述他在巴黎看到法国企业家和政府官员平等交谈的场景。痛定思痛，涩泽荣一放弃了近在咫尺的大藏大臣位置，矢志打破日本落后的"官尊民卑"观念，一生创建了五百多家企业，培养了一大批经营管理人才，奠定了日本从落后走向现代化的经济基础。

涩泽荣一毅然决然地放弃官位，对那些因他弃官从商而深感惋惜的人说："我的信念不可改变，我要走自己的路。如果说有为之人都愿当官，而平庸之辈才从事工商的话，那么国家的进步与发展是不会有希望的。在我看来，平庸之辈虽可为官，而非英俊之才则不能从事工商。"涩泽荣一被誉为"日本企业之父""日本金融之王""日本近代经济的领路人""日本近代实业界之父"。2019 年，日本政府决定将最大面额的纸币一万日元的人物头像，从提出"脱亚入欧"的福泽谕吉，换成涩泽荣一。我想，日本此举不仅是为了纪念涩泽荣一的历史贡献，更有期待下一代企业家的深意。像涩泽荣一、松下幸之助、丰田喜一郎这些老一辈企业家故去之后，日本新一代的知名企业家不多，日本经济的停滞徘徊怕是由此而来。欧洲也是一样，很多年没出过厉害的企业家了。相比之下，美国的知名企业家层出不穷，代代有新人，而且一代更比一代强，这是美国的底气所在。

你的哲学思想可概括为人类学历史本体论，其中特别强调"使用—制造生产工具"是维持延续人类生存发展的根本基础，科技—生产力—经济越来越大规模地决定着人们的日常生活，是无论如何绕不过去的。你提出"四顺序"（经济发展、个人自由、社会公正、政治民主）的说法，又一次凸显物质生产即经济才是人类存在的本体、繁荣社会的基石。理解了你的人类学历史本体论，企业家就能找到不惧风雨艰难前行的持久动力，回答一个根本问题：为什么要当一个企业家？

你的哲学关心人的命运。发达国家和不发达国家之间，最主要的区别就是经济发展水平。很难相信，一个经济落后的地方能够做到法治健全、社会公平、繁荣进步。二战结束七十多年，各种社会思潮风起云涌，各种治世能人层出不穷，然而从发展中国家变成发达国家的，寥寥无几。最近看到一条新闻，说联合国贸发会议自1964年成立以来，唯一从发展中国家变成发达国家的，只有韩国。之前还看过世界银行的一项研究，说从1960年算起，跨越中等收入陷阱成为高收入经济体的只有13个，其中绝大部分都是人口很少的小经济体，超过一亿人口的，唯有日本一家。

李泽厚： 可见，把经济搞好，实是难事。我在美国，最关心的就是中国的经济怎么样了。经济上去了，其他的事情没那么困难。虽然经常被批判，我还是坚持认为，社会的一切进步，归根到底是经济的进步引起的。要把经济搞上去，就得靠企业家。

一百年前，鲁迅在《娜拉走后怎样》说，出走的娜拉，她的命运不是堕落，就是回来——除非她有了经济权，“直白地说，就是要有钱。高雅地说，就是经济”。但是怎样获得经济权，鲁迅当年也不知道，所以很绝望，说“人生最苦痛的是梦醒了无路可以走”。后来鲁迅写小说《伤逝》，讲了涓生和子君两个人一伤一逝的悲剧。如果放在现在，子君有很多路可以走，不会走死路。没有经济的独立，哪来人格的独立？所以我说经济是本，企业的存在为人格独立创造了基础。

此外，企业经营中的契约精神、平等交易、自愿交易、追求创新、“时间就是金钱、效率就是生命”等价值观，给社会带来潜移默化的影响，这些观念奠定了国民现代性的基础。没有企业的蓬勃发展，就没有现代性（modernity），也不会有现代化（modernization）。这两者是中国近代以来无数志士仁人孜孜以求的。

邓德隆： 康德在《永久和平论》中说，迟早将支配每一民族的商业精神、金钱利益而非个人道德，才是促使战争消失、实现和平的根本动力。休谟（David Hume）认为，商业能培养人们勤劳、守纪律、正义感、荣誉感等公民美德，发展工商业有利于公民自由、有助于提高军队战斗力、有利于增进治理国家的理性。工商业的繁荣，需要企业家这种独特而珍贵的资源。然而，人们对这一事实的认识，却是逐步深入的。

李泽厚： 这是你的专业领域，愿闻其详。

邓德隆： 在20世纪之前，不管是哲学家还是经济学家，虽然都看到了工商企业的重要性，但是在他们眼里，企业家的面目是模糊不清的，只是一个工具人。在一般人眼里，企业家和传统商人、生意人、资本家、企业管理者之间的区别也并不清晰。传统经济学认为，经济增长只取决于土地、劳动、资本、技术等要素。有人对这种观点质疑说，各种生产要素都有了，就好像戏剧《哈姆雷特》的舞台上各种角色都齐备了，可是王子在哪儿？

经济学家熊彼特在1912年的《经济发展理论》中第一次指出，企业家，是经济增长的国王。唯有企业家，才能把各种生产要素组织起来进行生产，并且不断创新改变其组合方式，这才带来了经济的不断增长。熊彼特对企业家的定义非常严格。他说："每一个人只有当他实际上'实现新组合'时才是一个企业家；一旦当他建立起他的企业以后，也就是当他安定下来经营这个企业，就像其他的人经营他们的企业一样的时候，他就失去了这种资格。"

彼得·德鲁克引用法国经济学家萨伊的话，"企业家将资源从生产力和产出较低的领域转移到较高的领域"，并因此定义"企业家最主要的任务不是将已经做过的事情做得更好，而是做与众不同的事"。举例来说，有个人开了一家老套的餐厅，就算不上企业家，因为他做的不过是别人做过无数遍的事，并没有创造新的消费者需求。麦当劳则不然。汉堡并不是麦当劳发明的，它在美国随处可见。但是，麦当劳第一次将汉堡标准化，重新设计制作流程和制作工具，重新定义顾客价值，对员工进行统一培训，从而开创出一个巨大的新市场和新顾客群体，彻底改变了餐饮行业的面貌。这才是真正的企业家精神。

无论在哪个国家，真正的企业家都是稀缺的罕见人物，是经济增长难得的宝贵资源。德鲁克在《创新与企业家精神》里说，很多人把美国的持续繁荣归功于“高科技”，他分析了美国经济增长的数据，认为这种说法与事实完全不符。德鲁克说，实际上，美国的繁荣应当归功于“企业家精神”。我认为他说得对。在我看来，企业家是推动历史前进的力量，是现代社会最可爱的人。你的哲学思想，点明了企业家的社会价值，给了他们前行的信心。即使外界一时理解不了，他们也能勇敢地“向野地里跄踉地闯进去，夜色跟在后面”（鲁迅语）。

李泽厚： 中国自古以来，不少知识分子有种奇怪的想法，就是觉得赚钱很容易，只要我肯放下知识分子的“臭架子”，钱就“唾手可得”。哈哈。其实不是这样。经营企业是一门大学问。

邓德隆： 回想1980年代，中国没几个企业家，傻子瓜子这样的小作坊都能闻名全国，跟同时期乔布斯这种在车库里创业的硅谷企业家完全没法比，更不要说当时的微软、IBM、通用电气这些跨国大企业了。就这么一个炒瓜子的小作坊，还引发了争议，有人认为傻子瓜子的出现是对国家的伤害。现在回想起来，多么不可思议。

李泽厚： 我从头到尾坚决支持企业家。几十年前，在企业家社会地位最低的时候，我就鼓励年轻知识分子，包括我的学生，下海去办企业。最近看新闻，中国现在有许多成功的企业家，有些人还非常年轻，美国人都知道他们，这是大好事。把企业做好很不容易。我说过好多遍，一流的人才在商界。

邓德隆： 企业家有企业家的使命，思想家有思想家的使命。你的学问对企业家非常有用。

企业经营的最高境界是美学

李泽厚： 美学对企业经营可有益处？

邓德隆： 你的第一哲学是美学，企业经营的最高境界也是美学。

李泽厚： 怎么说？

邓德隆： 用你的话说，美出现在人类制造和使用工具的操作劳动过程中，是在实现目的的活动中与自然规律吻合时所产生的身心快乐。你说，"美的本质是'自然的人化'""美是自由的形式"。唐诗宋词、宋元山水、庖丁解牛、公孙大娘舞剑、张旭狂草，甚至戴森吹风机、苹果手机，都体现了自由的美。自由不是任性，想干什么就干什么，这是不自由的表现，黑格尔说，"任性的自由还停留在奴隶的处境上"。对于企业家来说，真正的自由，是掌握了客观规律的力量，把自己和企业的长处发挥到极致，变成一个自由的人，建立起一家自由的企业，这是美的最高境界。

庖丁花了19年的时间，专心只做一件事，把"解牛"做到了极致，把这种本来并没有太多美感的事做得如此之美，"合于桑林之舞，乃中经首之会"，让人手舞足蹈，赏心悦目。同样，经营企业也要找到自己最擅长的事情并推到极致，全世界没有人比你更能做好这件事，全球消费者想买某一件商品时都想到了你，这才是企业经营的最大成功，也就是美。比如，苹果的手机、迪士尼的卡通、特斯拉的电动车。如果做不到这么美，做得很平庸，对消费者可有可无，那企业就失败了。从个人角度来说，企业家找到了"美"，个人的潜力得到了充分发挥，就不再是一个工具人，而是一个自由的人，与天地合一。这种"无往而不适"的自由感所带来的愉悦，远远超越了"解决就业""造福桑梓""社会脊梁"的美名清誉。

清晰的战略来自"度"

李泽厚： 我的认识论，对企业经营可有益处？

邓德隆： 认识论是"生存的智慧"，西方哲学的认识论强调工具理性，而你提出实用理性的"度"作为第一范畴，这是源自中国哲学思想的独特贡献。你说的“度”，是“掌握分寸，恰到好处”，来自于人类生产技艺中的反复训练。掌握了“度”，人类才能生存延续，维系族群存在。中国的“阴阳互补”“和而不同”“变则通，通则久”“增之一分则太长，减之一分则太短”，就是“度”的艺术，也是“美”的基石，它不同于西方上帝和魔鬼的对立。

孔子的学生说，孔子“温而厉，威而不猛，恭而安”——这个人温和又严肃，有威仪又不凶猛，恭敬又安详。这就是“中庸”的“度”，难度很高。不仅为人、做事、制礼、作乐，整个中国文化最讲究的正是这个分寸感。所谓“过犹不及”，《左传》中的“直而不倨，曲而不屈”“哀而不愁，乐而不荒”，都是讲这一范畴。艺术或任何成功的创造，都有赖于掌握这个分寸感。“中庸之为德也，其至矣乎！”实用理性之艰难，在此。

企业家无时无刻不在驾驭“度”的艺术，每天都在管理相互冲突的目标。成功的企业家，往往能够把别人看起来不可调和的东西协调一致，化解诸如长期和短期、利润和增长、整体和局部、老业务和新业务之间的矛盾冲突。掌握了“度”的艺术，企业家在做出重大决定的关键时刻，不至于把问题简单化、极端化，一条道走到黑。过于绝对、不愿妥协的方式，往往会撕裂企业，有时还会撕裂社会。这是东方智慧对西方管理学的有益补充。

任正非专门写过一篇文章谈管理的灰度，提醒华为的高管说：“一个清晰方向，是在混沌中产生的，是从灰色中脱颖而出的，方向是随时间与空间而变的，它常常又会变得不清晰。并不是非白即黑、非此即彼。合理地掌握合适的灰度，是使各种影响发展的要素，在一段时间和谐，这种和谐的过程叫妥协，这种和谐的结果叫灰度。领导人重要的素质是方向、节奏，他的水平就是合适的灰度。坚定不移的正确方向来自灰度、妥协与宽容。”

李泽厚：“度”有本体性。为什么“度”这么重要，是因为人类的生存和延续，从个体到集体，都靠“度”。人通过自觉地创造“度”，使自己不同于动物。原始人捕猎扔长矛,要掌握好距离远近、力量大小,多一点也不行,少一点也不行,必须扔得准,扔准了自己和部落才能生存。当你在实践中,发现自己把握到“度”了,恰到好处了,顺利了,扔准的一刹那,感觉到的那种愉快就是美感的起源。现代人也一样,学游泳、学骑自行车,一开始你怎么也找不到感觉,不是偏左就是偏右,怎么也前进不了。然后有那么一瞬间,你找到了“度”的感觉,能够自由自在前进了——“对了!”

邓德隆: 企业家处理好企业发展中出现的各种矛盾冲突,也是在把握“度”。偏一点,企业可能就死了;把握得刚刚好,企业就能生存下去,所以难度极大。任正非说“清晰的方向来自灰度”,不明白的人会说,你都“灰度”“妥协”了,左摇右摆,哪儿还有什么清晰的方向?其实,“度”不是无原则地和稀泥,恰恰相反,“度”是对企业战略方向的精确判断,是“从心所欲不逾矩”。硅谷有一位和乔布斯合作很多年的女企业家,专门帮硅谷的高科技公司做定位,她写了一本关于定位的书,书名叫 *Get to Aha*! “Aha!”这个词正好可以用来形容掌握了“度”之后的惊喜。

所以你说美学是第一哲学,度是第一范畴。为什么提到这么高呢?人把握到度,感到了美,在这一瞬间,人就有了发现和发明,开启了认识真理之门。美是人对度的自由运用,度是人类生存的家。“由度到美”“以美启真”,其终点是以人类的实践之美替代宗教的神秘、对神的皈依和敬畏。

公德和私德要分开

李泽厚: 我在伦理学中提出的“两德论”,听闻你频频提及,这又是为何?

邓德隆: 我认为很多企业家亟需完成思想的现代化,去除头脑和企业中的“前现代性”。长久以来,中国有着“两德不分”的泛道德主义，影响很大，严重阻碍现代道德观念的建立，继而严重阻碍了中国企业管理的现代化，大大降低了中国企业参与全球竞争的竞争力。你把道德分成作为私德的“宗教性道德”和作为公德的“社会性道德”，并大力提倡“现代社会性道德”所倡导的讲理性、明权界、别公私，以及契约精神、人本位等等，以公共理性作为社会秩序的规范，这更符合现代社会和市场经济的需求。

有些糟粕思想打着“国学”“国粹”的旗号，以“传统宗教性道德”的面貌流传下来，直到今天，仍能迷惑一些企业家。两德不分，让有些企业家满脑子与现代社会格格不入的土皇帝思想，给员工洗脑，以私德凌驾公德，把企业管理堕落为宫斗和权谋，把员工异化成工具和耗材。美国企业的管理层也给员工“统一思想”，但是严格限于工作范畴，比如通用电气的杰克·韦尔奇，他提倡“数一数二”，业务做不到第一第二就得关掉，他到处讲这个理念，如果员工不认同，真的有可能请员工走人。但是，他绝不会把手伸进员工私德的范畴。企业家自己要做圣人、成佛可以，但不能强迫员工也去做。比如，有的企业老板信佛，就要求全体员工背佛经，这就越界了。像你说的，严复翻译穆勒(John Stuart Mill)《论自由》时用的“群己权界”这个词非常好，权力的范围要界定，企业家的权力不能越界进入员工的私人领域。

我们不能指望这样的企业吸引第一流的人才，也不相信这种企业能在国际竞争中获胜。企业是社会组织，承担社会功能，不是企业家私德的舞台和试验田。如果我们期待越来越多具有强大国际竞争力的中国企业，那么我们就需要更多的中国企业家首先完成思想的现代化。要摆脱“旧道德”的坏影响，你的“两德论”是一针解毒剂。

李泽厚： 中国自古以来习惯把宗教性道德和社会性道德混为一谈，结果培养出大量口是心非的伪君子。所以我提出两德分开，宗教性道德是个人追求的理想，比如成圣成贤，死后进天堂；社会性道德则是大家共同遵守的规范，普适性价值。个人私德可以不一样，有人信儒家，有人信佛教，有人信基督教，你个人愿意怎么追求就怎么追求，但不要妨碍别人。公德明对错，私德辨善恶，公德是公共理性，应当普遍遵循，私德是个人意识，应该自由选择。“权利优先于善”，每个人的权利和自由是第一位的，这一点极容易被中国人忽视。当然，宗教性道德可以对社会公德起到某种适当的范导作用。但是，目前更紧要的是把这两种道德分开。先分开，再连接。

邓德隆： 你的两德论其实有更深刻的哲学含义，关系到“人为什么活”“人应怎样活”以及“生命寄托”的命题。

李泽厚： 去哪里找寄托，宗教？

邓德隆： 于是，轮到你的“以美育代替宗教”上场了。

以美育代替宗教

李泽厚： “以美育代替宗教”也不是我的发明，从孔老夫子到蔡元培、王国维、鲁迅，一脉相承。当然，也许替代不了，过去、现在、将来都有许多人信仰各种宗教。现代社会中的不确定性、偶然性急剧增大，每个人都感到命运的不可琢磨和难以把握，物质生活的丰裕反而让人们越发感到精神生活的苍白、惶惑、焦虑和无可寄托。总之，人活着怕死、难以掌握命运和探寻人生意义，这三点使得宗教信仰成为一部分人的寄托。

中国现在是前现代、现代、后现代同时并存。因为进入现代社会，理性控制一切，激情燃烧的岁月过去了，黑格尔所说的散文世界来临了。所有人都急急忙忙地工作，平平淡淡地过日子，生活非常喧嚣，却又特别单调。即使是有钱有权的人，也并不能无拘无束地享受生活。前现代的不快乐和现代的不快乐聚集在一起，所有人都不太快乐。长期处在这种无意识的压抑之下，人需要找一个可以释放压力的出口。

以美育代替宗教，不是一般学科意义上的美，也不局限于审美性质的创作和欣赏。这个“美”是“天地有大美”，是人与天地万物协同行走的“美”，体现的是人类生存延续以物质性的生活生产为基础，通过使用—制造工具而改塑生存环境、塑建人性结构的规律性活动，贯穿个体生命的天地境界与人类整体的世界和谐，也就是“生生之谓易”。当年蔡元培大力提倡以美育代宗教，实际上是紧紧抓住了人类生存这个要点，目的不是个体灵魂的拯救升天，而是整个人类物质生活和精神生活的延续丰富。

邓德隆： 此乃美学无用之大用。当然，你的美学也有“实际用途”。比如，企业家设计产品、装修店面征求我的意见时，我会推荐他们看你的《美学四讲》一书。

李泽厚： 益在何处？

邓德隆： 你提出的“美感两重性”——社会功利性与个人直觉性，指出人的审美心理结构是历史的产物和成果，来自积淀。比如，为什么古代的工艺造型、纹样是那样地繁细复杂，而现代的却那么简洁明快？这难道与过去农业小生产和今天的工业化大生产的节奏没有关系？为什么当代电影的快节奏、意识流以及远阔的现实时空感和心理时空感，使人感到带劲？因为这种时空感和节奏感呈现了一个航天飞行的宇宙时代的来临，它有强烈的时代感。这便是时代、社会的感知积淀。现在的年轻消费者说“颜值即正义”，对企业家来说，产品的美就是赢得顾客的竞争力。我想，乔布斯当年设计第一款iPhone时一定心有同感，他受日本禅宗的影响很深。

“一个世界”具有普世价值

李泽厚： 我的存在论，对企业家有何益处？

邓德隆： 从人活着出发，你思考了人如何活（人类主体性）、人为什么活（个人主体性）和活得怎样（生活境界和人生归宿）这些哲学问题。对各种流传的哲学，你总结说——

今日有反哲学的哲学：眼前即是一切，何必思前顾后？目标意义均虚无，当下食、色才真实。这大有解构一切陈规陋习及各类传统的伟功，但也就不再承认任何价值的存在。你称之为“动物的哲学”。

今日有专攻语言的哲学：医疗语言乃一切，其他无益且荒唐。于是，细究语词用法，厘清各种语病，技术精而又巧，愈与常人无关。你称之为“机器的哲学”。

今日有海德格尔哲学：深求人生，发其底蕴，知死方可体生。读《存在与时间》有一股悲从中来、一往无前的动力在。你称之为“士兵的哲学”。

当然，还有各种传统哲学和宗教及其变种，林林总总。

而你的人类学历史本体论，“孔子加康德”，以孔子讲的情理结构来承载康德的理性动力、休谟的情感助力，与马克思的物质基础、生产劳动接通，虽然艰辛悲苦却依然坚忍不移地走出一条无需依傍上帝的道路，也就是人类自己塑建自己，自己创造历史的道路，在各种不确定性、不可预测性和偶然性中奋力前行。我觉得，这是最适合中国企业家的哲学。

李泽厚： 何以见得？

邓德隆： 这关系到中西方思维的根本差异，也就是你提出的，西方人有“两个世界”，而中国人是“一个世界”。在古希腊的柏拉图那里，一个是理式世界，一个是现实世界；在希伯来圣经里，分成天国和人世。两希合流，源头上都鄙视肉体、鄙视这个现实的物质世界，追求灵魂超越到另一个世界。天国高高在上，高耸入云的十字架，在阳光中灿烂辉煌，崇高圣洁，直接撼人心魄，在全知全能的上帝面前，人是渺小而有罪的。

你在《由巫到礼　释礼归仁》中指出，中国上古时代也有对神的信仰崇拜，尧、舜、禹、汤都是大巫师，巫君合一。但是中国的巫术很快就理性化了，演变成了周公制定的“礼”，这是你说的“由巫到礼”。孔子则将这套礼制伦理化，“释礼归仁”，将巫术礼仪中的敬、畏、忠、诚、庄、信等情感心态理性化，以“仁”的形态落实在日常生活、行为、言语中，使得日常生活本身具有神圣意义，而无需另外建立神学的信仰大厦。神圣不再归于彼岸天国，而是落实在此际人生。由神的命令转变成人的自觉意识，这体现了中华文明的早熟。

中国传统文化中不存在至高无上的神，中国人的忧患意识在于，正因为没有上帝，自己需要掌握自己的命运，所以中国人更能感觉到人生的悲壮。儒家强调"立命"，追求和争取最大的自由，在此世间而非另一个世界的意义和完满，不是海德格尔的"只还有一个上帝才能拯救"。中国没有发展出西方意义上的宗教，而只有由"巫的理性化"所形成的人循自然规律而行，自己主宰命运而以"仁"为根本归宿的"礼教"，最后发展为顾炎武所说的"天下兴亡，匹夫有责"，个体在世俗生活中对社会、对人生的历史责任感和神圣使命感构成了儒学的中心，它突出的是个人对人类、民族、国家的责任，并以之为人生意义和生活价值所在，而不是灵魂拯救或者通神上天。

你说，中国人只有一个世界，人可以上天入地，人可以参天地、赞化育，人还可以指挥神，譬如求雨不成就晒龙王。这在西方人看来是不可思议的，人怎么能和神相提并论呢？神是全知全能的，人只能跪倒在神面前忏悔，以一生去侍奉神，最后能不能得救，还得神的批准。但是中国传统就是强调天人合一，只要你努力，就可以得救。这种深层的心理结构，特别适合中国企业家事在人为、自强不息，于九死一生中坚持创业的精神。

李泽厚："一个世界"是中国人的深层心理结构，它的基本观念以此际人生为目标，不力求来世的幸福，不希冀纯灵的拯救。而所谓此际人生，又不指一己个人，而是指群体——自家庭、国家以至"天下"（人类）。对于那些相信菩萨、鬼神的中国人来说，神灵世界也仍然是这个世界的一部分，它是为了这个世界而存在的，人们为了自己的生活安宁、消灾祛病、求子祈福而烧香拜佛请神卜卦。

由于儒家的一个世界观，中国人重视人际关系、人世情感，感伤于生死无常、人生若寄，把生的意义寄托和归宿在人间，"于有限中寓无限”“即入世而求超脱”。由于一个世界，人们更注意自强不息，韧性奋斗，“岁寒，然后知松柏之后凋”。由于一个世界，儒学赋予自然、宇宙以巨大的情感性的肯定色彩，“天地之大德曰生”“生生之谓易”“天行健”“厚德载物”。用这种充满积极情感的哲学来支持人的生存，从而人才能与“天地参”，以共同构成本体。

中国人充分肯定现实世界而具有积极乐观的正面情感，不同于“万物俱空俱幻影”“生而有罪待拯救”“这个世界不值得活”等观点，一方面超脱世俗，回归自然，“问余何意栖碧山，笑而不答心自闲。桃花流水窅然去，别有天地非人间。”中国人讲超脱而不是超越，追求回归自然却依然在这个世界中的心境超脱，不追求灵魂离开肉体到另一个世界的超越。另一方面，则是“文王既没，文不在兹乎”“知其不可而为之”，知识分子追求济世救民，经世致用。

邓德隆： 你把中国文化升华了，赋予了形而上性格，从而使中国文化真正走向了世界。我认为它具有普世价值，会在未来随着中国的崛起而被世人普遍接受。情理交融所追求的人际和谐、身心和谐、人与自然和谐，会越过由于划分两个世界从而追求超越和理性至上而获得认同。

李泽厚： “一个世界”也有弊病，你要提醒企业家。由于一个世界，中国便缺乏犹太、基督教所宣讲的“怕”，缺乏无限追求的浮士德精神。也由于一个世界，中国产生了牢固的伦理、政治、宗教三合一的政教体制和文化传统；“天人合一”成了公私合一，很难出现真正的个性和个体。于是，一方面是打着“天理”招牌的权力—知识系统的绝对统治，另一方面则是一盘散沙式的苟安偷生和自私自利。总之，由于一个世界的情理结构使情感与理智没有清楚划分，工具理性与价值理性混为一体，也就没能启迪出现代的科学与民主。我们要明确注意到这些问题。

邓德隆： “一个世界”已经成了中国人“国民性”“民族性”的一部分，关键是有自知之明，以扬长避短。

李泽厚： 这是近代中国人讨论了一百多年的老话题了，当然会生发出各种不同的看法和意见，产生各种不同的倾向和潮流。西方文化对中国的挑战，严格来说，可说始自19世纪末的甲午、戊戌年间。以前西方的船坚炮利只轰破了中国的大门，从表层到深层，儒学地位和传统并未受到影响。1895年中日战争的失败才是真正的转折点。儒学表层问题日益突出，三纲五伦受到怀疑，出现了三种思想倾向：张之洞的保守主义、谭嗣同的激进主义和康有为的自由主义。它们可说开20世纪各派思想的先河，直到今天也依然各有市场。

我个人的观点是，儒学深层结构中可以继承发扬的，是为国为民、积极入世的情理结构，但要把它纳入我所谓的“宗教性道德”（私德）之中，以引领个体的行为活动，必须与共同遵循的“社会性道德”（公德）相区别。后者是以现代理性精神、契约原则为基础的。也就是说，要注意区分理性与情感、公共道德与个人修养，虽照顾情理交融的传统，但决不使其淹没一切，泛滥无归。与此同时，让现代生活的理性体系和价值规范作为风俗习惯在日常生活中逐渐沉积，以改变原有积淀，为转换性地创造新时代的深层结构而努力。这也就是我所主张的“自由主义”：以宣传现代观念为根本，以建立未来的人性为鹄，通过教育逐渐既保存又改换传统的情理深层结构。

邓德隆： “一个世界”是中国人深层心理结构的底层逻辑，在此基础上，你总结的“实用理性”“乐感文化”“情本体”，对中国企业家也有两方面的助益：一是可以激励中国企业家终身学习、与时俱进、日新又新；另一方面，这些深层心理结构也渗透了中国消费者，理解了你的思想，就能更深刻地理解中国消费者的思维方式。这是企业家进入消费者心智的金钥匙。

李泽厚： 可分别述之。

实用理性不同于实用主义

邓德隆： 说到“实用理性”，我认为你在中国思想史论中，说一百年前新文化运动中骂儒家骂得最厉害的那些人其实继承了真正的儒家精神，这个分析特别透彻，是一个极好的例子，生动说明了何为实用理性。

你认为，所谓实用理性就是关注现实社会生活，不作纯粹抽象的思辨，也不让非理性的情欲横行，事事强调“实用”“实际”和“实行”，满足于解决问题的经验论的思维水平，主张以理节情的行为模式，对人生世事采取一种既乐观进取又清醒冷静的生活态度。与希腊哲学“爱知”为特征，寻求宇宙的本源根底，以了解自然、追求真理不同，中国的实用理性以“闻道”为特征，要求理论联系实际、服务于实际，解决现实社会问题、人生问题，以求“救民于水火之中”和“治国平天下”。

五四新文化运动期间，许多旧学深厚、饱读孔孟的知识分子站出来，猛烈抨击旧传统，其姿态之激烈，现代人都会吃惊。比如陈独秀说“应毁全国已有之孔庙而罢其祀”，鲁迅放狠话要青年人“少读或者不读中国书”，钱玄同说，“欲废孔子，不可不先废汉字”，吴稚晖说要“把中国的线装书扔到茅厕里”。你分析说，这种激烈态度，正是中国传统的实用理性，不受盲目信仰束缚，追求改善自己，“自强”“日新”，不管是传统的还是外来的思想，都要由人们的理智来裁定、判决、选择、使用，这正是中国人数千年来适应环境变化而生存发展的基本精神。这些坚定反孔反儒的战士，继承的恰恰是“以天下为己任”的儒学正统。

李泽厚： 这种“实用理性”渗透了中国人的思维方式，乐于也易于接受外来的甚至异己的事物，比如从印度来的佛教，明明与儒学教义格格不入，中国人不但欣然接受了，还大大方方给予高于儒家的地位。再比如进化论，到现在西方有些人仍然难以接受，但是中国人在近代就能非常顺利地全盘接受了，“物竞天择、适者生存”等新观念迅速渗透到每个中国人的思维方式中。

邓德隆： 实用理性也深深影响了中国消费者的思维模式。比如，这么多年来，我几乎每年都能看到市场研究机构的报告，说中国消费者比西方消费者更大胆，更容易接受新产品、新模式、新品牌，对品牌的忠诚度也远远低于西方消费者。中国消费者的这种“冷酷”“喜新厌旧”“追逐潮流”，和五四运动时期知识分子对自己所属旧传统的断然无情如出一辙，有着共同的底色。

企业家也是这样。西方企业家往往忠诚于自己一开始就从事的事业，一个企业传承几辈子、上百年，依然不改，一百年前造肥皂，现在还在造肥皂；一百年前造电灯，现在还在造电灯。这让我想到基督教伦理中的“天职”观念，《新约·哥林多前书》中说：“各人蒙召的时候是什么身份，仍要守住这身份。”马丁·路德（Martin Luther）说，完成天职是“上帝应许的唯一生存方式”。而中国企业家则大多灵活善变，比如何享健，他创建的美的集团从生产塑料瓶盖起家，然后转到汽车配件，然后是风扇，然后是空调，再然后是冰箱、洗衣机等家电，现在又有了机器人、芯片、电梯，让人眼花缭乱。紧紧抓住时代的脉搏，求新求变，这也是实用理性的一个体现吧。

现在中国企业家面对的环境非常残酷，刚刚从落后的农业时代走出来，马上就和全球最发达国家来的先进企业同场竞技，不得不延续“实用理性”，以“拿来主义”的精神，从世界各国的企业经营中汲取有益的成分，适应剧烈变化的市场，日新又新。

李泽厚： 中国的实用理性就是历史理性，它不是某种既定不变的普遍必然，而是循序变易、强劲前行。“白猫黑猫”也是实用理性的范例。我要说明一点，中国的实用理性不同于美国现代的实用主义。实用理性不只是一种工具主义，它有自己的“天道”与“人道”、自然与历史相同构而沟通、统一的宇宙观念、历史信仰和客观规范，主要表现为“参天地，赞化育”的《易传》世界观和汉代形成的早熟型的系统论宇宙论模式，它善于用清醒的理智态度去对付环境，吸取一切于自己现实生存和生活有利有用的事物或因素，舍弃一切已经在实际中证明无用的和过时的东西，而较少受信仰、情感因素的纠缠干预。另外，实用理性特别执着于历史，历史意识的发达是中国实用理性的重要内容和特征。所以，它重视从长远的、系统的角度来客观考察、思索和估量，而不重眼下的短暂的得失，这也使得它有别于其他各种实用主义。

历史经验加上情感理性，使得情感一般不越出人际界限而狂暴倾泻，理智一般也不越出经验界限而自由翱翔。它既阻止了思辨理性的发展，也排除了反理性主义的泛滥。它以儒家思想为基础，构建了中国人一种清醒冷静而又温情脉脉的心理：不狂暴，不玄想，贵领悟，轻逻辑，重经验，好历史，以服务于现实生活、保持现有的有机系统的和谐稳定为目标，珍视人际，讲求关系，反对冒险，轻视创新。这是优点，也是缺点。所以，我们今天在保存优点的同时，也要研究吸取其他民族的优点，比如德国抽象思辨惊人的深刻力量、英美经验论传统中的知性清晰和不惑精神、俄罗斯民族忧郁深沉的超越要求等等，使中国的实用理性在更高的层次上重新构建。

乐感文化的背后是自强不息

邓德隆： 你提出中华文化是“乐感文化”，以此和西方的“罪感文化”相观照，既生动、又深刻。你说，西方人把钉在十字架上鲜血淋漓的耶稣作为崇拜对象，肉体的摧残，灵魂的拷问，牺牲一切、供奉一生，以赎罪再回到上帝怀抱。而中国人追求体用不二、灵肉合一，“天地之大德曰生”，生生不息。中国人乐生、庆生，而不像西方把亚当赶出伊甸园，受苦、折磨、赎罪。

“学而时习之，不亦说乎；有朋自远方来，不亦乐乎。”“发愤忘食，乐以忘忧，不知老之将至。”“饭疏食饮水，曲肱而枕之，乐亦在其中矣。”这种精神不只是圣人所有，已成为中国人的普遍意识或者潜意识。你指出，“中国人很少真正彻底地悲观主义，他们总愿意乐观地眺望未来”，最悲观的时候也相信有一天会“否极泰来”“时来运转”，因为这符合“天道”。所以中国人总是乐观积极地争取和展望未来，而不是悲观消极地等待未来。

在你的乐感文化中，“乐”有深刻的含义。“孔颜乐处”固然指的是“天人之乐”，即孟子所说的“上下与天地同流”之乐，但也不贬低或者排斥“七情之正”的世俗之乐，如孟子所谓“得天下英才而教育之”“独乐乐与众乐乐”之乐。“乐”是后天修身学习的产物，我认为可以用你的三种审美形态来依次概括，从“悦耳悦目”，到“悦心悦意”，再到最高等级的“悦志悦神”，到此境界时，“大乐与天地同和”，表现为一种生命力量的正面昂奋，“天行健”的阳刚气势。

我依稀感觉到，很多企业家的创业心路历程也大略如此，从一开始最直白的改变命运，增加个人财富，以求“悦耳悦目”，到掌握企业运营规律，“山重水复疑无路，柳暗花明又一村”的“悦心悦意”，直至最后整个人和企业使命融为一体，人剑合一、舍我其谁的“悦志悦神”。这种奋发有为的精神，和孔子“天下有道，丘不与易也”“天将以夫子为木铎”“天生德于予，桓魋其如予何”的忧患意识和历史责任感血脉相承。

更深刻的是，你指出中国的“乐”并不一定是古典田园的宁静和谐，也会充满苦难斗争。但它不是宗教式为上天堂而苦痛，而是真实的感性的苦痛艰辛。孔子说，“知之者不如好之者，好之者不如乐之者”，又说，“兴于诗，立于礼，成于乐。”不断追求的背后是中华文化的自强不息，这才是中国人“乐观”的源头。鲁迅先生说：“希望是本无所谓有，无所谓无的。这正如地上的路；其实地上本没有路，走的人多了，也便成了路。”这是何等的悲怆，又是何等的乐观。百折不挠、孜孜不倦、九死不悔，这正是改革开放以来中国几代企业家的精神风貌。

李泽厚： 现代学人常批评中国传统不及西方悲观主义之深刻，殊不知西方传统有全知全能之上帝作背景，人虽渺小，但有依靠。中国无此背景，只好奋力向前，自我肯定。从此处着眼入手，才知“乐感文化”之强颜欢笑、百倍悲情之深刻所在。曹雪芹的《红楼梦》、鲁迅的《故乡》，平淡的日常生活描写中蕴含着巨大的悲痛，西方读者很难理解。在中国人看来，人活着是如此艰苦凄怆，所以何必追求虚无寂灭，何必折磨心灵。“日午画舫桥下过，衣香人影太匆匆”，生活、人生、机缘、际遇，本都是这么无情、短促、偶然与有限，或稍纵即逝，或失之交臂；当人回顾时，却已成为永恒的遗憾。不正是从这里，使人更深刻地感受永恒本体之谜么？它给你的启悟不正是人生目的、存在的意义么？

邓德隆： 你还用“乐感文化”部分地解释了一百年前马克思主义在中国被知识分子迅速接受并广泛传播。马克思主义既有乐观的远大理想和具体的改造方法，又有踏实的战斗精神和严格的组织原则，重行动而富于历史意识，无宗教信仰却有治平理想，有清醒理智又充满人际热情，在气质性格、思维习惯和行为模式上，和中国的乐感文化内在契合。这个解释令人耳目一新。

情本体：把人从异化中解放出来

李泽厚： 乐感文化的核心是“情本体”，对企业家可有益处？

邓德隆： 哲学从理性思辨出发，而你偏偏提出了情本体，这是你对哲学的重要贡献。当然，我知道你近年来不太愿意强调情本体，因为你认为建立公共理性是目前我们国家更迫切的需要。但是，情本体客观存在，谁也回避不了。

李泽厚： 有人望文生义，一听“情本体”就摇头，认为只有文学艺术才讲情，讲情根本算不上哲学；还有人以为情本体就是讲人情、讲关系，于中国的现代化大大的有害。其实这两者都是极大的误解。我的“情本体”，内推是“以审美代宗教”的宗教哲学，外推是“乐与政通”“和谐高于正义”的政治哲学，儒法互用，以“礼”补充理性的“法”。

还是从哲学源头说起吧。传统上，西方哲学认为理性道德才是人的本体，也有一些中国哲学家以“心性”为本体，其实心性也是道德。康德是其中最伟大的一位。在康德看来，生命价值和目的不在于享受了什么(幸福)，而在于做了什么(道德)。康德哲学高扬伦理道德的绝对性，震撼人心，“直与日月争光可也”。宋朝朱熹宣扬的性理也有如康德的先验律令。然而，宋明理学追求超验的失败，是因为中国哲学无法摆脱“巫史传统”中“内圣外王”等基本观念，无法以道德—宗教作为人的最高目的。

而我认为，人不是神，人的本体不是理性，乃是情理交融的感性。我提出乐感文化，反对“道德秩序即宇宙秩序”，反对以道德作为人的生存的最高境地，反对理性统治一切，主张回到感性存在的真实的人，“道始于情”“理由情生”，理性只是工具，人的生存、生活、生命才是至上，人的情感才是根本。我以为，继先秦礼乐论、汉儒天人论、宋儒心性论的儒学三时期之后，可以情本体为论，开辟儒学第四期。

邓德隆： 你当年《哲学探寻录》中那些诗意的话语，形象地展示了何谓“情本体”：

“春且住。见说道、天涯芳草无归路”。既然归已无路，那就停留、执着、眷恋在这情感中，并以此为“终极关怀”吧。这就是归路、归依、归宿。因为已经没有在此情感之外的“道体”“心体”，存在或上帝了。既无天国上帝，又非道德伦理，就只有以这亲子情、男女爱、夫妇恩、师生谊、朋友义、故国思、家园恋、山水花鸟的寄托，普救众生之襟怀以及真理发现的愉快、创造发明的欢欣、战胜艰险的悦乐、天人交会的皈依和神秘经验，来作为人生真谛、生活真理了。只有那可珍惜的真情“片刻”，能证明你曾经真正活过。于是在这日常、平凡的似乎是俗世尘缘中，就可以去欢庆自己偶然的生；在这强颜欢笑中，这忧伤焦虑中，就可以去努力把握、流连和留住这生命的存在。这就是生命的故园情意，同时也就是儒家的“立命”。

慢慢走，欣赏啊。活着不易，品味人生吧。“当时只道是寻常”，其实一点也不寻常。即使“向西风回首，百事堪哀”，它融化在情感中，也充实了此在。也许，只有这样，才能战胜死亡，克服“忧”“烦”“畏”。只有这样，“道在伦常日用中”才不是道德的律令、超越的上帝、疏离的精神、不动的理式，而是人际的温暖、欢乐的春天。它才可能既是精神又为物质，是存在又是意识，是真正的生活、生命和人生。品味、珍惜、回首这些偶然，凄怆地欢度生的荒谬，珍重自己的情感生存，人就可以“知命”；人就不是机器，不是动物；“无”在这里便生成为“有”。

中国人特别在意“情”，“合情合理”“通情达理”“理无可恕，情有可原”“人情练达即文章”“情理法”，“情”排在“理”和“法”的前面。企业家需要洞察中国消费者的这种文化心理结构。比如，火锅是中国餐饮业最大的赛道，送礼支撑起脑白金几十年的畅销，这些商业现象都和情本体相关。最近几年，拼多多、今日头条、抖音、快手的崛起，社区团购、私域流量风风火火，从县城、乡镇等熟人社会逐步蔓延上移，也有类似的原因。我说中国的 14 亿人口是中国最大的资源，企业家想借用这 14 亿人的心智力量，就得懂一点你的“情本体”。

“情本体”虽然源自中国传统，却有世界意义。人类走到今天，人的孤独、无聊，人生的荒诞、异化，都到了一个新的高度。把人的命运交给谁？交给上帝，还是交给先验理性？你的回答是，交给人类自己，回到我们平凡、世俗、具体的现实生活中。你把情本体归纳为“珍惜、眷恋、感伤、了悟”，特别是“珍惜”。“一片花飞减却春，风飘万点正愁人。”人生的意义，就在于珍惜每日看似单调平凡的生活。“人生到处知何似，应似飞鸿踏雪泥。泥上偶然留指爪，鸿飞那复计东西。”

李泽厚： 源自欧洲的第一次文艺复兴，把人从神的控制下解放出来；我期待，未来第二次文艺复兴源自中国，能把人从工具机器和社会机器的异化中解放出来。这不仅是中国的问题，也是全世界的问题。中国文化具备宗教的深厚内涵，但没有否定现世、脱离现实的倾向，更没有一神教的排他性。

邓德隆： 你从中国文化中提炼出的“情本体”可以为第二次文艺复兴做出哲学前瞻，这就是你的“人类视角，中国眼光”。

李泽厚： 中国现在是“情”太多，“理”和“法”太少。先要把“理”建立起来，然后再讲“情”。

鼓天下之动者存乎辞

李泽厚： 20 世纪是语言哲学的天下，语言对企业管理有何用处？

邓德隆： 这是哲学在企业经营中发挥作用最直观的地方。“语言是存在之家”，语言汇聚了人类的生存经验，具有神圣的含义。把企业的核心价值用一个词语或者一句话提炼出来，可以最快最高效地和员工、股东、合作伙伴、顾客沟通，满足各方的期待。比如，迪士尼给儿童带来“欢乐”，沃尔玛“天天低价”，特斯拉“电动车”，几个字就总结出企业生存的理由、消费者买它的理由，也给企业和员工规范了创新的方向。

这是语言的魔力，也是一种古老的“巫术”，如同巫术中的“咒语”一样，“鼓天下之动者存乎辞”。动物有语言，只交流信息；人类的语言，则不仅交流信息，更在传递生存经验，不知不觉中给人们建立行为的规范。

定位思想的哲学表述

李泽厚： 哲学和你的定位之学有何联系？

邓德隆： 懂哲学的人，理解定位会特别快。定位的核心思想就是企业的成果在企业外部，而不是企业内部；企业要成功，必须借助外部力量。而哲学家对“何以为人”这个根本问题的回答，恰恰也是注意到，人之所以异于禽兽，在于人类善于利用外物达到自己的目的，如荀子所说：“登高而招，臂非加长也，而见者远；顺风而呼，声非加疾也，而闻者彰。假舆马者，非利足也，而致千里；假舟楫者，非能水也，而绝江河。君子生非异也，善假于物也。”

人类在艰苦的环境中生存下来，成为哈姆雷特王子口中“宇宙之精华，万物之灵长”，借助的是外部力量；企业要想在越来越激烈的竞争中生存下来，创造属于自己的顾客，也要借助外部力量。比如，当年杨致远创建的雅虎拥有“搜索”这个外部的心智资源，创造了巨大的财富，但是后来他把“搜索”拱手让给了谷歌，结果雅虎本身现在一文不值，谷歌变得富可敌国。这种外部力量常常不会主动发挥作用，有时还隐藏得很深，需要企业家创造性地用战略去调动。调动这种外部力量的知识，就是定位之学。

李泽厚： 你的定位之学，特别在意人的心理，和我的哲学有相似之处。

邓德隆： 是的，尤其是你的“积淀”学说，和定位理论如出一辙。你说过，你的美学、哲学、思想史，这几方面研究其实是在画同心圆，而圆心便是“积淀”。所谓积淀，就是历史、实践、文化在人的心理上的累积、沉淀。你还以心理学家荣格（Carl Gustav Jung）的“无意识集体原型”举例说，社会经验在人脑结构中留下痕迹，形成各种无意识的“原型”，艺术家就像炼金术士一样，将人们头脑中隐藏着的强有力的原型唤醒。你的三句教：“经验变先验，历史建理性，心理成本体。”这也可以称之为定位思想的哲学表述。

李泽厚： 哈哈。

邓德隆： 你在历史本体论里有一段话，堪称人类的《定位宣言》：

“随着今日现代全球一体化经济生活的发展，各文化各地域的生活方式，以及由之带来的文化心理状态将日渐趋同，但个体倒由之更方便于吸取、接受、选择不同于自己文化的其他文化，从而个体积淀的差异性反而可以更为巨大，它将成为未来世界的主题。这也许是乐观的人类的未来，即万紫千红百花齐放的个体独特性、差异性的全面实现。它宣告人类史前期那种同质性、普遍性、必然性的结束，偶发性、差异性、独特性将日趋重要和凸出。每个个体实现自己的创造性的历史终将到来。”

我活学活用你的“转换性创造”，把这段话里的“人”换成“企业”，就是我几十年来一直在和企业家说的话：

“随着今日现代全球一体化经济生活的发展，企业之间的差异性反而可以更为巨大，它将成为未来世界的主题。这也许是乐观的企业的未来，即万紫千红百花齐放的个体独特性、差异性的全面实现。它宣告企业史前期那种同质性、普遍性、必然性的结束，偶发性、差异性、独特性将日趋重要和凸出。每个企业实现自己的创造性的历史终将到来！”

李泽厚： 哈哈，哈哈。

第23章

企业家如何打造心智护城河

《哈佛商业评论》中文版专访邓德隆[1]

战略一词最早源于军事术语，意指“针对敌人确立优势位置”。以此为基础，定位之父杰克·特劳特于1969年创建了定位理论，该理论认为，企业有两项任务：一，在企业外部的用户头脑中确立一个用以决胜的“位置”；二，以这个“位置”为导向配置企业内部的所有资源并进行运营管理，才能创造出最佳的经营成果。

50年来，随着全球化、信息化的演进，企业间的竞争强度越来越大，定位理论的应用越来越广，效果也越来越明显。随着时间推移，定位理论得到越来越广泛的重视。“现代营销学之父”美国西北大学凯洛格管理学院教授菲利普·科特勒(Philip Kotler)说：企业所有的营销动作都要围绕定位展开；“竞争战略之父”哈佛商学院教授迈克尔·波特也表示，战略就是创造一种独特、有利的价值定位，并据此定位设计出不同的运营活动。

HBR中文版： 如何用一句话说明定位理论？

---

1 《哈佛商业评论》中文版2015年9月22日在上海对邓德隆的专访，原文刊登于2015年11月号。

邓德隆： 定位就是针对竞争确立优势位置。如特劳特先生所说，定位就是战略。他之所以采用定位这个词来命名他发现的商业规律，是因为军事上战略一词的定义就是“针对敌人确立优势位置”，而这正是定位的功效。有了定位，企业在竞争中才有优势，创造真正属于自己的顾客，企业才能生存和发展。

HBR 中文版： 定位理论经历了怎样的发展过程？

邓德隆： 自 1969 年特劳特先生发现定位规律以来，就一直在不停地发展。从《定位》，到《新定位》，再到《重新定位》，总共已有了十几本专著，构建了一门完备的学科体系。

HBR 中文版： 随着竞争强度的增加，定位的重要性和难度在加大？

邓德隆： 竞争强度越高的行业，定位的重要性就越大。在高竞争的行业，定位就是生存之道。没有定位，企业相比竞争对手就没有独特优势，很难创造出自己的顾客。更深入地看，定位就是企业本身。理论上，企业除了自己的独特定位需要自己做之外，其他一切经营活动都可以外包出去。从耐克到 iPhone，都在往这个方向做，这个趋势只会越来越明显。至于定位的难度，让企业自己做，确实比较难。我们作为专业工作者，就相对比较容易，因为我们有专业知识，有实践经验，还有客观性。

HBR 中文版： 进入 21 世纪以后，产品周期、创新周期、企业竞争优势周期都在快速缩短。

邓德隆： 是的，如果仅从产品出发是没有蓝海了，一个创新出来，马上就会迅速普及甚至供应过剩，我们正陷入到一个全球性的新困局。根本的应对之道，就是跳出产品思维，深入到顾客心智中去创建一个定位，因为顾客心智有很大的稳定性，可保障企业的长期发展。特劳特先生跟踪研究过 25 个行业的领导品牌，经历了 80 年之后仍然有 22 个品牌保持了其行业领导地位，这就是定位理论中一条基本的规律：心智抗拒改变。产品、创新的生命周期的确越来越短，只有在顾客心智中创建一个定位才是可持续的竞争优势，或者说是“深深的护城河”。

HBR中文版： 心智是看不见、摸不着的，从市场时代到心智时代，如何进行科学界定？

邓德隆： 哈佛大学心理学家乔治·米勒已有科学的结论，就是著名的“七定律”。他发现人们的记忆与储存的极限是七，所以许多信息的组合都以七为极限，如世界七大奇迹，白雪公主与七个小矮人等。商业上的任何一个品类，顾客心智中最多只能存储七个品牌。当然，米勒的研究成果是基于几十年前的环境，随着现在的信息大爆炸，特劳特先生进一步发现，每个品类顾客心智中只能存储两个品牌，这就是著名的二元法则。杰克·韦尔奇正是运用了这个二元法则来改造通用电气，将不是数一数二的业务全部退出，获得了巨大成功。在移动互联网时代，竞争进一步加剧，甚至出现“只有第一，没有第二”的残酷局面，这也是并购风潮兴起的根本原因，优酷与土豆合并，携程收购艺龙，滴滴与快的合并等等。并购潮的根本力量，并不是众所周知的投资人的推动，而是顾客心智中“只有第一，没有第二”的心智规律在推动。所以我在达沃斯论坛上提醒企业家们，企业需要改变经营的哲学，因为时代变了，环境变了，权力由工厂、市场转移到顾客手里，顾客心智决定一切。

HBR中文版： 那么从市场时代过渡到心智时代，企业经营需要做出怎样的关键改变？

邓德隆： 当竞争重心从市场迁移到顾客心智的时候，顾客头脑里的定位——我称之为“心智资源”，成为了第一生产要素。企业通过定位去整合土地、资本、劳动力等其他要素，只有这样，要素组合才最有效率。具体怎么做呢？首先要在顾客心智中针对竞争，确立优势位置，也就是定位。其次，将定位引入企业内部作为战略核心来配置所有资源，包括用定位来构建相应的组织运营系统，这是企业必须做出的关键改变。然后是不断强化定位，只有把定位做强做大，企业才会强大。

HBR 中文版： 如何探测顾客心智呢？

邓德隆： 首先要注意，这不能靠传统的市场调查，试图用调查数据来证明一个没有发生的事情是不可能的。加多宝将凉茶定位为“预防上火的饮料”之前，所有的市场调查数据都显示北方人不喝凉茶。成功的定位都是针对竞争发展出来的优势位置，加多宝针对可口可乐，宝马针对奔驰，首先是确认竞争对手在顾客心智中占据了什么位置。最佳的定位，往往在竞争对手长处潜藏的弱点中。奔驰的长处是乘坐很舒适，在长处中就潜藏了“不便驾驶”的弱点。上世纪 70 年代，宝马正是针对奔驰这一长处中潜藏的弱点，确立自己的优势位置为“驾驶”，从此将“驾驶”定位不断深入、强化、扩大，进而从破产的边缘走出，成为一个辉煌的企业。

HBR 中文版： 要想探测成功，核心挑战是什么？

邓德隆： 是观念的逆转。以往，企业总是习惯于由内而外地配置资源，现在需要企业由外而内——让外部的顾客心智中的定位来决定企业内部的资源配置，这需要对既有观念和行为习惯做颠覆式的改变。这是全球都面临的巨大挑战，也是全球经济动力不足、问题丛生的核心原因。对大多数企业家而言，这种观念的转换非常困难。

HBR 中文版： 探测之后，接下来要怎么做呢？

邓德隆： 成功探测出一个可以占据的优势位置后，接下来就要去占据它，我们有个形象的说法叫“在顾客心智中注册”。在工商局注册，企业获得了经营的合法性，但这只完成了一半，只有在顾客心智中注册，企业才真正获得了“合法性”，也就是存在的合理性。在心智中注册，并成为某个代名词，是企业的终极目标。产品是会过时的，可以淘汰的，但心智中拥有的一个定位、成为某个代名词却是长远的。

HBR 中文版： 具体如何完成注册？

邓德隆： 共有四步：第一步，分析整个外部环境，确定我们的竞争对手是谁,竞争对手在顾客心智中占据的位置和强势是什么;第二步,避开竞争对手在顾客心智中的强势,或是利用其强势中蕴含的弱点,以此确立自己的优势位置——定位;第三步,为这一定位寻求一个可靠的证明——信任状,以支持定位获得顾客的认可;第四步,将这一定位整合进企业内部运营的方方面面,将这一定位及信任状植入顾客的心智。

HBR 中文版: 完成注册的核心挑战是什么?

邓德隆: 首先是定位精准,其次是能否坚持。如果定位不准,无法引起顾客心智的认可和共鸣,或者与顾客心智中的已有认知相矛盾,顾客心智会拒绝接纳,也就无法完成注册。一个定位被广大普通顾客接纳并扎根,也需要时间和不断重复,尤其在信息爆炸的时代,这就需要企业坚持。

HBR 中文版: 如何判断注册成功与否?

邓德隆: 有一个很简单的测试方法,内、外部的人能否用一句话甚至一个词说清楚你的企业。比如,唯品会是一个什么样的企业?唯品会,是一家专门做特卖的网站。现在这句话已广为人知了,甚至唯品会已成为特卖的代名词。这就表明,唯品会注册已经成功了。

HBR 中文版: 注册成功之后,定位就全部完成了吗?

邓德隆: 不,这只是开始,还有大量工作要做。注册成功之后,下一个任务就是把这个定位做深、做强、做大,这就需要动员所有的资源,不断地去开发这个定位,提高企业创造顾客的生产力。但要注意,一定要控制好战略节奏,也不要把盈利列为优先目标,而要把建立定位列为优先目标。企业不能直接追求利润最大化,而是要追求定位最大化,利润最大化是定位最大化的自然结果。

HBR 中文版: 具体方法是什么?

邓德隆: 具体方法是不断将定位与顾客的观念和生活方式链接起来。比如,加多宝从南方市场起步时,提出的是“怕上火,喝加多宝”,接下来开发北方市场时,由于北方人对凉茶是陌生的,如何开发他们的心智资源呢？加多宝的做法是，把顾客心智中的“北方冬季干燥”这个认知与定位建立链接，于是加多宝提出“冬季干燥易上火，怕上火，就要喝加多宝”，用这个价值打开了北方市场。再比如，现代人的生活方式是常常熬夜，世界杯期间，加多宝将预防上火的定位与熬夜结合起来，提醒顾客可以有“不上火的世界杯”，不怕通宵看球赛，怕上火喝加多宝，等等。一步步将定位植入顾客既有的认知及生活方式之中，创造出越来越多的顾客，定位就逐渐丰满强大了。定位丰满强大了，企业最终一定能丰满强大。

HBR 中文版： 您前面提到定位理论还有一本书叫《重新定位》，为什么要重新定位呢？

邓德隆： 我前面说过定位一旦占据就是独有的，但是要做大定位，却不是一劳永逸的。外部环境变化，新的竞争对手出现时，就要重新定位。比如 2012 年，加多宝打造了十几年的强大品牌，一夜之间没有了，不得不启用加多宝这个企业名称作为新品牌。最大的挑战是，原有的定位会随着原来的品牌一起消失，加多宝这个新品牌没有定位。如果不重新定位，顾客没有理由不买一个超级大品牌，而买加多宝这个全新的品牌。加多宝根据产品、配方都没变的特点，将自己重新定位为“改了名字的凉茶领导者”，告诉顾客“还是原来的配方，还是熟悉的味道”。凭此重新定位，加多宝跃过惊险的一跳，重返凉茶领导者地位。

HBR 中文版： 通过上述问答，我们基本理解了定位的原理以及应用方法。如果假设某企业引入定位理论不成功，你会给他什么建议？

邓德隆： 扎实的运营管理是定位的前提，没有这个前提，定位不可能在顾客心智注册，更不可能进一步深化和做大。好比我告诉一家各方面管理都很落后的企业，你有一个定位机会，但他们还不懂怎么组织管理，没有建立科学的管理体系，那么定位再准确也是无能为力的。

HBR 中文版： 现在大家都很关注创新，定位与技术创新的关系是什么？

邓德隆： 企业只有首先找到了独一无二的定位，技术创新本身才可能被顾客接受。没有定位的护航，创新很快就会因为模仿者众多而上演价格战，导致企业的创新成本无法回收。而偏离定位的创新常常是摧毁企业的元凶。任正非先生说：当四面八方都高喊创新时，就是我们的葬歌。所以，正确的做法是，定位在先，创新在后。定位为创新提供方向，创新为定位提供动力。

HBR 中文版： 定位与商业模式的关系又是什么？

邓德隆： 定位创造用户，有了用户，商业模式总会产生。比如百度和微信，都是先有了定位，随着用户群扩大，各种商业模式就慢慢开发出来了。

HBR 中文版： 定位理论具有普适性吗，还是只适用于某些行业？

邓德隆： 定位是企业客观存在的一种功能，其实每家企业、每个企业家都在做定位，只不过大多数企业家没有自觉意识到这一点，因而没有系统、科学地去做，有时就会做错了。如果他们"觉悟"到自己的工作性质与责任的重大，能够自觉运用定位理论做指导，就会减少很多错误和多余的动作，为企业省下宝贵的资源，全要素生产力将因此得到释放。

第 24 章

提升供给侧效率的两种方法

新华网专访邓德隆[1]

新华网：“十三五”规划纲要指出贯彻落实新发展理念，适应把握引领经济发展新常态，必须在适度扩大总需求的同时，着力推进供给侧结构性改革，使供给能力满足广大人民日益增长、不断升级和个性化的物质文化和生态环境需要。请问邓总，您认为供给侧改革的核心是什么？

邓德隆：供给侧改革的核心，实际上是创新的主体由政府转向企业。国家在 1995 年制定“九五”规划的时候，已经发现这个问题，然而到“十二五”都没有完成这个任务。主要原因是，我们原来一直依赖于凯恩斯主义的需求模型，由政府替代企业创造需求。现在这个模式不能为继了，一方面，大量的产能过剩；另一方面，人民生活水平不断提高，新的需求得不到满足，产业结构很不均衡。这次供给侧改革，我们可以上升到全球视野来看，考虑国家竞争力的问题。当年印度总理瓦杰帕伊上任的时候，他问现在大家想到印度时想到的是什么？大家回答说，想到的是大象。他说希望我任内完成一件工作，让

---

1 2016 年 3 月 21 日，邓德隆做客《新华会客厅》与新华网主持人的对话。

大家想到印度时，能从想到大象变成想到软件。这就是一个非常重大的国家竞争战略、国家定位的问题。

我们需要考虑全球竞争力的布局。比如我们国家不少产业有着几千年的历史，放在国际上都是很有竞争力的，放在国内，消费者对生活品质的要求越来越高，也是很有需求的。比如中国的中餐、白酒、黄酒、中医、中药、茶叶、丝绸、瓷器等，这些领域在供给端有巨大的机会，光是国内市场就有很大的机会，在全球也有巨大的竞争优势。所以，这次的供给侧改革，我们要上升到在全球竞争中思考中国产业如何布局。美国当年的供给侧改革是有产业竞争委员会的，由定位学派的战略专家、哈佛商学院迈克尔·波特教授主理规划美国的产业如何形成国家竞争力。供给侧改革最终要落实到企业，政府要做的是建设有利于形成这些产业竞争力的大环境。

新华网： 您认为供给侧改革目前存在一些什么样的难点和需要突破的地方？

邓德隆： 从现在的经济增长方式，转成靠创新驱动、提升效率、以企业为创新主体的方式，这样的转型会是非常艰难的。一方面政府的角色要转换，要靠企业作为创新主体，这一块能不能转变过来是关键；另一方面，企业家也面临着艰巨的转型挑战。

过去三十多年的改革开放，企业主要采取“不断满足顾客需求”的发展模式。但是，三十多年的发展之后，中国已经从过去的短缺型经济变成了“供过于求”“产能过剩”。所以，现在要彻底扭转过来，企业要从制造产品满足顾客需求的方式，翻转过来，改成由外而内，从顾客心智中能够接受我们一个什么样的定位出发，再去组织资源制造有效供给，由此提升企业创造顾客的生产力。什么叫有效供给？从我们的专业角度看，各行各业最后只会剩下“数一数二”的企业能够长期生存。这种“数一数二”的企业因为其有着不同的强大定位，提供差异化的价值，所以能够活到最后，它们和顾客之间就是一种有效供给关系，而那些追随的、模仿的、一窝蜂上的，仅仅只是想赚点钱的企业，提供的同质化产品就是无效供给，对顾客来说可有可无。

今天讲去产能，大家会很关注钢铁水泥这些产业。其实，很多行业都没有转变同质化竞争的模式，不断制造新的过剩产能，远远不只是在钢铁水泥这些行业。即便是在一些高科技行业也有很多过剩产能，比如现在的共享单车，还有原来的团购网站。实际上，只要一个新的模式出来，马上就有无数家一模一样的企业诞生，拼到最后，这个有效供给只会是前面的“数一数二”，而在互联网行业，甚至只有第一，没有第二。

这次的供给侧改革提醒我们，大家必须要转变一个观念，不是说有一个市场需求，我们就要做一只风口的猪，进去赚一笔钱，而是说我能不能靠真正的差异化价值在这个行业建立起领导地位，如果不能的话，这种供给就是无效的，就是在不断地制造新的过剩产能。所以，比产能过剩更可怕的，其实是现在不断制造新的过剩产能的思维方式。我们要集体转变，彻底从由内而外转向由外而内的发展方式，这是一个巨大的挑战。

新华网： 我们怎样实现这种转变呢？

邓德隆： 我们可以看当年美国的一些经验，当然美国的供给侧改革，我们并不能全盘照搬，也有很多有争议的地方，但是有一个视角可能是大家没有注意到的：二战以后，美国用了三十多年完成了由农业社会向工业化转型的历程，各行各业的需求，企业都能满足了，这是里根总统1980年代启动供给侧改革的背景，我们国家这次提出供给侧改革，刚好也是发展了三十多年，阶段性非常吻合。我们可以看到当下中国的很多现象在美国卡特时代也都出现了，产能过剩的问题，生产力低下的问题。在1980年代初的时候，美国人普遍认为，美国企业的竞争力是远远不如日本的，所以里根总统让哈佛商学院的迈克尔·波特去研究，为什么美国竞争不过日本？波特教授研究之后，发现日本之所以在全球有竞争力，是因为日本的强项在于：做同样的事情，它的效率比你高。

日本这个国家有一个奇特的现象，它是所有的大国崛起里面，唯一一个不靠新科技、新产业崛起的国家，它纯粹就是靠管理的创新，实现了大国崛起。通过管理创新做同样的事情，它比你做得更好，成本更低。当然，在学科上，是因为它引进了泰勒制的继承者戴明，在质量管理上很先进；又引进了德鲁克，在组织管理上也比美国领先。波特发现日本擅长把同样的事情做得比人家更好，成本更低，但是他同时也预见到这种模式将会难以为继。

波特发现，企业效益的提升可以靠两种方式：一种是运营改善，即做同样的事情，我比你做得更好，成本更低，速度更快；另一种是定位，不做相同的事情，我要做得与众不同。波特认为，日本绝大部分企业的竞争模式都是第一种，他们不会做一件与众不同的事。所以，美国的供给侧改革，在政府方面，就是通过波特主导的产业竞争委员会来规划产业定位、规划国家定位、规划产业集群，做与众不同的事。我们现在可以看到，二十年发展下来，美国反败为胜，压倒了日本。

1980 年代美国企业的重新崛起，其中有一个非常具有标志意义的企业——通用电气，当时就是处在一种无效供给状态，美国人民方方面面的需求它都在满足，各行各业都进入了，杰克·韦尔奇 1981 年上任 CEO 的时候，通用电气有 153 个产业，韦尔奇在这个时间节点上启动了“数一数二”战略，宣布凡是在产业里不是第一、第二的业务都要关停并转。通用电气的转型，和里根的供给侧改革几乎是同步的，这个战略非常成功，大家都知道结果，杰克·韦尔奇凭着“数一数二”的战略成为全球第一 CEO。

通用电气只是一个范本，美国 1980 年代整个企业界都像通用电气一样，从追逐需求、满足需求赚点钱的发展模式，彻底转型到看这个企业能不能在顾客心智中主导一个定位，也就是能不能做到“数一数二”，如果做不到，就要关停并转。也就是我们中国这次供给侧改革讲的，去产能、去库存，处置僵尸企业。其实中国可以看作是一个超级通用电气，经过三十多年粗放式的发展以后，许多供给是无效的，我们现在要彻底评估各行各业，每个企业都要问自己一个问题，在我所在的产业里是不是数一数二，如果不是，赶紧关停并转，否则是没有前途的。互联网行业甚至只有第一，没有第二，如果做不到第一，一开始就不应该做。

当年美国的供给侧改革，政府方面，有定位学派的波特教授主导的产业竞争委员会；在企业界，有明星企业通用电气的彻底转型；在学界，1981 年《定位》这本书一纸风行，全社会都在看，大家都在思考，我的企业定位在哪里，我的个人定位在哪里。从国家的产业竞争委员会到明星企业的转型，到学界的理论建树，美国的供给侧改革给我们一个借鉴，就是官、产、学三界互动，最终实现了美国反超日本，重获世界主导地位，这段大国崛起的反转，很值得我们重视，而我们中国当下恰逢其时。

至于说具体到企业怎么做，我可以举一个例子，就知道定位怎么一点一滴推动供给侧效率的提升。比如加多宝在十多年前也有很多的无效供给，生产各种各样的饮料，但这种供给是无效的。你做可乐做得过可口可乐吗？做红茶绿茶，做得过康师傅吗？这些做不到数一数二的领域，全部砍掉，整个公司集中所有资源，把凉茶做大。这就回到萨伊定律，供给创造了需求，引领了需求。所以，我们的供给侧改革要回到这个地方，每个企业都要问自己，我在顾客头脑里的定位是什么，我在哪个领域能做到第一，创造出属于自己的顾客，如果做不到，恐怕要赶紧停止。

供给侧改革，要改革到什么程度呢？每个企业都在顾客头脑里和一个词对应起来，加多宝等于凉茶，劲霸等于夹克。每个企业在顾客头脑里对应上自己的定位，到了这个程度，供给侧改革就大功告成，整个经济结构就会充满活力。

新华网： 现在除了供给侧改革以外，还有很热的一个词，就是创新。这次“两会”期间，政府工作报告中有61次提到了“创新”，鼓励万众创新，您认为创新和定位理论有怎样的联系？

邓德隆： 现在很多人把创新这个术语几乎等同于科技创新，反而把创新看小了，这恐怕是一个误区。创新这个术语的内涵要远远大过科技创新，甚至大过经济层面的创新，它是一个社会学的术语。我们读史的时候会发现，很多社会创新的影响力比科技创新还大。比如说“主权国家”这样一种社会创新，比任何一个科技创新对人类的影响更大。还有银行、保险、邮政、风险投资，没有这些社会创新的话，科技创新都不可能发展起来。

从整个社会层面看，定位和创新的关系是非常深的。首先，定位本身就是一次大的社会创新。泰勒有一个创新叫作作业管理，他的这个创新是人类从农业社会转型为工业社会的知识基础。像现在的iPhone，农民工就能制造。大家可以想象一下，假如鲁班再世，或者苏格拉底再世，他们是东西方最聪明的人，放到现在，他们也造不出一个iPhone，但现在的农民工超过了苏格拉底、鲁班，原因就在于现代企业采取了泰勒的生产方式，把一个复杂的劳动过程分解成简单的流程，这种生产方式的创新创造了巨大的财富，把农民工变成比苏格拉底、鲁班还厉害的人物。我们国家三十多年改革开放，笼统地讲，也是采用了泰勒制，把农民变成了工人，几亿人生产力爆炸性的释放是中国经济奇迹的主要内容。

我们知道，工厂管理好了以后，还要延伸到顾客，要有渠道，有研发，有营销，你会发现现代企业的组织程度和复杂性远远超过以前的工厂，要建立一个庞大的组织，甚至还要跨国，这种组织管理是人类面临的一个新的巨大挑战。所以，德鲁克先生启动了第二次社会创新，在泰勒的作业管理之上创造了组织管理。现在可以看到，整个世界，各项社会功能都是由一个个巨大无比的组织完成的，这种社会创新也相当了不起。

定位是第三次社会创新，从组织管理跳到战略管理。“战略”这个词源自军事，就是说你要怎么做，才能比对手更有优势。定位是继作业管理、组织管理之后又一次巨大的社会创新。如果每一家企业都能有一个独特的定位，本身就是一个大创新。科技创新仍然很重要，定位和科技创新的关系，是定位为科技创新提供方向，科技创新为定位提供动力。

举一个例子，宝马其实也是一个供给侧改革成功的典型。1970年代，宝马就是一个过剩产能无效供给的企业，当时准备要破产的，原因是宝马跟着奔驰走，奔驰做什么它也做什么，是同质化竞争下的过剩产能，它在顾客那里没有定价权，消费者为什么要买一个二流奔驰呢。所以，宝马的这种模式难以为继，准备破产，希望奔驰收购，但奔驰没有收购，因为没有必要收购一个二流的奔驰。于是，宝马开始了一次由无效供给向有效供给的转型。奔驰的定位是尊贵，尊贵就要特别宽大，乘坐很舒适。宝马反其道而行，定位于"驾驶乐趣[1]"，这个定位就为宝马一系列的科技创新提供了方向，所以宝马的任何研发都是围绕着怎么样把宝马打造成一部超级驾驶机器。不只是研发的创新，营销的创新也要围绕这个定位，比如风靡全球的特工007开的车就是宝马。再比如宝马的厂房，从空中往下看就是一台巨大的发动机。甚至包括一句俗语，"坐奔驰、开宝马"。这些都是围绕着驾驶这个定位不断推动的创新。所以，定位为创新提供了方向。而这些创新，无论是科技创新，还是营销创新，又是推动定位坐实的动力，使得这个定位在竞争中变得越来越强大。宝马刚刚过了百年，全球展开了非常隆重的纪念活动，它的分水岭就是1970年代启动了从无效供给转向有效供给的改革。而有效供给的标志是什么？就是针对奔驰的定位，确定了自己的优势定位。奔驰是"尊贵"，我就是"驾驶"，在驾驶中，宝马是老大，即使特斯拉来了，也不能撼动宝马作为驾驶

---

1 宝马在1977年提出"Sheer Driving Pleasure"的口号，迄今仍在宝马公司网站首页最明显的位置。

机器的定位。宝马也可以吸收采纳电池动力，照旧是超级驾驶机器，这些科技创新照样可以为定位所用，这就使宝马成为一个具有强大竞争力的有效供给的企业。中国企业也应该走这种模式。这就是创新和定位的辩证关系。

第 25 章

定位为企业找到存在之家

邓德隆做客《波士堂》[1]

特劳特先生历史功绩：提升企业生产力

主持人： 经常听周围的企业家说起特劳特，为什么企业家要来找特劳特？

邓德隆： 定位思考的是整个企业为什么存在。如果这个问题不解决，提升运营效益的方向在哪里都不知道，所以定位是解决企业存在基石和发展方向的问题。我分享一下 IBM 的例子。1993 年，IBM 净亏损超过 80 亿美元，刚上台不久的克林顿总统对此都表示关注。当时有很多专家提出拯救的方案，一种流行观点认为应该把 IBM 拆分，因为当时 IBM 在众多领域都是老二，比如芯片领域次于英特尔，软件领域次于微软，硬件领域次于康柏，所以可以把 IBM 拆分成在每个领域都很强的专业型公司。但是，特劳特先生根据 IBM 产品线长的特点，找到 IBM 独特的优势，给 IBM 的建议是重新定位为“集成电

1 2017 年 11 月，邓德隆做客第一财经、东方卫视的商业人物脱口秀节目《波士堂》，主持人是东方卫视的袁鸣。

脑服务商”来统领各项业务，实现向服务商的转型。这一战略使得IBM走出困境，重现辉煌。

主持人： 特劳特先生于2017年6月5日在家中辞世，享年82岁。江南春、周鸿祎、雷军等众多企业家，还有《福布斯》等媒体都纷纷表达了他们对特劳特先生的怀念之情。在他去世前，就已经钦定了邓德隆先生作为他全球企业的接班人。我们中国人讲盖棺定论，站在您的角度，您给特劳特先生定位一下？

邓德隆： 特劳特先生的定位就是“定位之父”，他发现了“定位”，并且把全球的商业带到一个新的时代——定位时代。

主持人： 您怎么看待他的历史功绩？

邓德隆： 继泰勒提升体力工作者生产力、德鲁克提升组织生产力之后，特劳特先生的定位带来了第三次生产力的巨大飞跃，极大地提升了企业创造顾客的生产力。由定位所带来的商业变革已经非常明显，所以我想把特劳特先生倾其一生所研究的最前沿知识带给大家，这也是对老先生最好的纪念。

定位理论的精髓：顺应心智

主持人： 您刚才说到，前两位泰勒、德鲁克可能改变的是一种生产方式，但是特劳特先生的定位，我记得有一句话，就是常说的要“顺应消费者的心智”。如何顺应人们的心智来赢得商战的成功呢？

邓德隆： 现在商业社会中最大的浪费现象，恰恰就是试图去改变消费者。特劳特中国公司的大厅中央摆放着一个“人头像”，对特劳特先生和特劳特公司都有着非常重要的意义。这个人头像是为了告诉大家，真正的竞争发生在这样一个几英寸的大脑里。因为现在社会供应能力过剩，消费者不需要去了解某一家企业，更多的只需要做选择。争夺顾客的优先选择，源源不断地创造新顾客，就成了企业生存的关键。企业投入的所有资源都是为了在顾客头脑里面占据一个位置。如果没有这个位置，企业是没有办法生存的，更不要谈发展壮大了。

观众： 刚才邓总说要顺应客户心智，我倒觉得不是，比如史蒂夫·乔布斯重新定义了电话，原来我们觉得电话就是拨号或者发短信就可以了，但是乔布斯相当于凭空地创造了一个需求，开启了一种新的心智。如果只是顺应心智的话，可能 iPhone 这种新的产品就不会出现。

邓德隆： 您所讲的，恰恰是定位理论的精髓：企业可以用定位去引领需求、创造需求，但是要顺应心智。举一个例子，提到 AT&T，顾客头脑里面会想到什么呢？电话（观众答），对，这就是它的认知。尽管 AT&T 在电脑这个领域投入了上千万，最终还是无功而返。什么原因呢？消费者的心智认为它是电话，但是企业总是想改变消费者的心智，告诉消费者 AT&T 也可以是电脑，结果重金投入都打了水漂，这就叫"改变消费者的心智"，是和消费者的已有认知在"对抗"。

而定位讲的是要顺应消费者的心智，但是可以去创造一种新的需求。如果特劳特公司来做 AT&T 的战略顾问，我们会建议启动一个全新的品牌，并且利用好 AT&T 在顾客心智中"电话"这样一个已有的认知优势，和"电脑"这个新的领域结合起来，形成这个品牌新的定位，这就叫作"顺应消费者的心智"，并且可以开创新的需求，创造出新的顾客。

观众： 腾讯早期是做 BP 机的，但是后来逐步延展成一个即时通讯工具，就是 QQ，发展到今天，它主营的收入又是游戏等等。腾讯并没有把它旗下的业务区隔或者分割开来，但同时消费者都接受了，这怎么解释？

邓德隆： 企业的定位和用什么样的商业模式来回收，这是两回事。腾讯可以用 QQ 和微信来创造顾客，但是通过游戏等业务来回收。谷歌也是这样，谷歌通过搜索创造了顾客，但是通过关键词的竞价排名来实现回收，所以大家不要混淆"定位"和"商业模式"。但是，商战的关键点是思考第一个问题，就是如何建立定位，而商业模式在定位之下，是可以有多种选项的。

观众： 平常我们听到一句话，说别把我定死了，我就没有很多想象空间，比如说给柯达定位，它就是胶卷，那也没什么其他的想头，就做胶卷吧，结果就死掉了。

邓德隆： 这也是企业界很常见的一个问题。企业家一定要解决“变”与“不变”的辩证关系。相对一段时间来说，定位是不变的；但外部竞争环境、消费者、科技时时在变，所以又要求企业不断变化。那么如何在不变之中来保持这种变化？比方说柯达的例子，柯达的战略很显然是错了。如果我们是它的战略顾问，会建议它不要用柯达的品牌去死推数码，因为柯达在顾客的认知里面代表了胶卷，你无法改变顾客认知，这就需要推一个新的子品牌，既能继承柯达的传统优势，又能把握住新的趋势。

邓德隆 VS 洪忠信： 劲霸如何成为商务休闲男装领导者

主持人： 我们今天现场请到了劲霸男装董事长洪忠信先生来现身说法。您是什么时候认识邓总的？

洪忠信： 我是 2002 年的时候，有一次出差遇到航班晚点，看到《定位》这本书，第二章还没看完，我就马上打电话回公司，让助理联系邓总。邓总当时跟我讲，我刚刚来到上海，写字楼刚租，还没装修，营业执照在申请还没批下来，行不行？我说行啊，没问题。我就去找他了。我和邓总聊了两个小时，基本都是他在讲话，谈对各行各业的理解。邓总说，企业要有一个对消费者的承诺。

主持人： 那个时候您还没付咨询费，他就跟您讲了两个小时。后来怎么给您收费的？

洪忠信： 他当时是用美元计算的，45 万美元。我怕他涨价，想要跟他签终生的，他不同意，最后就签了六年。

主持人： 邓总，您当时了解劲霸这家企业吗？

邓德隆： 我们的合作伙伴行业分布很广，我们无法在每个领域都像企业家一样，对他的产业那么了如指掌。我们的专业，在于对消费者大脑和顾客心智的洞察。我们经常讲，特劳特公司是企业家的创业伙伴、战略合伙人，企业家对公司运营、行业、上下游产业链等是非常熟悉的，而我们对顾客的大脑是最熟悉的，我们结合起来，帮助企业在顾客心智中找到一个最佳的位置。有了这个最佳的位置，企业家再把方方面面的资源配置上去，创造顾客的生产力就大幅提升了，这样才能完成从"成本"到"绩效"的飞跃。

主持人： 洪总，特劳特带给您的最有价值的一样东西是什么？

洪忠信： 特劳特定位理论对我来说是终生受益的，从定位的角度来讲有几个关键词：第一是聚焦和取舍，企业在经营管理的过程当中，应该越做越简单，而不是越做越复杂；第二是要在市场上和消费者心智中，把已经被认知的事情梳理、挖掘和提取出来，将定位像钉子一样做深、做精、做透，再让整个企业的运营管理像锤子一样，把定位做扎实。

主持人： 专注夹克 30 年？

洪忠信： 现在是专注夹克 37 年了。

主持人： 邓总，您是怎么样帮助劲霸做减法，并且做到极致的？

邓德隆： 我们最初接触劲霸的时候，发现劲霸在多个产业领域有布局，而且都做得相当不错。我和洪总说，您要做战略的话，首先得适当地做一些减法，在未来的商业环境中，不管企业赚不赚钱，如果不能在消费者心智里面占据一个定位，一定会退回原形。我问洪总，您有把握在多个领域同时起步，且都能在消费者心智中主导一个定位吗？洪总觉得没有足够的把握。我们就建议简单一点，提前布局你最有希望、最有激情、最看好的业务，去占据一个定位。

当时我们定了目标，用五年时间超过当时的领导者，实际上洪总只用了三年，就后发制人，成为了商务休闲男装的领导者，而且保持到今天没有改变。我经常借用康德的一段话来描述定位,“位我上者,灿烂星空,定位律令,在我心中”。消费者的认知是不能改变的,否则就会被一票否决,再大的企业都对抗不了消费者认知的力量。

定位客观存在

观众: 阿里旗下有淘宝、天猫等,他们没有请您来定位,但他们各自的平台都做得很好,您怎么看待?

邓德隆: 定位是一个客观的功能,每个企业家的第一责任就是为自己的企业找到“存在之家”,没有特劳特,企业家也得去做,而马云恰恰就是尽到了一个 CEO 应尽的责任,他为自己的企业在消费者的头脑里面找到了“存在之家”,而且干得非常漂亮,是真正的天才。但是,天才往往是不靠谱的。

马云之痛是什么?大家还记得马云当年在央视宣布收购雅虎的目标——三年超过百度,为此目标,马云几乎付出了阿里控制权的代价。言犹在耳,多少个三年过去了,依然无果。是能力的原因?资金原因?技术原因?团队原因?都不是。我们从定位的视角来看这个问题。请问各位在搜索的时候,会首选哪个品牌?百度(观众答),对,这就是原因。用户一搜索,心智中跳出的就是“百度”,雅虎在心智中被堵死了,所以必须要处理好你和百度的关系,这就叫定位——针对竞争找到你的优势位置。所以,我想跟大家分享的是,定位是客观存在的,是每个企业家的第一职能,但定位靠天才恐怕是不靠谱的,时灵时不灵,没有系统的理论学习和实践,甚至挥刀自伤都有可能。

观众: 每个企业都有一个生命周期。企业在它生命周期的各个阶段,它的定位都会发生变化,例如您说的“聚焦”,可能在企业资源相对比较局限的时候,就特别需要集中资源去做成一件事情。但是发展到一定阶段,企业可能就会更多地去开展多元化业务。比如说格力，虽然是空调的代名词，但是现在也要造车，还做手机。

邓德隆： 我很尊敬董明珠女士。但是我想问大家，董明珠所有的光环，本来应该属于谁呢？是春兰空调的董事长陶建幸先生。当年，春兰空调在顾客头脑里面占据“空调”位置的时候，陶建幸比今天的董明珠还要红。但是今天的陶建幸却鲜有人关注，什么原因？不是这个人不聪明，而是他脚下的土地没了。春兰本来在顾客心中就是“空调”的代名词，结果春兰摩托车、春兰汽车的推出，给了格力一个巨大的机会。格力替代了当年的春兰，也使得董明珠替代了当年的陶建幸，享有无穷的光彩。所以大家看，今天董明珠的光环，是来源于她个人的聪明才智，还是来源于她脚下的土地呢？这个土地指的是顾客头脑里的地，这才是企业最值钱的资源。但现在她在推格力手机、格力汽车，会成功吗？还是正在自毁长城？大家琢磨一下里面的道理。

观众： 我大学的时候读康德的《纯粹理性批判》，他写在扉页上的就是之前邓总讲的，好像不大一样。他说，这个世界上令我敬畏的只有两样东西，第一个是我头顶上的星空，第二个就是我心中的道德法则。

邓德隆： 您看的是通常的版本，我读的是李泽厚先生翻译的版本，“位我上者，灿烂星空，道德律令，在我心中”。他用这种短歌行的方式翻译出来很有诗意，我非常喜欢。李泽厚先生指导了我十几年哲学。李老师说，他指导所有博士生时间的总和，也没有指导我一个人的零头那么多，这是我的幸运。

观众： 之前看到李泽厚先生在采访中说过，最懂他的人不是这位大哲学家的博士，反而是邓德隆先生这样一位企业家。

邓德隆： 谢谢。

为何选择邓德隆为全球总裁

观众： 您觉得董明珠的光环来自她脚下的土地，那您觉得您的光环是来自哪里呢？

邓德隆： 我的光环来自定位。

主持人： 特劳特先生把全球业务交到了您的手里，由您来继承衣钵，为什么最后选择了您呢？

邓德隆： 其实这个问题，我也不断地追问过，最后大概可以总结为三条：第一，中国公司是全球27个公司里面做得最出色的；第二，特劳特先生认为中国团队对他的专业领悟得最好；第三，中国在全球经济中扮演的角色越来越重要，而定位在整个中国经济转型之中起着举足轻重的作用。他亲手为我们写下了中国公司的使命——“助力中国经济转型”，这是他对中国的关怀。老先生对中国的拳拳之心，我们能体会到。我每次去看他，他桌上摆的都是关于中国的新闻，看到中国的好消息他就特别开心，能够说个不停。

观众： 您觉得借助特劳特先生的定位理论，为什么特劳特中国公司做得最好？

邓德隆： 当初接手特劳特公司时，我也思考过这个问题。后来，我发现，市场越大，定位理论就越发有用武之地，如果市场太小的话，可能真的不需要定位理论。中国是全球最大的市场，所以定位理论在中国应该比其他地方甚至美国本土市场发展得更好，墙内开花墙外香。

主持人： 如果用武侠小说来形容您跟特劳特先生的关系，你觉得哪一个场景最符合？

邓德隆： 我未必是张无忌，但是特劳特先生一定是我的谢逊，我会把他当义父、恩师看待。

第26章

定位战略在互联网时代更强大

FT中文网专访邓德隆[1]

FT中文网： 特劳特是一家很有故事的公司，背后有悠久的历史和理论。所以今天想请您先讲一讲，特劳特公司在中国有一些什么样的故事？

邓德隆： 杰克·特劳特先生在2002年成立中国办公室，我出任中国的首席代表。我们立志要运用特劳特先生的定位理论，在中国各行各业去打造一些现象级的企业出来，把这些现象级成功背后的原理整理出来，分享出去，帮助中国企业提高资源配置的效率，提升企业创造顾客的生产力。

FT中文网： 杰克·特劳特可以说是一位商业思想家、管理思想家，著作等身。你是怎么样把他的理论应用到中国的企业，帮助中国公司做战略定位的？

邓德隆： 定位这个学科，研究的是用户的心智。我们要卖一种服务或是一个产品，终极目标是要用户心智中能够接纳它。一个人要创业的话，首先要思考的问题就是如何在用户心智中找到一席之

1　2018年5月，邓德隆接受英国《金融时报》FT中文网总编辑王丰的专访。

地，再回过头来，根据用户心智中的定位，思考自己的资源配置，哪些符合了用户给我们的定位，哪些是违背的。违背定位的运营活动，我们把它去除掉；符合的，我们把它加强，这样的话，资源配置的效率和创造顾客的能力就提高了。

FT 中文网： 特劳特公司在中国服务了很多本土消费品类的企业，能不能以案例介绍下定位理论是如何帮助中国企业的？

邓德隆： 我们可以从青花郎开始，讲讲它是如何在 2017 年通过重新定位，异军突起，成为白酒行业高度关注的一个现象。

在定位理论看来，每一个品类通常在消费者心智中，只能容纳数一数二的两个竞争者。特别是在传统行业，最终常常只会剩下两个位置，比如可口可乐和百事可乐，高露洁和佳洁士。在白酒行业，我们知道消费者心智中最明显的领导者是茅台。茅台是酱香酒，那么在用户头脑里面，就有一个空位的机会：第二大酱香酒是谁？我们就要把这个位置作为企业存在的理由，为用户填补这种价值。

郎酒原来主推的产品叫作红花郎，并且已经为红花郎投入了二三百亿的费用。但是，从用户的心智出发看，显然不能再去主推红花郎。因为中端的红花郎难以找到自己的位置，而高端的青花郎和茅台相比，恰好能够占据这个“酱香第二”的位置。有意思的是，1984 年全国评酒会上，白酒专家们正是把茅台与郎酒同时评为 13 大名酒中的两大酱酒。特劳特先生常说，战略就是去发现那些显而易见的东西。正因为它是显而易见的常识，所以才最容易被人认同。

郎酒的实践，不是去向用户强行推产品：我认为你应该喝青花郎或红花郎，而是先看用户头脑里面有一个什么样的定位机会，再根据这个空位的机会配置资源。企业资源配置的方式不是由内而外，而是彻底转型为由外而内。所以，郎酒根据这样一个定位，重组了企业内部的运营，组织和产品上做了比较大的动作，不再以红花郎引领整个企业发展，而是集中力量打造青花郎，在此基础上带动其他产品。这对企业的整个资源配置影响是非常大的，当然实际效果非常好。

FT 中文网： 在互联网跟大数据的时代，有一种说法是，只要一家公司掌握了足够多的数据，又有充分有力的工具来解读这些大数据，理论上讲这家公司就可以天下无敌了，他能够了解关于市场、关于消费者的一切秘密、诀窍跟规律，很多传统的商业理论受到了挑战。

邓德隆： 我们也经常遇到这种挑战，有人觉得定位理论产生于美国的 1960 年代，那个时候都没有互联网。现在，在移动互联网和人工智能的时代，定位理论还适不适用？但我经常讲，互联网越发达，定位理论的威力就越大。

原因是什么？随着技术越来越发达，企业供给的能力越来越强，但是最大的挑战是，获得用户的接受越来越困难。任何一家企业，它的获客成本都是越来越高。现在讲“流量为王”，它的本质是什么？就是获客成本越来越高。

好的现象是大家开始重视用户了。但是我觉得有一个还不够的地方：光去分析用户的这些数据，描绘他的轨迹、他的图像，还远远不够。定位理论研究的是用户头脑里面的想法，即用户行为背后的心智结构，了解用户为何会如此行为的生发机制，这比了解他的行为还要根本，因此也就更为重要。

在你刚刚讲到的新经济领域，以二手车行业的瓜子为例，为什么创业两年多的时间，就能够后发制人？从数据来看，瓜子二手车这种 C2C 的交易模式其实刚开始不是最受客户欢迎的。B2C 或 C2B 的模式更受欢迎。为什么？因为如果是买家和卖家直接交易，整个链条特别长，也就特别麻烦。所以，如果你从大数据挖掘，你会认为 C2C 模式没有前途；实际市场竞争下来，C2C 模式当时也不是主流。如果我们仅仅停留于大数据和消费者图像的话，那瓜子绝不应该选择 C2C 模式。但瓜子反而选择了 C2C 这个大数据并不看好的模式，并且把它做成了一个现在最主流的模式。

实际上，瓜子就是去开发了用户的心智资源。首先，怎样让用户接受这个 C2C 模式？我们给 C2C 模式定位为“直卖”。瓜子站在了

“有中间商赚差价”的对立面。比方说4S店、黄牛，都是中间商：收了你的车，整装一下，加一个价再卖出去。相比之下，直卖有一个明显的价值，让用户感受到这里没有中间商赚差价。所以当我们把C2C模式定位为“直卖”，并且把直卖的价值明确地承诺给顾客，C2C模式就开始起飞了。

大数据不是不好，是还不够。它有助于我们探寻到用户头脑里哪一个定位是我们要去夺取的，但是最后还是要靠企业一把手对用户何以如此行为的深刻洞察与判断，寻找到真正属于我们的定位机会。

FT中文网： 过去特劳特比较多的成功案例是服务中国本土的消费品企业。现在新经济企业，特别是高科技和互联网企业逐渐成为特劳特服务的对象。这两类企业是非常不一样的，在这个过程中，特劳特是否需要调整自己的理论，或者说调整自己跟企业打交道的方式？

邓德隆： 现在我们公司的转型，实际上是向服务这种创新型企业转型，倒不一定是高科技和互联网企业。我们现在更愿意和不断创新的企业打交道，帮助它们研究创新如何被用户接受，创新如何转化为成果，以及下一步创新的方向在哪里。

对于创新型企业，定位理论有三大功能：首先是引领创新的方向。企业要不断迭代、进化，方向在哪里？好多企业就是在迭代过程中没有处理好战略边界，把自己的核心给干掉了。如果缺乏定位的引领，有些创新对企业是毁灭性的。其次是转化创新的成果。就像刚才介绍的瓜子二手车一样，如何把创新的成果转化成用户能接受的信息。第三是护航。任何一项商业创新，一旦成功以后，大量的竞争就跟进来了。这样的竞争你如何应对？我们用定位理论去护航创新，主导竞争格局。

FT中文网： 企业家的地位和作用是什么？

邓德隆： 企业家到底应该干什么？一家企业之所以能够长期生存，根本理由就是它在用户头脑里面有一个位置。所以我们应该把

CEO命名为“首席心智官”——管理用户的心智，这是CEO必须放在第一位的任务，因为只有他有能力调动、重新配置企业的各项资源，去用户那里占据这个位置，不断强化巩固这个位置。如果一位产品经理、程序员出身的企业家，不能及时转型为这样的“首席心智官”，这种企业我们通常是不看好的。我们看过很多这样的事，企业靠某项创新获得了一些用户，但是下一个迭代出来就出局了。

FT中文网： 在今天中国的科技行业里，你要问企业领导者心目中谁的权力最大，可能很多人会想，是我的程序员们，他们开发最先进的技术；还有很多人比较真实的想法是我身后的投资人、资本，他们掌握着企业的生杀大权；而平台类的企业可能认为，最大的权力在于平台，掌握着所有人的数据和交易信息，无所不能。而你是要让他们意识到，最大权力仍旧在于用户。在这些企业、尤其是新兴企业领袖的心智中，你认为怎样才能实现这种转变？

邓德隆： 马云曾反复强调，用户第一，员工第二，资本第三，我们认为他头脑是非常清醒的。企业家的功能首先是找定位，找定位就是找用户——我这个企业在用户心目中的位置是什么，我能不能用一句话讲清楚？讲不清楚，如何能统领千军万马奔向一个决战地？用户也不会接受你。所以CEO很重要的功能，就是能不能用一句话、甚至一个词，把自己在用户那里讲清楚，让用户一听就懂，而且一听还愿意接受。第二个功能是什么？去找人。还不是笼统地找人，而是找对这个定位很有感觉的人。马云为什么找“十八罗汉”？这十八罗汉未必是最厉害的，但一定是对马云的愿景最有感觉的人。至于第三个功能，找钱，如果能找到对这个定位有感觉的钱是最好的。如果钱对这个定位没感觉，它迟早破坏你。当然，如果企业要生存，没办法，有钱就要。但如果有选择，应该是找好定位，然后找到认同这个定位的人，然后再找对这个定位特别认同的钱。三位一体，这种企业成功的概率会高很多。

第 27 章

特劳特走进战略无人区

《哈佛商业评论》中文版专访邓德隆[1]

自 1969 年杰克·特劳特提出“定位”以来，定位理论发展和实践已走过近半个世纪。随着科技的迅猛发展，传统管理理论和咨询公司受到了一些质疑和挑战。但特劳特公司通过自我转型，正在进入一个全新的战略无人区——在定位业务层面，特劳特公司与它的合作企业走出完全不同于其他竞争对手的差异化之路，双方共同重构行业，打造典范；在商业模式方面，特劳特从过去的战略顾问转型为“创业伙伴”和“外部合伙人”，如今已是一半客户的股东。

这样的转型和模式在咨询公司十分罕见。《哈佛商业评论》中文版主编何刚先生如此评价特劳特公司：“定位理论帮助了很多中国企业在市场竞争中脱颖而出，在新的竞争和新经济形态之下，深入了解特劳特定位是如何深入介入企业战略重构，抓住时机整合资源，让外部咨询专家和内部战略规划与执行结合在一起，真正实现占领商业无人区的目标，可以说对我们的启发非常之大。我们也相信更多中国企业可以从特劳特的定位实践中得到很好的收益。”近日，《哈佛商

1 2018 年 8 月，《哈佛商业评论》中文版对邓德隆的专访。

业评论》中文版 HBRC-TIME 专访了特劳特伙伴公司全球总裁邓德隆，具体探讨了定位理论在互联网时代的运用与发展趋势，以及特劳特的转型给其他企业带来的借鉴意义。

战略无人区存在于用户心智中

HBRC-TIME： 现在很多人对经典管理理论存有质疑，比如对“五力模型”，说环境发生了变化，现在都是跨界竞争。那么对中国很有影响力的定位理论，这些年发生了怎样的变化？

邓德隆： 中国巨大的市场母体可以培育最佳实践，走在理论的前面。特劳特先生希望我来接手全球总裁的职位，也是希望中国走在最前面，并将中国积累的前沿知识输送到全球网络中去。特劳特现在应该说进入了一个新的“战略无人区”。现在定位理论主要作用于创新创业的行业和企业，在其中起导航的功能。当今的市场，从产品和服务层面很难有护城河可言，企业的未来充满了不确定性，定位扮演的角色就是为企业增加一些确定性。这是定位理论的最新发展和实践。

HBRC-TIME： 你提到的这些与金伟灿（W. Chan Kim）和勒妮·莫博涅（Renée Mauborgne）提出的蓝海战略好像有点相同？

邓德隆： 看似相同，但本质上完全不同。为什么现在大家很少再提蓝海战略了？因为在服务和产品层面寻找蓝海，固然可以领先一步，但是产品自身的生命周期和时间窗口越来越短，你今天创造出一个蓝海产品，我明天就可以复制，产品和服务层面的蓝海越来越难以维系。定位理论创造的战略无人区则是在用户的认知和心智之中，它具有独占性和稳定性。有点像婚姻，当你第一个登陆，进入轨道，便具有了相当强的独占性和稳定性，这才是真正的无人区和蓝海。在新经济时代，企业把自己的产品和服务搬到互联网上，这只是第一步。还需要再进行一次大迁徙，把自己搬到用户头脑中去，找到自己的一席之地、存在之家，像婚姻那样稳定扎根，这正是定位理论能够发挥巨大作用的地方。

投资不是特劳特的业务，而是一项功能

HBRC-TIME： 是怎样的契机让你发现有战略无人区的存在，或者说创业创新市场是一个咨询公司可以介入的地方？

邓德隆： 这并不是我们有多高明，而是市场发现了我们。我们是受创业者、企业家的邀请而成为股东的。这也很正常，一开始我们就是有着共创大业的愿景才一起合作的。

HBRC-TIME： 创业企业有一个很大的问题，即便经济好的时候，他们的生存能力也较弱，你怎么保证自己的付出能得到应有的回报？

邓德隆： 谁都无法预测未来，我不能保证这家企业屹立不倒，但是我愿意去承担创新和创业的风险。这不是一件简单的事。因为有定位知识的导航，所以能给高风险、不确定增加一种确定性，这是我们的底气所在。

HBRC-TIME： 贝恩进行过这种尝试，既做咨询又做投资。两者虽然在人员上有一定交叉，但业务上是独立分开的，那么是不是咨询和投资需要两个完全不同的业务模式？

邓德隆： 对贝恩来说，咨询和投资的确是两项业务。但特劳特不把投资当成业务，而是当作一项功能。随着创业创新的发展，很可能每个组织都需要一项投资功能，通过这个功能去整合各种一流的知识，从而确保用户体验是由一流知识组成的价值链。如果我们与企业的合作是一个甲乙方的关系，彼此之间的交易费用会非常高。而现在我们因为和企业形成了股东和外部合伙人共同创业的关系，因此不需要提交传统咨询公司那种厚厚的报告，甚至无需任何纸张记录，就是一起共同探讨重大战略决策，这样一来，交易费用几乎可

以为零。就是这样一种创业关系,使得我们完全不同于贝恩咨询和贝恩资本。

HBRC-TIME: 你的投资资金来源于固有的资本,还是要向社会去融资?

邓德隆: 来自两方面。一方面我们自身有部分资金,另一方面来自已经共同合作的、先富起来的一些创业伙伴,他们已经取得成功,创造了可观的现金流,同时具备很好的战略定位理论和实战经验,组成了我们正在搭建的"生态圈"的重要部分。我们与这些企业家共同组建基金,去培育那些优秀的创业企业。这个基金的期限很长,达到了"10+5+5",社会上大多数资本能做到"7+2"就不错了,而我们的LP(有限合伙人)眼光比较长远,他们追求独一无二的长期价值,就像巴菲特的"滚雪球"那样,有足够长的坡,有足够的耐心,让它慢慢滚起来,越滚越大。

平台型企业怎么定位

HBRC-TIME: 现在的平台型企业和你此前非常擅长的传统行业有怎样的不同?

邓德隆: 最大的不同就是平台型企业对流量的依赖度很高。平台存在的根本理由就是能够聚集大量的流量,然后用这种流量去赋能平台上所有的生态。特劳特公司的核心能力恰恰就是调动用户心智的力量,去为企业获取用户流量,大幅提高企业创造顾客的生产力。不同于传统企业,平台型企业的用户是多元的,有供给端又有需求端,以及为生态提供服务的服务端,这几类用户都要考虑到。

HBRC-TIME: 特劳特在提供顾问咨询时,最主要分析的是竞争的关系,但是一个生态系统中往往很多是合作的关系或者竞合的关系,特劳特也会分析吗?

邓德隆: 当然,竞争只是我们的分析维度之一,最终要通过驾驭竞争为用户创造一种独一无二、无可替代的价值，这才是根本。如果完全是竞争导向，在创新型经济里面是不够的。对一个平台型生态系统，我们主要考量企业的核心能力，到底适合去抢哪一个赛道，基于企业的核心能力，把战略设计到一个无人区，让企业有足够的时间在无人区里壮大自己。可能壮大到一定程度要重新定位，进入主流航道，那个时候再切换频道。总之是一个多维度的、庞大的系统分析，这个挑战是非常大的。

未来的特劳特

HBRC-TIME: 特劳特的核心竞争力是什么？

邓德隆: 特劳特先生创造出来的定位理论知识系统当然是我们的核心竞争力。此外，还有一种硬实力也是我们的核心竞争力：一流知识的链接。可能在大家看来，特劳特的人都是定位专家。但在我们内部，分工是非常明确的，我们要确保每个领域都具备一流的知识，而且彼此能互联，这是我们经过 16 年在众多行业实践形成的一种有机链接。这种链接与纽带就是我们的核心竞争力。

HBRC-TIME: 特劳特今后会不会变成一个平台企业，或一家财富管理公司，或者说给自己贴上一个标签？

邓德隆: 我们是有标签的。我们的核心标签就是战略定位全球领导者，这一点永恒不变。但是战略定位的承载形式可以万变。企业的战略决策是高风险的，一个决策不慎，就能导致一家企业的毁灭。因此，我们发现，特劳特不能只是一家咨询公司，而是必须将我们的知识深度参与到企业的重大资源配置决策中，这方面我们承担的责任是不变的，始终是企业的外部合伙人。根据外部需求和变化，特劳特会完善投资功能，调整组织功能，增加其他必要的功能等等，这些方面我们是可以变的。

HBRC-TIME: 你心目中最理想的特劳特公司是怎样的，你认为距离这个目标的实现还需要多久?

邓德隆: 我觉得特劳特的规模可能不会特别庞大,但创造的价值可以非常高;特劳特的人数可能不多,但对社会的影响力可以非常大。我希望未来在各行各业里都有我们共创的行业典范和领袖企业。这一目标在短期内无法实现,但是我们会以十年为单位去努力达成。

第 28 章

贸易摩擦时代的企业生存之道

FT 中文网专访邓德隆[1]

FT 中文网： 今天我们请到特劳特伙伴公司全球总裁邓德隆先生，聊一聊贸易摩擦对中国企业的影响以及中国企业的应对之道。未来短到几个月、长至几年，中国企业都要面临一段相当不确定的时间。

邓德隆： 我们服务于纯出口型企业比较少，但是我认为贸易摩擦的影响面远远不只出口型企业，应该是对所有中国企业都有深远的影响。整个形势不容乐观，企业家都在高度关注，但是恐怕并没有做好准备。在贸易摩擦的背景下，在行业里不能获取主导地位的企业，可能会迅速衰败出局。所有企业家都应该高度警惕，做好长期打算，打一场持久战。企业家要尽快思考自己的企业在哪一个方面能够获取主导地位。以中国的市场规模，即便是外贸出口受到影响以及由此带来的消费信心下降，企业的这种主导地位仍然会是一种最可靠的抗风险保障。有了主导地位，我就可以在这个领域搞最前沿的技术创新，这些技术创新使得我能够拥有定价权，这才是面对未来

1 2018 年 8 月，英国金融时报 FT 中文网总编王丰对邓德隆的专访。

几十年外部不确定性的最根本的应对之道。

FT中文网： 现在企业的兴衰速度跟前几十年不同，一家企业会很快崛起，几年之内从默默无闻成为巨头，又可能迅速衰败。在这样的情况下，企业如果在初期掌握了主导权，它怎样才能长期保持自己的生命力？

邓德隆： 首先，企业在迅速崛起的过程之中，就要有足够的警惕，自己在财务上、营收上的成就到底是什么原因？如果只是因为现在交付、支付的方便，通过"跨界打劫"进入各行各业，迅速把生意规模、交易额做得很大，这种崛起固然快，但是它垮掉的速度可能会更快。企业在崛起的时候就应该思考，哪一类用户我要，哪一类用户我不要；要甄别我在什么样的轨道运行。如果是偏轨道的这种快，那可能就埋下了迅速衰败的种子。企业应该看自己在哪个领域具备绝对的主导权，占据了哪个定位，在这个领域有独特的技术积累、运营积累、知识积累，这些才构成企业的抗风险能力。

FT中文网： 回到贸易摩擦的中短期背景之下，中国企业应当如何面对这些挑战和威胁？

邓德隆： 现在一个非常大的共性呼声，就是中国经济要彻底转型为一种创新型经济。企业家要能创造新的需求，或者说是要创造一个全新的行业才行。那么企业家就要面对三个问题：一是创新的方向在哪里？二是技术层面的创新如何能够转化为顾客价值创新？第三，现在大家对创新的复制能力很强，企业应该如何保护自己的创新？这三个课题，现在企业家都必须要去思考。把这三个问题解决好的企业家，如果扎扎实实去做，三五年下来，我觉得大环境的变化会大大增加行业向头部企业集中的机会，将分散的行业加速向有核心能力、有强大定位的公司去集中，这实际上对于中国的经济结构调整也并不是坏事。

FT中文网： 现在不少人在讲一个概念——隐形冠军。中国有没有隐形冠军？隐形冠军跟其他的企业比起来，有哪些独特的生存之道?

邓德隆: 答案是肯定的,中国这么大的经济体量,有大量的隐形冠军,但是为什么大家很少讨论它?就是因为它隐形了,它有可能是太垂直了,也有可能是面向B端的,大众就不关心。消费者买的是最终产品,尽管里面使用了隐形冠军的产品,但消费者是不知道的。

讨论隐形冠军,我觉得关键不在于它是否隐形,因为隐形只是相对概念,虽然大众不知道,但是行业客户都是知道的;关键在于它是冠军。这是现在全球贸易摩擦大环境之下,每一个企业都要去学习的地方,就是你在某个领域能不能成为冠军。用定位视角来看,我们还要进一步提高要求:不只在市场规模是冠军,而且还要在用户的头脑里建立起一个对应的定位。很多企业的市场规模可能很大,甚至可能是第一,但是在用户头脑里并没有一个清晰的定位,这个时候是有风险的。

隐形冠军如果做得更好一点,它应该不隐形,跟用户直接沟通,这样能产生更深的护城河,当外部环境恶化的时候,企业的用户黏性和定价权会更强一些。哪怕你的上下游只有那么几家公司跟你打交道,也要向大众来传播。当然不是说每家企业都应该这样做,但是根据你的行业特点适当往外走的话,会给你加分。

其实我对中国企业家最大的一个建议就是,隐不隐形不是太重要,除非你这个产业真的很怕人家来袭击你,最重要的是拿到冠军。不管外部宏观环境如何变化,它都有一种抗风险的能力,这是企业能控制的。人们总说,把你可控的做好——你可控的就是厘清自己的价值,看看我这个生意最终和用户达成的契约是什么?用户认为我在哪方面是独一无二的?尤其是一把手,一定要把自己的企业在用户头脑中给定义好。

FT中文网: 什么样的企业有潜力成为冠军?

邓德隆: 从理论上来讲,每一家企业都有潜力成为冠军,因为中国市场规模足够大,一个行业不是说一个老大就可以全覆盖。看用户允许我有哪一个定位的机会，我就把这一块作为我的城墙口，几十年如一日向它冲锋，把这一块做得淋漓尽致。你是行业老二也行，老三也行，甚至老五都行，重要的是在某一个领域做到独一无二、无可替代，这样才能创造出属于自己的顾客。

大多数企业家可能更关注我是不是这个行业市场份额最大的？市场份额最大，固然是一个很好的位置，但是毕竟每个行业只可能有一家企业市场份额最大。我们看 iPhone，它在手机行业的市场份额并不是最大，但是为什么 iPhone 能够把行业的主要利润吸光？它在智能手机的最高端占据了一个强大的定位，在这方面它无可替代。只有这个第一才是关键。就中国经济来说，把经济结构往纵深发展，让产业结构更丰富，这是中国的大机会。

第29章

近代日本经济两起两落的启示

邓德隆对话马国川[1]

自1853年美国"黑船"叩响国门起，日本用百余年时间从一个落后国家跻身世界强国之列，成就了近代世界史上大国崛起的一个独特模式，也成为许多追赶型国家羡慕和模仿的对象。身为一衣带水的邻邦，日本始终是中国最好的镜子。

第一次起飞：兴于明治，源于制度创新

马国川： 谢谢邓总，我们一起来聊一聊"日本转型"。从2018年开始，我就特别关注"日本转型"这一议题。在东亚，日本是第一个实现现代化转型的国家。日本依靠明治维新，在很短的时间内成为了世界公认的强国之一。在您看来，明治时代日本能够崛起的秘密是什么？

邓德隆： 首先，我非常敬佩马老师能在今天这个时机写出《国家的启蒙：日本帝国崛起之源》，很多人认为日本已经"经济不行了"。

1 2019年4月，邓德隆对话《财经》杂志主笔马国川。

在一片唱衰之声中，您推出这本书，我觉得很了不起。日本身上有很多经验值得中国学习。特别是在我的工作领域战略定位方面，从制度创新的角度出发，日本的发展历程值得借鉴。对于明治维新的意义，您的书里已经有了非常立体的讲述，您把明治维新后日本的崛起、重大历史人物的贡献都写得非常精彩。从战略定位的维度而言，我会特别关注您书里面提到的一个人物——涩泽荣一。

马国川： 一位非常了不起的企业家。

邓德隆： 是的，企业家。明治维新是一个复杂的社会现象，但在我看来，日本崛起的决定性力量之一，就是涩泽荣一长时间赴欧游历考察，学会了一种先进的企业制度。这一制度创新当时不只发生在日本，还发生于美国和德国。

马国川： 几乎是同时代。

邓德隆： 是同时代，都在1870年左右。这个制度的核心是“经营权和所有权分离”。在它出现之前，类似罗斯柴尔德家族那样的欧洲老牌财团，都将经营权与所有权集于一身——全资拥有并经营自己的企业，如修铁路的时候，除了出钱，也自己经营管理。

但是后来，欧美出现了“经营权和所有权分离”的制度，涩泽荣一将其带回了日本。他创办了日本第一国立银行，将钱投资在企业家身上。这时，董事会开始发挥作用，企业中出现了一个专业的经理阶层，我们现在称其为职业经理人。

这种新型的制度帮助涩泽荣一在明治维新期间创办了五百多家企业。而那时我们国家还在采用“官督商办”的制度。在船坚炮利的技术层面，我们与日本、美国、欧洲列强同时起步，但在制度创新层面，我们输了。

马国川： 1870年，中国正在进行“洋务运动”，和涩泽荣一的改革是同时的。

邓德隆： 是同时进行，但我们的进步只停留在了引进技术的层面，像李鸿章的江南机器制造局、金陵机器制造局，左宗棠的福州船政局。在学习先进技术层面我们没有问题，也引进了资本、人才等。但我们输在了哪里？输在了制度创新上。

马国川： 您讲得非常好，就是输在了制度上。日本却在一开始就和世界保持了某种同步。

邓德隆： 对，日本保持了同步。大家可能没有注意到，在中国的一个小地方，有人曾经借鉴涩泽荣一的制度，并取得了成功。从 19 世纪后期起，张謇开始在江苏南通推行制度创新，取消了“官督商办”，效果卓著。当时的张謇可以说是“中国的涩泽荣一”，南通是一个日本的小缩影。可惜的是，这次改革并没有放大到全国范围。所以我认为，只要能将先进的技术和制度同时引入，中国也许会和日本一样早早崛起。但是，第一次制度创新的机会，就这样被我们错失了。

马国川： 我完全同意您的看法。正是因为同时引进了先进的技术和制度，日本的企业才能从一开始就站在了一个非常高的起点之上。而正是企业的崛起，决定了这个国家的兴起。

邓德隆： 我们从明治维新中得到的教训是，不要眼里只看到船坚炮利等各项技术。技术当然要引进，但千万不能只引进技术。比技术更重要的，是先进的制度。如果没有制度做基础，任何技术都无能为力。

马国川： 我觉得您说得非常准确。经济学家吴敬琏曾经写过一篇文章，题目就叫《制度重于技术》。技术容易学而制度难以建立和被真正引进——这一观点在一百多年的历史中被反复证明。

第一次失落：卷入战争

马国川： 明治之后，日本进入了大正时代，这段历史也很复杂。明治维新时期，日本还是一个后发型、追赶型的国家，不断追赶着现代化的进程。但我认为，仅就明治时期的这一段历史而言，日本的现代化故事是成败参半的。因为到了后期，日本就开始走向自满，觉得自己很了不起。

邓德隆： 对。

马国川： 到20世纪20年代、30年代，日本就进入了战争状态。在这一时期，整个日本的企业几乎都变成了“战争机器”。

第二次起飞：“科学管理”和“组织管理”带来的战后崛起

马国川： 二战以后，日本经济实际上走向了衰败，但这段时期并不长。以1958年东京塔的建成为标志，日本的经济迎来了又一次起飞。在这一次战后崛起的过程中，日本企业又扮演了什么样的角色？

邓德隆： 我依然会从经济制度的层面去看待日本的这次崛起。在二战之后，日本又和当年明治维新一样，引进了两种成功的企业制度。

第一次成功的制度引进，是通过美国的质量管理专家爱德华兹·戴明实现的。在管理学的专业领域里，这一制度被称作“科学管理”。科学管理的内容是什么？就是把农民的生产力转化为工人的生产力。盟军之所以能够打赢二战，也是源于这套制度的胜利。科学管理又名“泰勒制”，由戴明在二战后引入日本。二战期间，美国就是通过泰勒制，将一个个农民变成了工人，从而大幅提升了整个国家的生产力。

马国川： 所以美国打赢二战，就得益于刚才您所说的泰勒制。

邓德隆： 泰勒制是什么？是把复杂的任务解构成为一个个简单的流程。就单一零件而言，工人只需接受一两个星期的培训就能将其制造出来，随后再将所有零件进行组装即可。以这种“搭积木”的方式，美国“搭”成了飞机大炮，“搭”出了航空母舰。这种作业方式将全民转型为产业工人，生产力的提升效果极为惊人。正是因为看明白了这一点，日本才通过戴明引进了泰勒制。

马国川： 这样的生产力水平，在农业时代是不可理解的。

邓德隆： 是原来没有过的。古往今来，吸纳知识分子数量最多的国家曾经是中国。我们的科举制，到清朝的时候还能吸纳两万多人，是当时很先进的制度了。但二战时期的美国，通过泰勒制实现生产力的大幅提升后，一年就能培育出上百万知识工作者，现在中国更不得了，每年培养六七百万新的知识工作者。

现代化一个很重要的标志就是知识工作者的崛起。但是，知识工作和体力工作是非常不同的，体力工作者每天做多少个面包是可以衡量的，工作内容也比较简单；但是知识工作者的知识卖出去，并不能当面包吃，必须通过一个组织，把知识整合起来，才能产生成果。这种管理对人类是巨大的挑战，所以新一轮的制度革命，就发生在组织管理领域，它的开创者是彼得·德鲁克先生。德鲁克发现，一个社会必须转型成为"知识社会"，知识工作者在组织中发挥生产力。如果这个转型的问题不解决，人类社会可能还会大乱，又会打成一锅粥。

马国川： 德鲁克先生很了不起，不仅是一位管理学家，也是一位思想家。

邓德隆： 是的，在长达 25 年的时间里，德鲁克每年都去日本辅导日本的社会转型。这一轮制度创新的结果是，日本生产力的进步之大，在 1980 年代让美国感到害怕。日本的第二次腾飞又给我们带来一个启示，中国在创新层面过多关注于看得见的技术创新，几乎将"创新"等同于"技术创新"。但实际上，创新还有一个领域叫制度创新，制度创新比技术创新更重要，至少是同等重要。日本就是一个很好的例子，它凭借着制度创新，成为了 1980 年代全世界最具竞争力的经济体之一。

第二次失落：缺乏战略导致"失落的二十年"

马国川： 到了 1990 年代，日本又出现另外一种情况，成了"失落的日本”，差不多有30年的时间。近几年日本经济才又有一点起色。

邓德隆： 但也是后继乏力了。您说的这个现象很有意思，在1980年代日本经济最辉煌的时候，美国总统里根让哈佛商学院的迈克尔·波特教授研究“日本为什么这么有竞争力”这个课题。研究之后的答案是：“日本还有竞争力吗？”虽然日本看起来咄咄逼人、富得可以买下整个美国，但波特教授一仔细研究就发现，日本的竞争力恐怕不能持久。得出这个惊世骇俗的结论是需要勇气的。

那时，美国正在进行一场新的制度创新。从1960年代末开始，一种新的管理制度横空而出，叫“战略管理”。在管理学领域，它的出现标志着管理制度已经发展进入了第三阶段。从那时起，美国就发现，一个企业、一个产业、一个国家成功与否的决定性因素，是能不能有一个好的战略定位。

波特教授发现，企业获得效益提升的途径有两种：一种是提高运营效率，即做同样的事，但做得更好或者成本更低；还有一种就是进行战略定位。战略定位是什么？简单来说，就是我要跟你做不同的事情。日本在提升运营效率方面很厉害，能够做到独步天下。但波特发现，从战略定位的视角看日本，它的表现却非常糟糕，因为几乎每家日本企业都在做一模一样的事，他们没能摸清自己在整个产业链中的定位。

从“战略管理”的角度而言，日本在这一方面甚至还没有起步。所以波特才对日本的竞争力打了一个大大的问号，“日本还有竞争力吗？”他的答案很明确——就是在接下来的二三十年间，日本经济不会有竞争力。

启示中国经济：如何继续激发潜力

马国川： 中国也有一个与之类似的报告，说的是“中国还有竞争力”。

邓德隆： 没错。所以您在这个时候揭示“日本崛起之源”，我觉得特别应景。日本为何能够兴起？总体而言，它原来在科学技术上并不领先，今天在科学技术上也不领先，日本是依靠三次成功的制度变革，完成了国家的崛起。随后的二三十年，走向失落的日本又落后在了哪里？恰恰是在制度创新层面落后了。制度创新曾经是日本的看家本领，但它在自己先前最为擅长的领域里落后了。到今天，美国和日本在全球经济中的地位已经有了根本性的差距，这对中国的启示非常大。

可以说，中国在“泰勒制”即科学管理的变革潮中赶上了一趟末班车，这要感谢邓小平。当日本迎来“失落的几十年”时，邓小平所开启的改革开放事业，成功把中国农民的生产力转化成了产业工人的生产力。我们接下来所面临的挑战是，要同时加快引入两个先进的管理制度，一个是德鲁克的组织管理制度，目前很多中国企业的组织管理还非常落后；另一个需要同时被引进的是战略管理制度，企业家不仅要关注组织管理，还要以组织外部的战略定位来引领组织内部的建设。

马国川： 您所说的战略管理的主要理念是什么？

邓德隆： 就是定位。迈克尔·波特教授讲过，“战略，就是创造一种独特而有利的定位”。在我看来，每个企业都需要向社会证明：它在某一件事情上能够实现全球资源利用的最优化。有战略定位的企业，可以将所有资源都配置到自己最擅长的社会任务中，而其他那些不适合从事这项社会任务的资源，就不会再进入这个行业，而是会被逼着去找更适合自己的行业。

我经常讲，现在已经没有“区域市场”这一说法了。企业在做任何布局的时候都要思考：“做这件事情，我能不能做到全球第一？”不管是做杯子也好、做凳子也好，一做就要做到全球第一才行。定位之父杰克·特劳特先生曾提出“心智资源”这一概念，它对企业管理具有重大意义。心智资源指用户对企业的看法和态度，是最稀缺的资源。

特劳特先生认为，企业管理的重心应向用户的心智转移，打破原有结构，实现全球资源的重组。当我们用定位理论去分析每一个产业的时候就会发现，具有定位能力的企业屈指可数。

马国川： 您是说在中国吗？

邓德隆： 全世界都一样，中国也不例外。以定位的标准去评估现在的各行各业，每一个产业中，能够根据定位来配备资源的企业都只是凤毛麟角。不论分析哪一个产业，基本上业内90%以上的企业都没有从用户的角度出发去配置资源，没有用定位理论来驱动企业战略。这样做的结果就是配置了无效的资源，企业经营得辛辛苦苦，却发现日子一天比一天难过。

马国川： 经济学家们常讲，中国的发展模式需要改变。如站在企业的角度来看，让企业加强战略定位，这可能是一条新的出路。

邓德隆： 是的，定位理论进入中国已经将近20年了。在各行各业，凡是引进了这种新型管理制度的企业，都会变得活力四射。如果每一个中国的企业家都能够思考："我在哪个领域能够做到世界第一？"并以这样的出发点来配置资源的话，他就会明白，目前布局的一些产业可能并不适合自己，他会慢慢退出这些产业。如果几亿人都能来思考这个问题，那么整个国家的创新动力将不可限量。如果所有企业家都能够在定位理论的指导下来配置企业资源，那么中国的创新将层出不穷、源源不断。亚当·斯密说得很清楚，分工带来技术创新、知识积累、财富增加。每家企业都在追求、创造各自的第一，就能实现更好的分工，将粗放的经济结构调整为定位精准、分工明确的结构。这个过程不只是资源配置优化的过程，同时也是新技术、新工具、新知识的创造过程。

马国川： 中国的人口基数，是一笔非常了不起的财富。这么大的人口基数，不要说所有人，哪怕只有10%的人去思考战略定位，都能创造出巨大的生产力。

邓德隆： 亚当·斯密说的正是这一点。《国富论》其实就在讲社会分工的重要性——分工创造财富。而社会分工越细，技术进步就会越快。定位知识的意义，就是让充分竞争的市场实现合理化的分工，让企业依靠战略定位而成为某一领域内的世界第一。

启示中国企业：定位攸关生死成败

马国川： 乐观来说，即使现在10%的企业拥有准确的战略定位，他们中的大多数也不是有意识地学习了定位理论、掌握了定位的知识。

邓德隆： 您提到的这个词非常重要——“不是有意识的”。特劳特公司一个很重要的工作，就是要把企业家的“无意识”变为“有意识”。为什么要变成“有意识”？因为很多企业家在“无意识”的状态下成功了之后，很容易误入歧途，甚至亲手把自己的成功毁掉。大哲学家李泽厚说过一句很深刻的话：只有理解和解释了自己的存在，自己才真正存在。

马国川： 从哲学角度来说，就是从“自在”的状态变成“自觉”的状态，对吧？

邓德隆： 对，从“自在”变成“自觉”，您总结得非常到位。就是把“无意识”的成功变成“有意识”的成功。

马国川： 但是企业定位可能涵盖了不止一方面的内容，一方面是您说的战略定位，除此之外，定位也应该是市场选择的产物，企业对自己的定位是否准确，恐怕最终还是由市场决定。

邓德隆： 您讲得对，企业定位不是由个人主观愿望决定。特劳特在协助杨浩涌创办瓜子二手车的时候，二手车市场上已经有了两大巨头。通过对竞争环境的分析，我们找到了瓜子二手车的战略定位以及心智登陆口。由此，瓜子二手车在不到一年的时间里就实现了弯道超车，如今已在国内二手车交易市场占据主导地位。

马国川： 如果用战略定位的框架来分析共享单车这一领域，您会如何分析几大共享单车巨头的兴衰历程？它们之前发展得那么迅速，但仿佛一瞬间就遇到了困难。

邓德隆： 如果行业内的企业没有掌握好战略管理知识，就很有可能将整个行业都毁掉。

马国川： 好，今天的收获非常大，邓总给了我很多启示。第一点启示是：我对中国社会的未来发展又恢复了信心，信心的来源不在于GDP增速多少，而在于中国企业有望迎头赶上甚至领跑世界；第二点启示是：中国社会和企业的转型已经越来越迫切，形势逼人，中国已经站在了必须实现社会转型、社会创新和企业创新的新历史节点上。

第 30 章

寻找银河系中的那一束微光

36 氪专访邓德隆[1]

“哥白尼式”的翻转

36 氪： 定位理论从提出到现在已经有 50 年的时间了，50 年前特劳特先生提出定位理论的原点和背景是什么？

邓德隆： 杰克·特劳特先生是一位先行者，50 年前，他看到了一个全新时代的来临，在这个时代，消费者的主权得到逐渐的释放，消费者头脑中已有的观念系统开始成为整个社会经济动力的来源，整个世界，而不仅仅是商业世界，都将被消费者头脑中的蓝图再造。在 50 年前，特劳特先生发现了这第一线曙光。

36 氪： 定位理论和其他管理理论有什么本质的不同？

邓德隆： 其他大多数管理理论主要解决的是大型组织的内部管理问题，这也是工业社会以来，生产和劳动的主体由家庭变为大型组织的过程中人类面临的主要挑战。但特劳特先生发现，由于管理学的巨大成功以及科技进步，供应能力不再是瓶颈，用户被大量信息和

1 2019 年 7 月，36 氪总裁冯大刚对邓德隆的专访。

产品及竞争所包围，组织内部效率的提升，用户已很难感知到，组织生存的前提是要在用户认知的“银河系”中找到自己所在行星的位置。如果不基于这个位置来配置资源，用户很可能会视而不见。

换句话说，管理学正经历一次彻底的迭代，它不是从 1.0 版本到 2.0、3.0 版本的进化，而是一种从“地心说”到“日心说”的“哥白尼式”的翻转，由原来的以组织内部为中心、企业掌握权力，转变成以组织外部为中心、用户掌握权力。

竞争越激烈，定位越有效

36 氪： 过去我们可能会认为定位理论比较适合传统企业，尤其是消费品企业，但近两年，越来越多的新经济企业开始运用和实践这套理论，背后的原因是什么？

邓德隆： 您提到了一个非常有意思的现象，目前希望与我们合作的主要是新经济企业的创始人。原因在于互联网行业的竞争更激烈，供应能力更强、响应速度更快，人才也更集中，所以它们更需要以外部的用户心智为核心，一旦企业丢了这个核心，那它在新经济领域的胜败很快就会见分晓。

在传统行业中，可能我先开了一家店，抢占了先机，就可以在一段时间内阻止竞争对手进来，有一个相对较长的时间壁垒。而在新经济领域，新产品上市的时间差越来越短，产品或服务的生命周期也在不断缩短，在这种史无前例的极度竞争的状态下，谁忽略了用户心智，谁就会被市场一票否决，立刻出局。

36 氪： 所以我们可以理解，为什么原来总认为消费品行业更适合定位理论，是因为他们本就是传统行业中竞争最激烈的部分，而今天我们看到新经济领域的竞争比他们还要激烈。

邓德隆： 对。这个概括很精辟。竞争越激烈，定位越重要。定位理论跨越 50 年，但争夺用户心智的战争刚刚开始。

企业和用户距离之遥远，光年都无法计算

36氪： 我们有一个观察，改革开放40年以来，中国商业大概经历了三个阶段，从注重渠道到打造品牌，再到争夺流量，特别是移动互联网时代被称为“得用户者得天下”。从渠道时代到用户时代，企业在定位上有怎样的变与不变？

邓德隆： 企业无论通过何种方式获取用户，都要思考用户是冲着补贴来的还是冲着你的价值或者说定位来的。如果不能用定位来留存用户的话，纯粹靠买流量生存，不可持续，用户被补贴吸引而来，也会像水一样流走。所以每个创业者都必须回答一个问题：在这个社会上，我存在的独一无二的根本理由是什么？只有当这个问题的答案吸引到了属于你的用户，你才能够持续生存下去。

36氪： 怎么看待粉丝？每一家好的公司都有自己的粉丝用户，他们喜欢你的产品，甚至像迷恋明星一样迷恋你的品牌，例如小米、苹果、无印良品都有这样的粉丝用户。

邓德隆： 忠诚用户和粉丝是结果，而不是原因。我们与其去经营粉丝、追逐粉丝，不如把这个问题再往前推进一步，思考在用户心智的银河系中，我们的位置是什么？我们为什么能够积累起这些粉丝？我们凭什么能留存这些粉丝？任何企业的粉丝圈都有限，下一步就会面临粉丝圈扩张的问题。这是企业的拐点，很多创业者在这里折戟，一步跨进了万丈深渊。国内企业这样的例子有太多。实际上最根本的，是你要在用户心智这片蔚蓝大海中占据一个坐标、拥有一席之地，这是企业出发的原点。如果没有这样一个位置，我们就要警惕了，在这个社会上，我们可能是一支没有根据地的、没有根本存在理由的队伍。

36氪： 互联网时代，一切权力属于用户，我们喊出了这个口号，却低估了它真正的力量，是否可以说任何资源的配置，我们都应当去

看看用户怎么想?

邓德隆: 一个再小的企业,对创业者本人来说都是无穷大。但在用户心智中,一个再强大的企业,也只是银河系中的一束微光。所以我们说,企业和用户之间的距离之遥远,用光年都无法计算,如果没有定位搭一座鹊桥,可能是永远见不了面的。

定位的本质: 回答"我是谁?"

36氪: 就是说,我们不用去多想为什么有很多人喜欢我,但是一定要去想我是谁?

邓德隆: 对,也许在整个银河系中,我们只是一束微光,但这一束微光就是企业的一切,我们所有的资源配置,包括粉丝如何来、如何积累、未来方向往哪里走……都要靠这一束微光牵引。我们的创业家一定要像克劳塞维茨描述的军事天才那样——能够在茫茫黑夜之中发现一束微光,并且拥有紧紧追随这束微光不断前进的勇气。

36氪: 互联网公司喜欢讲增长黑客、转化漏斗,如何理解定位与当下很多企业强调的技术红利和运营优势之间的关系,它们是矛盾的吗?

邓德隆: 不矛盾。它们实际上是协同的,即使你在浩瀚宇宙中发现了属于自己的微光,还是要通过技术工具和运营手段不断地把这束微光放大,让它在宇宙中尽可能地光芒四射。

36氪: 就是说,以定位为核心,然后通过增长手段来把它放大?

邓德隆: 这个概括很准确。技术可以复制,但独一无二的位置不能复制,通过增长黑客或是其他手段,能够强化我的独一无二性。但是现在有些企业会迷恋技术和手段本身,这就舍本逐末了。

36氪: 归根结底,就是到底什么东西是核心?什么是道?什么是术?我们每一个人或者每家企业、每个品牌,都要先清楚自己是谁,在此基础上放大才有意义,否则放大本身不一定是好事,甚至有可能是坏事。

邓德隆： 这个概括很好，战略定位的本质就是一个创业家要回到企业自身，在社会上解答“我是谁”的问题。也就是前面我们讨论的，在浩瀚宇宙中找到自己的位置，然后还要能够准确定义出来，不仅要对社会传递，还要在内部传递，形成整个组织的最高纲领，以此来配置一切资源。我们讲“定位引领战略”就是指这个意思。这个时代没有任何一家公司能够独自拥有包括知识、技术在内的全部资源，但只要把“我是谁”这个问题回答好了，就会对社会资源形成一种吸附力，好像黑洞一样，吸引相关的知识、人才、资金聚集。企业的战略定位就是吸附力的源泉。

互联网下半场是定位之战

36氪： 互联网上半场的关键词是流量、运营、竞争，到下半场以后，我们认为，获取关注的方式从流量转向内容，从运营转向用户，是否可以说，互联网的下半场是定位的下半场？

邓德隆： 是的，我们看到任何一个行业刚刚兴起的时候，企业凭借一些独有的科技就足以建立一个头部的位置，但是当行业进入成长成熟期的时候，只有那些拥有强大定位的公司才能留存下来。

36氪： 在新经济领域，头部效应会更加明显。您曾说过，从用户视角来看，100家企业只有头部的两家有存在的必要。为何会下这样一个判断？

邓德隆： 这其实是我二十多年从事战略定位研究和实践过程中观察到的一个事实：任何一个行业，基本上只有那么一两家公司拥有定位，后面那98家甚至998家，其实都没有找到自己的星座，没有属于自己的微光的牵引，只是盲目地配置资源在前进，在我们看来，这是对社会资源的巨大浪费。

36氪： 那剩下的98家中尾部的企业有适合它们的定位方

法吗？

邓德隆： 当然有。定位的规律是客观存在的。有一家公司叫闪送，它身处的同城速递市场巨头林立，如果没有自己的定位，没有这一束微光的牵引，它不可能生存。但闪送不仅活着，还活得挺精彩的。它是怎么做到的？因为所有的巨头都是会拼单或者连单的，但闪送呢？它只做一对一，每次只送一单，拒绝拼单与连单，当然速度就更快，服务就更好。这就是它独一无二的存在理由，这个“一对一急送，拒绝拼单”就是灿烂星空中属于它的那一束微光，可以牵引着它持续创新，不断创造出新的顾客。这也为创业公司提供了一个很好的指引，无论行业里有多少巨头，都可以找到属于自己的一席之地。

多定位协同是最深的护城河

36氪： 阿里巴巴是做B2B起家的，后来推出了淘宝这样一个C2C的企业，然后又推出了支付宝、菜鸟网络、盒马鲜生等，它算不算是打破边界？

邓德隆： 这个例子特别精彩。边界绝对可以打破，但是这种打破的方式我们叫“多定位协同”。如果说一个定位就是一家公司对用户的一种承诺，那这种承诺必须一诺千金，但是我成立一家新公司，就可以用一个新的定位。在用户大脑的银河系中，我可以同时拥有天王星和海王星。

阿里在战略定位上做得非常漂亮。它先在B2B领域建立一个定位，然后用淘宝去做C2C，天猫去做B2C，还有支付宝、菜鸟网络、盒马鲜生等都是如此，通过多定位协同，形成了一个星座，而不只是单个星星。

在未来的竞争中，单一定位的竞争力是有限的，企业越成功，就越容易受到侧翼攻击，所以，我们主张企业家用最短的时间先建立起一个定位，然后迅速围绕这个定位建立起多定位协同，打造自成一派的星座体系，这才是最佳的战略模型，护城河非常深。

36氪： 企业的战略定位既要有清晰度，又要有厚度。

邓德隆： 对，但是这里面的逻辑顺序非常关键，先有清晰度，然后才有厚度。如果定位不清晰就谈不上厚度，反而成了一锅粥，很多公司就栽在了逻辑顺序的错误上。

36氪： 那么做一个新品牌的最佳时间点是什么？

邓德隆： 一定要先把第一个品牌用最快的速度建立起来，在用户心智中将这个品牌与某个需求划上等号，然后再启动第二个、第三个。19 世纪 20 年代的通用汽车曾经五个品牌同时发展，那是因为当时它足够大、资源足够多，而且那个时代的竞争环境也允许——当时市场上只有一个对手福特公司比较大，其他对手都散乱差，但这种机会现在已经不太多了。

用制度创新与创业者一起重塑行业

36氪： 定位理论已经 50 年了，特劳特中国公司创办至今也已经 17 年了，打造出了一批神奇案例，请您谈一谈创办特劳特中国有怎样的初心和愿景？

邓德隆： 创办这家公司的其实不只是我，而是一群人，我们希望能让更多企业家认识到，定位是一种制度创新，对中国来说尤为重要，因为中美之间在科技方面的差距还很大，而制度创新却是可以全球同步的。明治维新以来，日本在制度创新上表现出色，比如涩泽荣一用“经营权与所有权分离”的方式，创办了五百多家企业，奠定了日本现代化的基础。这种制度创新，带来的是竞争力的巨大爆发。我们在想，有没有可能通过“企业内外部的分离”这种“哥白尼式”的管理制度的创新和翻转，在中国引发一次生产力革命，与企业家一起创造一批典范企业？这个野心比较大，但我们想试试看。

36氪： 具体谈谈“企业内外部的分离”这种管理制度创新？

邓德隆： 用户心智是个复杂无比的系统，爱因斯坦说这是个“内宇宙”。找准一家公司的定位不是一件容易的事，需要专业人士参与。创业者如果发自内心地重视用户的话，应当意识到那是一个巨大的工程。几十年前，率先将人力资源职能独立出来的企业获得了制度创新的红利，类似于此，企业现在如果能把处理外部用户复杂心智的问题独立出来，交由专业团队去做，与企业家形成“内外双打”结构，也会带来很大的制度优势。

36氪： 17年间，特劳特中国从反应式咨询，到长期战略顾问，再到创业伙伴模式，经历了三次模式迭代，为什么会有这样的变化？

邓德隆： 三次迭代的目的只有一个：我们希望把这种制度创新和全新的知识体系带到每个行业。在追求这个目标的过程中我们发现，无论是反应式咨询还是长期战略顾问都做不到这一点，必须以“创业伙伴”身份和创业者们一起把行业重做一遍，翻转过来，大幅提升行业的生产力，大幅提高企业创造顾客的能力，让大家看到制度创新的力量。

36氪： 现在特劳特的客户中既有车好多、天鹅到家这样的互联网企业，也有明月镜片这样的传统企业，特劳特选择创业伙伴的标准是什么？

邓德隆： 我们不是在找客户，而是在找共同创业的伙伴。以这个标准来看，不在于对方好不好，而在于彼此合不合适，某种程度上类似婚姻。当我们进入一个行业，就希望在这个行业内打造一个标杆、树立一座丰碑，这是我们寻找创业伙伴的逻辑。

第31章

新一代企业家以大决战求生存

邓德隆对话王波明[1]

何为“大决战”？

王波明： 老邓，你能不能先用几分钟时间讲讲你用“大决战”这个词的核心意思？

邓德隆： 现在说到管理，人们通常想到的是管理一个企业的内部，所以我们用“大决战”这个词，就是想提醒每一位企业管理者，我们现在必须把管理的重心放到企业的外部，而外部从法律上看，我们是控制不了的，但是它对企业的绩效又是起决定性作用的，那怎么办？每个企业都面临一个艰巨的任务，就是发动一场大决战，回答这样一个问题：我们在哪个领域能够做到独一无二、没有替代者，我们在这个领域是最卓越、最优秀的。对于中国来说，我们现在面临产业结构转型，每家企业在这样的背景下，都要思考我们应该在哪一个领域建立主导地位。我们希望用大决战这个词让大家明白这样的时代特点，对资源配置所要求的节奏感。

---

1 2020年8月，《财经》杂志总编辑王波明和邓德隆的对话。

王波明： 对于一家具体的企业来说，大决战对于他们有什么意义，能不能展开说一下？

邓德隆： 那就是每家企业的一把手都要回答一个很具体的问题，我这个企业在全球哪个领域能做到独一无二，从而创造出属于自己的顾客。如果这个问题没有明确的答案，那这个企业就相当危险了，在这个时代能否生存下去，就值得怀疑了。以前我们说"数一数二"，现在可能只有第一没有第二了。那么，我的第一在哪里？而要拿到第一，我们就要组织资源发动一场大决战，夺取一个山头，夺取一个高地，企业才能确保生存下去。

王波明： 我觉得挺难的，很少能找到一个产品，在世界上就是独一无二的。比如牙膏，最早的牙膏都说能防蛀，那我这个牙膏能美白，这就不一样了。

邓德隆： 这已经是独一无二了，跟前面那些防蛀的牙膏就不一样了，是不一样的定位。你在防蛀这块第一，我在美白这块做第一也行。

王波明： 大多数人可能愿意选择以防蛀为主，美白是能使得你青春焕发，也就是说可以在一个产品上，我做一个"次类定位"？

邓德隆： 那也不见得是次类，如果企业家能让更多用户了解美白的价值，没准美白的这个定位价值最后会比防蛀还大。这取决于企业家能不能通过持续的创新，让更多人知道、了解和选择你的定位，也就是创造出自己的顾客。所以两个定位之间还不能说哪个是主要，哪个是次要，这取决于哪一位企业家能把自己的定位做得更大。

王波明： 能不能举个例子？

邓德隆： 像白酒，很多年前其实大家喝五粮液喝得更多，它是浓香型的定位，现在喝茅台的多，它是酱香型的。历史上五粮液做过老大，现在变成了茅台做老大，这是因为茅台让更多的消费者认识到酱香型白酒的价值，它就能把这个定位做大。所以，企业家决定了定位的市场规模到底有多大，这就是我们通常讲的企业家精神。

在这个问题上，我们会强调企业家的创造精神和主导作用，这是第一位的。如果现在某个市场上没有一个绝对的主导者，同时千军万马又在竞争，这时候谁能把行业老大位置先给占了，成为品类的代表，这就是一个主定位，在中国尤其有价值。

为什么要“大决战”？

王波明： 回头想想在数字化时代来临之前，人们一般都是先做出来一个好产品，就是你说的独一无二，然后一年又一年不断投入，慢慢把这个品牌建立起来，所以咱们现在有了不少老字号。现在这个大决战跟过去相比，有什么本质上的变化或区别吗？

邓德隆： 最大的区别是，过去的企业只要把自己的内部做好，作为一个老字号，能够不断改善的话，就总能够活下去，市场上总有我的一席之地。但是现在的时代，供给这一端是严重过剩的，管理水平和技术水平普遍进步了，所以整个社会的供给能力是超强的。这个时候同样还是经营老字号，经营做法就不一样了，时代不允许你再慢慢来。

现在用户是最稀缺的，企业就必须回答，我在这个社会上要占的位置是什么？如果没有一场大决战尽快拿下这个位置，那这个老字号就保不住了。所以您提到的这个视角，可以很好地解释为什么大部分老字号都已随风而去，它们没有理解这个时代的企业需要一场大决战，在社会上把这个位置占住，而不仅仅是我有好的传承、好的工艺就够了。

王波明： 现在我们走到了信息时代，这个时代的特点就是信息太多了，如果你产品的信息不以一种非常耀眼的方式走到市面上，很快你的信息就被淹没了。

邓德隆： 是的。

王波明： 产品打不进人们的脑子里，人们也不会想起你这个东西，我觉得你说的大决战，本质意义就在这里。

邓德隆： 您刚刚讲的问题，基本上可以概括现在很多企业家的生存状态。企业要穿过这个信息海洋非常困难，如果没有大手笔、大决战，穿不过去。现在很多企业家焦虑这个问题，但是，还有一个恐怕更严峻的问题说明企业为什么需要大决战——就是你即便付出了很高成本穿过了信息海洋，千里横穿大漠，当你抵达顾客那里的时候，突然发现原来已经有人严阵以待守在这个山头，那就更惨了！所以为什么需要大决战，终极目标就是我要捷足先登。

如何打赢"大决战"？

王波明： 接下来我关心的问题是怎么通过大决战把产品打出去。之前我们说的定位，更多的是在讲我先找准一个产品，把这个产品差异化，找到它的独特性等等，找出来以后就面临着你说的资源配置问题，其实就是大决战具体的打法。

邓德隆： 企业家首先要思考一个问题，如果我们没有把握把这个山头拿下，那我还不如不出手。

王波明： 我也觉得是这样。

邓德隆： 这么多年实践下来的体会，就是企业家千万要注意，如果没有把握拿下这个山头，很可能证明这个山头选错了，不适合自己。

王波明： 就是说如果你有一个连的兵力，而这个山头上有一个团在那守着，根本拿不下来，这仗干脆别打。

邓德隆： 是的。现在我们的问题是经济结构散乱差，为什么会如此呢？就是因为大家看见一个赛道好，觉得我进去还能挣点钱，于是蜂拥而入，这是中国经济最大的毛病。我们用大决战这个词，就是想让大家明白这个时代已经过去了，这种抱着分一杯羹的想法来加入战局的企业很快就会被淘汰出局了，实际上耽误了自己人生最好的一段时间，然后又得重新寻找真正属于自己的山头，创造真正属于自己的顾客。企业家应该要求自己：如果这辈子我只能干成一件事，那得干成一件独一无二的事情。

王波明： 我听你讲大决战，就想起一个故事，来自于大家可能熟悉的一个叫《亮剑》的电视剧。

邓德隆： 没想到你还会看电视剧。

王波明： 这个电视剧里的有些内容跟你这个大决战的理念是相吻合的。电视剧里有个主要人物叫李云龙，其中有一集是他带领一个连的兵力去伏击日本的一个车队。他当时做了个决定，要求把一个团的手榴弹全部集中到一个连，然后他要求这个连队到手榴弹能扔到车队的距离埋伏下来，当日本车队经过的时候，听到喊打的命令后，战士们必须在10分钟之内把这一个团的手榴弹全都扔出去。当时电视上的镜头给我留下了深刻印象，手榴弹跟雨点一样砸到日本车队身上，马上消灭了大概60%的兵力。这时候他说进攻，一个冲锋，这战斗就结束了。

邓德隆： 您这个例子讲得很生动。

王波明： 所以您说的这个大决战，就意味着要集中兵力打歼灭战，不能像过去那个传统的打法，一年又一年去慢慢推。过去那种打法，按我的说法，就有可能把产品"肉"在那了，人们对产品可能有一点接受度，但又没有占据足够的市场，结果就变成拉锯战了。所以你能不能再讲讲在当今这个信息时代，当你定位了一个产品，要进行大决战的时候，作为企业家得琢磨什么事？

邓德隆： 三件事。其实您刚刚说的这个例子已经非常生动地说明了这三件事：首先就是决定在哪里伏击对手，这就是市场位置，你要把这个位置定好，这个选准和没选准之间差距太大了，所以这一点是决定性的。其次，您讲的一个团的手榴弹集中给一个连来扔，这就是第二件事。

王波明： 集中兵力、集中资源。

邓德隆： 对，就是集中资源的问题，我们叫"聚焦"。您讲的第三件事，是什么时候扔手榴弹，什么时候扫机枪，什么时候冲锋，我们把这叫作“战略节奏”。所以概括起来就是恰当的位置、恰当的兵力和恰当的节奏，主要就是这三个要素。

王波明： 加起来构成一个大决战。

不决战的风险更大

王波明： 您讲了要大决战，把资源集中起来，对此我还有个问题，就是企业即便倾注所有的资源，也不能百分之百保证这场战肯定能赢，那如果企业倾家底儿出去了，有可能输得连背心都留不下来，这是一个挺大的风险。

邓德隆： 您讲得对，大决战本身就是蕴含着风险的，不过我们有很多方法可以降低风险，这里面还是有很多讲究的，比如说要在测试成功的地方发动大决战，就像咱们国家改革开放，先深圳试点成功了，再在全国推开；家庭联产承包责任制在小岗村试验成功了，再在全国推开，等等。这种试点本身就是降低风险的方式之一。

此外，企业自己必须明白一个道理，风险是相对的，不决战的风险更大。如果不能通过大决战去主导一个山头的话，企业就会什么都没有，风险是最大的。现在的企业，靠守是守不住的，所以企业家如果想清楚了这个问题，他就会明白必须要展开一场大决战。

没有赢家的消耗战最危险

王波明： 我还想起一个例子，也是最近两年发生的，就是摩拜，我发现他们还真有点像你说的那个大决战，就是在拼命。

邓德隆： 对，共享单车。

王波明： 摩拜和 ofo。

邓德隆： 您说的共享单车这个例子很生动地说明了如何进行正

确的大决战，其实他们两家并没有区别开彼此，那就变成您刚才说的第二种打法了，就是“肉”在那里了，到最后没有赢家，而整个行业也因为他们“肉”在这里，得不到持续的提升。所以从这个角度讲，大决战对消费者是最好的。

王波明： 是的。

邓德隆： 两家没有决出胜负，陷在那个地方，或者用您的词叫“肉”在那个地方，这是任何一个企业家都要极力避免的情况，一旦出现这种情况，风险就比较大。

王波明： 所以最好别出现这种状态。

邓德隆： 这个时候投入最多，但是战果又拿不回来，我们讲的大决战恰恰要极力避免这种状况。

王波明： 我觉得你说的这点非常重要，就是如果你发现自己的资源、资金、能力，决定了你进不了大决战，在这种情况下，可能得想别的办法了，比如是不是把公司卖给别人。

邓德隆： 对，没有这个能力，就不要称帝。比如我们看到刘邦这个家伙厉害，不是他的对手，那我就加盟他的团队，一起做出一个第一。

王波明： 得有自知之明。

打赢大决战之后

王波明： 我现在想再问一个问题，就是说假定一个企业产品有了定位，也通过大决战把这个产品打出来了，那接下来怎么保持企业可持续发展？

邓德隆： 企业家要敢于去做老大，当然这不意味着大决战完全结束了，而是说第一阶段结束了。接下来的战略就得变，因为对手变了，对手变成自己了，第二阶段的战略决战就是要把自己消灭掉。

王波明： 怎么消灭？

邓德隆： 比如苹果就做得很好，不断推出改进的产品和服务，通过推出下一代苹果，把前一代苹果淘汰掉。这需要对自己下得了手。所以，做企业是一场永不停止的大决战，没有终点。这和军事战争不同，它有个终点。

王波明： 我有时候非常感叹，作为企业家，你做到了第一名，还得想怎么去使自己不要被颠覆掉，所以企业家很累，他得不断地去维持市场领先地位，这就要求企业家有巨大的智慧和远见。这一切对现代企业提出的要求，比过去几百年高得多。

邓德隆： 是这样的。

王波明： 我希望今天这个对话对于中国的企业家、创业者，尤其大众创业的年轻人，能有一定的借鉴意义。

第 32 章

大变局、大企业与大战略

邓德隆与王波明、梁建章三人谈[1]

企业管理的三次“百年大变局”

王波明： 我们今天想聊聊企业生存面临的环境变化，以及怎样去应对。我们请来了携程创始人梁建章先生，他也是人口方面的专家；以及特劳特伙伴公司全球总裁邓德隆先生，我们曾一起聊过“大决战”这个话题。如果说当今企业生存发展正面临百年大变局，梁先生觉得有什么样的挑战？

梁建章： 对于携程而言，疫情当然是最大挑战，旅游受很大影响。从长期来看，所有企业在面临数字化带来的革命性改变，这对很多企业是个机会，若抓不住这个机会则可能是非常大的挑战。

王波明： 邓先生呢，您怎么看？

邓德隆： 您讲百年变局讲得很对。其实过去有三个百年，第一个百年的标志是 1770 年代蒸汽机的发明和应用，这个百年在管理学

1 2021 年 6 月，《财经》杂志总编辑王波明邀请特劳特伙伴公司全球总裁邓德隆、携程创始人梁建章，三人畅谈创业者的大战略。

上称为“作业管理”或“工厂管理”，就是制造产品满足社会的各种需求。第二个百年从1870年开始，叫“组织管理”，就是人类组织从几个人的家庭小作坊变成几万人的大企业。

王波明： 那是由于第一个百年造成的，因为蒸汽机的出现有了工厂，然后有了比较大的组织。

邓德隆： 是的，第一个百年特别成功导致第二个百年有这种发展，“组织管理”特别成功之后，又导致第三个百年出现，第三个百年叫“战略管理”。这样，三个百年就是从“工厂管理”“组织管理”到“战略管理”。“战略管理”跟前面两个百年的不同点在于它是管理外部要素，而前两个百年是管理内部要素。如今，每个企业最大的挑战都在外部。像梁先生刚刚讲的，数字化加剧了竞争，数字化越成功，外部竞争便越激烈，企业获客就越难。

王波明： “数字化”应该归在哪一块？

邓德隆： 数字化是一个社会基础，大哲学家李泽厚先生讲这是“工具本体”，数字化的发展会令外部的这些要素更难管理。

王波明： 那么企业要怎样应对？数字化之后，领跑的企业面临较大挑战，一个新的商业模式忽然冒出来把领跑者颠覆了，这种例子很多，怎么理解这个问题？

梁建章： 数字技术在过去一二十年里进步非常快，带来很多颠覆的机会。比如，PC时代可能只有一亿用户，而现在移动互联网仅中国就有十亿用户，几乎每个人都在用手机，这就产生一大波机会。携程从PC时代迅速转变，现在大部分业务在App上进行，中间经历了非常快速的转型，我们很幸运抓住了机会。

未来可能还有这样的机会。目前携程不仅在内部实现数字化，连接的酒店、景点也要深度数字化，让它们的信息跟我们完全对接。这样客人将来预订时就可以选择，一个酒店里，他最喜欢哪个房间，每个房间的价格不一，有离厕所远的，有离电梯近的，都可以自由选。办入住也可以直接在App上进行，不用经过酒店前台。这些都可以更大程度地提升客户体验及行业效率。

王波明： 相当于你们将携程的业务做得更深，不再是原来简单的订酒店、订机票等。

梁建章： 对，整个行业都要深度数字化。

王波明： 这可以说是把携程的商业模式进行改变，邓先生，您对此怎么看？

邓德隆： 每家企业都数字化之后，最大的问题是竞争变得更激烈，因为每家企业的响应速度都变得更快。在这一轮数字化转型中，企业如果没有成功应对就要出局，剩下的企业都是能够将数字化做得非常成功的。这就面临一个问题，企业响应速度和供给能力更强后，外部管理更难，争夺用户就变成更大课题。

这时候企业还要面临来自跨行业、新商业模式的竞争，企业越成功，就越有竞争对手窥视。这就需要大战略——把所有外部问题综合解决，确立一个最具竞争力的战略定位放在那里。这是一个大战略，每个企业都要解决这个问题。

用技术把企业做得“不一样”

王波明： 未来的技术是挑战还是机遇？

梁建章： 对整个社会是机遇，对大企业来讲，总体也是机遇。像携程这样大幅度提升效率，或许是小企业比较难做到的，所以我认为大企业的服务效率可能会进一步提高，小企业在使用技术方面还存在一定门槛。技术对整个行业也是利好，或许会孕育出一些提供智能入住的公司或智能机器人的公司，对新兴小企业来讲，使用这些技术也不错。

邓德隆： 其实技术对每个公司都是机遇，大公司的机遇可能更大。同时，技术变迁也让小企业多了创业机会和选择，但最根本的是要做到“不一样”。举例来说，只利用技术，不可能颠覆携程，因为携程可能在技术方面用得更快且更高级，创业者只能用技术做不同于携程的东西。拼多多就不是重复淘宝，单纯重复淘宝难以杀出重围。

王波明： 拼多多在淘宝的边缘找到市场，最后边缘变成主流。

邓德隆： 是的，拼多多主打“拼团”，用黄峥的话说，淘宝是人去找货，拼多多是货来找人，这完全不一样。

王波明： 对。

邓德隆： 不一样最要紧，然后再用技术，例如腾讯这样的数字化推手。将这两个条件结合起来，才能把企业的外部挑战应对好。

落后的企业也要有自己的“第一”

王波明： 我想问下，梁先生的携程有危机感吗，您现在是否感觉有人在窥视着携程的商业模式？我知道有人在分化携程很具体的部位，您怎么看这个问题？

梁建章： 数字经济的特点是速度快，迅速将客户吸引后跟客户建立牢固的关系，再从一点出发逐步渗透到其他服务，继而使整个产业发生变化。携程当时便是得益于此，从酒店切到机票，从酒店业务份额第一到机票业务份额第一，仅用了一两年时间。企业一定要在客户体验方面不断创新，牢牢抓住客户及业内各企业，将关系不断深入，才能稳住企业份额，继而抓住新机会。

王波明： 就是持续领跑。

梁建章： 这个没办法。需注意的是，因为响应速度变快，企业与客户间的交互会越发复杂，促使行业集中度提高。大平台可以利用规模优势进入相关领域，客户数据与客户深度交融也变成大企业的优势。对企业而言，客户越多，越能运用数据提升服务质量及产品功能。

王波明： 邓先生您怎么看？

邓德隆： 是的，其实不止是客户，这个时代，企业如果不想做第一就很危险。

王波明： 就是赢家通吃。

邓德隆： 对。哪怕是行业第二的公司，在某方面也一定要做第一。因为信息对称速度变快后，用户不再愿意买二流的东西，他可以很快知道谁是一流。如果企业不能在某个领域做到全球一流，用户完全可以凭数字化的手段将其踢出考虑范围。每个企业，尤其创业者本人要思考企业在全球哪方面能做到第一，跑到行业第一后还要不断超越自我。

王波明： 就是必须持续第一，这是比较累的事。

邓德隆： 这时企业需要把自己当对手，不断往前迭代，否则会有对手帮你来做这个事情。所以，在这个时代，外部管理是每个企业家的核心责任，企业一把手尤其应把重心放在外部，检查外部还存在哪些风险、竞争。

梁先生刚刚讲的一句话很重要，就是顾客要经营好。同时，非顾客也要经营好。每家企业的顾客毕竟很少，沃尔玛全球的顾客可能最多，但它的份额可能也就比10%多一点，仍有超过80%的人不是其顾客。所以企业的外部管理非常复杂，管理好用户是必须的，但非用户的管理可能更加重要，真正的颠覆浪潮可能正是从非顾客方向袭来。

王波明： 在传统的时代，企业变成第一之后，基本很稳定。

梁建章： 过去变成第一需要花很多时间。

王波明： 现在变成第一呢？

邓德隆： 很快。

王波明： 事实上，企业必须变成第一。

邓德隆： 对企业而言，要么不冒头，一冒头就要用两年时间解决问题，但在冒头之前的其他功课可能需要八年时间去沉淀。如果下面没有足够积淀，上面的两年时间亮相很可能只是昙花一现，甚至只是帮他人做嫁衣，完成一个测试而已，这种创业失败的例子非常多。

大企业不要琢磨自己

王波明： 像梁先生创立的携程，已经建立了一个成功的模式，他会很担心被对手窥视。他需要进行反方向思维，将潜在对手先想出来，抢先将业务布局，或把潜在对手的想法消灭。

梁建章： 还是看整个行业还有哪些数字化机会。比如，有些地方怎么还在排队，或还在手工输入用户的个人信息，这些情况在互联网阶段都不应该出现，肯定是有机会。再比如现在一些导游还在利用信息不对称让用户低价去跟一个团，然后推销各种各样你不需要的产品，其实在初期阶段就可以把整个行程产品化、数字化。产业链上还有很多数字化的机会。整个行业，包括创业公司、大公司都在找新的机会。

王波明： 如果大公司与创业公司都看到机会，大公司的优势会比创业公司大，因为其可以更好地利用大数据、资金链等资源。需要担心的是，大公司没看见机会，创业公司却看见了。

梁建章： 对，完全有可能。

邓德隆： 有时候大公司调转过来并不容易，所以小企业永远有机会。大企业也有其难处，整个文化、组织有既有逻辑。如果创业公司反着大公司的定位来发力，大企业反逻辑压制就很困难。其他模仿淘宝的企业都没成长起来，但拼多多反着来就可以，现在淘宝再去消灭拼多多就很难。

王波明： 邓先生，您对大企业和守业者有何建议？

邓德隆： 对那种突然冒出来的挑战者，可以去琢磨其背后的逻辑。很多企业冒出来后，不一定明白自己冒出来的真正原因。大企业要趁它对自己的逻辑没搞明白的时候就研究透它，然后去打败它。

王波明： 所以守业公司要不断琢磨自身还有什么缺陷？

邓德隆： 不，你别琢磨自己。要看外面，看别人。到了携程这么大的程度，你就别琢磨自己了。

创业者要和大企业反着来

王波明： 最后就数字化时代对企业的挑战，请两位说点建议。

梁建章： 我认为可以从创业模式上考虑。此前是卖产品的思路，是一次性收入，以后可能要转变成一种服务性收入，通过互联网方式规模化、高效、集中地变成长期收入，这可能是一种新模式。

邓德隆： 第一点建议，是要避开像携程这样的大公司。创业公司跟它正面竞争的话，没有机会杀出来，必须避开大公司，并且跟它的逻辑反着来。

第二点建议，有时先不要惊动大市场，可以先选择一个局部的市场、局部的人群，慢慢将冰山下面夯实，等知识积累完成、模式成型以后再冒出水面。冒出后就要加快速度，否则大公司将资源覆盖过来，或者其他公司跟随模式发展后，创业公司就变得像过独木桥般危险。创业者要有战略节奏的设计。

梁建章： 基本认同，还是要靠非常聪明、深思熟虑的战略设计，掌握节奏。有时慢一些，低调一些，就在小范围作用，但有的情况下要全力以赴。战略节奏非常重要。

附录一

中国企业家为什么要读李泽厚

I 怀念李泽厚先生[1]

今天上午，李泽厚先生的公子给我发来微信："邓先生，我父亲今早过世了。"虽然已有一定的心理准备，一时间仍觉得天崩地裂。一颗一直思考着人类命运即人类向何处去的头脑骤然停止了思考，我很清楚这是人类何等巨大的损失。就像康德之于德国，伏尔泰之于法国，培根之于英国，李泽厚先生的思想滋养了几代中国人，并将惠及世界。我所知道他正在思考着却没来得及写出来从而留下的思想上的空白，我们很快就能感受得到这意味着什么。

正和岛、秦朔以及其他一些朋友先后发来消息，建议我写一篇缅怀李先生的文章。悲痛之下，实难提笔。然而，同事告诉我说，李泽厚先生平生最期待的就是他的思想能够对中国企业家群体有所启发，因此，对先生最好的怀念，就是继续向企业家讲述、传播李先生的思想，故而匆匆下笔，疏漏之处，望读者见谅。

---

1 2021 年 11 月 3 日，李泽厚先生辞世，享年 91 岁。邓德隆撰写了这篇纪念文章。

李泽厚先生对人类的贡献

李泽厚先生著作等身，思想体系博大精深。李先生的治学生涯，大致分为美学、哲学、思想史，并且以一人之力，将这三门学科向前大大地推进，在最深奥、最令人头晕目眩的理论山峰上，留下了当代中国学人的探索。这是需要顶尖洞察力、想象力、创造力的学术领域，人的一生如果能在其中任意一门学科中有所贡献，就应该不负此生很幸福了。然而李先生在这三个领域都达到了高峰，且将这三个高峰融为一体，独创出第一哲学的美学。美学为第一哲学，一方面使中国传统经过西方哲学范式的洗礼与创发再获新的生命力，即中国思想真正走进世界、融入世界哲学之中。另一方面，经此融入，西方哲学也就不再是原来的西方哲学，而是融入了经过淘洗创发的中国传统的世界哲学，这种世界哲学关照的是人从社会机器、工业机器中解脱出来获得自由。经由以美启真获得自由直观，以美储善获得自由意志，以美立命获得自由享受……

我曾与安乐哲先生讨论过，未来的历史一定会把李泽厚先生列为世界哲学史上可与康德并峙的人类思想高山。李先生的任何一本书，只言片语，都闪烁着智慧的光芒，足以照亮人生。笔者就曾有感于李先生的一句话“中国的山水画有如西方的十字架”而下笔成文，文虽成，意远未尽。

我自知无力、也没有资格在这里全面介绍李先生的学术贡献，所以仅仅以一个经济工作者和忠实读者的身份，谈谈我对李先生思想体系中一些核心观念的理解。

李先生认为，哲学研究的是命运——人类的命运、国家的命运、组织的命运、个人的命运。如何把握住命运？其根本在于三个关键词：人性、情感和偶然。

人性使我们区别于动物、神、机器，是人能够把握住偶然性，决定自己命运最可靠的依据。西方哲学尤其是康德认为理性道德才是人的本体，而李先生认为人不是神，人也不是工具，人的本体不是理性，而是情理交融的感性，他反对以道德作为生存的最高境地，反对理性统治一切，主张回到感性存在的真实的人，“道始于情”“理由情生”，理性只是工具，人的生存、生活、生命才是至上，人的情感才是根本——李先生将之概括为“情本体”，并将情本体（既是情境也是情感）注入康德的物自体，这就使康德的物自体（本体界）不再是与经验世界（现象界）关系不大的二元论，情本体使本体界与现象界、先验自我与先验对象都得到了真正的统一与和解，但又不是黑格尔用绝对精神吞并客观世界，从而使精神实体化恶性膨胀（历史被削足塞进僵死的逻辑中，为害至大至今未绝），而是人与宇宙归于同一的协同性共在。既保留了康德物自体的不可知性带给人类的敬畏与神秘，又把物自体的天道与神明落实在具体的悲欢离合的历史行程之中。在偶然性的历史创造中建立天道，就成了人的价值与意义所在。这就把世界哲学继康德这个世界最高峰之后，推向了更高。这个更高的体现就在人性情感的神圣性，即情本体之中。

由于偶然性在现代、后现代社会的空前加大，人类面临很多选择。李先生指出，我们可以用“情本体”来范导人类的走向，选择一个温情的、值得活的、可以诗意栖居的更美好的世界。看看全球，乱象丛生，即使在经济发达的国家，也是民粹主义盛行，极端情绪割裂社会，吸毒、放纵、自我毁灭交汇，这真的会是历史的终结和我们共同的未来吗？

李先生分量最重的著作之一命名为《人类学历史本体论》，正是因为李先生关心人类的命运，他认为，人类上百万年的历史积淀培养出人性，以人性情感把握住偶然性，人类就可以选择自己的命运，掌握自己的命运。如今，经济在发展，人的异化却也随之严重。躺平、内卷、撕裂，富人穷人都很焦虑。如果没有大哲学家提供人类走向的思考，歧路彷徨，情何以堪。人类向何处去？幸好中国有李泽厚，世界有李泽厚。李先生的思想体系，情深义重，他把源自中国传统文化的思想汰洗、升华，赋予形而上性格，从而使中国文化真正走进世界。

情本体虽然源自中国传统，却有世界意义。人类走到今天，人的孤独、无聊，人生的荒诞、异化，都到了一个新的高度。把人的命运交给谁？交给上帝，还是交给先验理性、绝对精神？李先生的回答是，交给人类自己，回到我们平凡、世俗、具体的现实生活中。李先生把情本体归纳为“珍惜、眷恋、感伤、了悟”，特别是“珍惜”。“一片花飞减却春，风飘万点正愁人。”人生的意义，就在于珍惜每日看似单调平凡的生活。源自欧洲的第一次文艺复兴，把人从神的控制下解放出来；李先生早在上世纪90年代就深刻指出，未来第二次文艺复兴源自中国，用“情本体”把人从工具机器和社会机器的异化中解放出来。这不仅是中国的问题，也是世界的问题。李先生从中国文化中提炼出的“情本体”，为第二次文艺复兴做出了哲学前瞻。

当今社会，大部分人在各种组织里工作，企业家每天的决策，决定了很多人的命运，也决定了自己的命运。为自己计，为子孙计，为世人计，我恳请中国企业家在百忙之中，读一读李泽厚先生的书，思考一下我们应该用什么样的哲学思想指引组织的命运、自己的一生。

李泽厚先生对情本体的践行

李泽厚先生不仅提出了情本体，他本人也是情本体哲学的实践者。记两件小事。

有一次，李泽厚先生从美国回到北京，每天找他的人络绎不绝，没法好好休息。我让他来上海“避风头”，安排他住在和平饭店，过几天清净日子。没想到有一天他告诉我，他出门去看望王元化先生了。我问他为什么要冒险“暴露”自己在上海？李先生回答说，他听说王元化先生身体已经很不佳，如果王先生知道自己在上海而不去看望，恐怕会加重甚至打击王先生的健康，因此他特地去拜访王先生，并聊了很久。李泽厚先生说，王元化先生看到他来了，果然很高兴，说了很多的话。

另一次，李泽厚先生和刘绪源先生正在整理对话体的新书《该中国哲学登场了》，听闻周汝昌先生身体近况不太好，立刻安排把书中关于红楼梦的内容提前在媒体刊登。李先生告诉我，在红学圈里，因周汝昌先生淡泊名利，一直被某些占据显要权位的红学权威打压、排斥、贬低，所以一定要尽快让周汝昌先生在生前能看到，他的贡献还是有人知道的。在这个对话中，李泽厚先生高度肯定了周汝昌先生的学术成就，说“在百年来《红楼梦》研究里，他是最有成绩的”。此文刊发后，立刻引起舆论关注，据传改善了周汝昌先生状况。后来我在媒体上看到，周汝昌先生读懂了李泽厚先生的见解和心意，以九十四岁高龄发长文回应，周先生说：

最近，我“听读”了李泽厚与刘绪源两位先生的问答文章，这是一篇令人拭目之重要文章，看看他们二位的治学、论学，真是通俗而简明，热情而又恳切，他们用不多的篇幅，却告诉了我们如许丰富、透彻的治学、论学的典范示例，这真使我这个从小失学、慕学之人惊喜不已，引用我先师顾随先生爱说的话：“欢喜赞叹，得未曾有！”这篇问答出现在不同报刊，我也反复“听读”了三次，真是受益无穷……读李泽厚、刘绪源两位先生的问答文章，是一种令我心存感激的享受经历，同时还有一种语言表达的享受……如今，我幸运地读到李泽厚先生这一段“答问”，这才独坐于我的陋室里长长舒了一口气，自言自语地说：这回我才找到了真师和真理。诗曰：

考证功能探佚行，仁人不斥转嘉评。
高山流水琴何幸，霁月光风镜最明。
审美崇阶形而上，论红尊次十三经。
灯宵花市才收罢，又见禅师内照灯。

周汝昌先生在诗中用“仁人”指代李泽厚先生，用“高山流水”来比喻自己和李先生之间的知音关系，给文坛留下又一段佳话。周汝昌先生光明磊落，心胸广阔，李泽厚先生慧眼识珠，仗义执言。“音实难知，知实难逢，逢其知音，千载其一乎。”

李泽厚先生对中国企业家的期许

李泽厚先生在1980年代已经名震四海，可惜的是，我当时生活在湖南一个山区小县城，“春风不度玉门关”，未能及时一睹李先生的著作。幸运的是，我有一个朋友，他是李泽厚先生的忠实读者，在他看来，为人不读李泽厚，犹如柏拉图所说终身被锁在一个不见阳光的洞穴之中，万古如长夜，为了“挽救”我，他强行送了我两本李泽厚先生的书，一本《世纪新梦》，一本《论语今读》。

我迄今仍然记得清清楚楚，这个改变我一生的日子：2002年4月3日，我到上海创办特劳特中国公司，在开往上海的火车卧铺上，我打开了朋友送我的这两本书，如被电击，不眠不休，就着车厢走廊昏暗的灯光，任窗外明暗倏忽而过，兴奋无比，看了整整一夜。世界上怎么会有如此深刻而又简明的哲学书？之前也读过不少哲学巨著，但都是硬着头皮，强忍嚼蜡。我为什么这么愚蠢，直到今天才看到李先生的书，真是恐惧乎其所不闻啊。就像高尔基说的，我如同饥饿的人扑到面包上，如饥似渴地读了李泽厚先生所有的书，读了一遍又一遍，并且像我那位朋友一样，我也养成了见到朋友就“强行推销”“强行赠送”李泽厚先生著作的习惯，特别是向我的企业家朋友们。

为什么？其实我觉得，这才是真正读懂了李泽厚。李先生认为，“使用—制造生产工具”是维持延续人类生存发展的根本基础，科技—生产力—经济决定着人们的日常生活，并且提出了“四顺序说”（经济发展、个人自由、社会公正、政治民主）。所以，李先生特别看重中国企业家在发展经济、改善人们生活、提高生产力中的主导作用。虽然李先生是一位学者，他却从头到尾极力支持企业家，在1970年代末刚刚改革开放、社会对企业家还有偏见时就是这样，甚至鼓励他的学生弃笔从商。

有一次我打电话给李泽厚先生，占线，之后他告诉我，是有一场论坛邀请，他拒绝了，因为他不喜欢、不习惯在公众场合发言。我听了之后说，这是一场面对中国企业家的论坛，这是你最关心的群体，你应该去讲讲。李先生说，好，如果他们再邀请，我就去。后来论坛组织者真的又邀请了一次，李泽厚先生立刻答应了，赴会做了一个演讲。他说，讲完之后许多企业家上来递给他名片，说是看着他的书成长起来的。我问都有谁，他从兜里掏出名片说，有郁亮、陈东升等等，我告诉他，这些都是中国一流的企业家，李先生听了很高兴。

企业在社会中的作用越来越大，企业家因此承担了越来越大的责任。李先生的思想，呼吁从工具本体升华到心理本体，对企业家来说，就是要从报表、软件、数字、流量背后，看到一个个活生生的人，看到一个个员工、一个个顾客的面孔，关心他们的喜怒哀乐，像李泽厚先生一样，关怀每一个个体的生存状态，这样的企业，才能吸引更优秀、更高境界的人才，才能创造更美好的世界。比如劲酒董事长吴少勋先生，他也是李泽厚先生的忠实读者，李泽厚先生也非常喜欢他。吴少勋先生就是一位李泽厚“情本体”哲学的践行者，他对身边人可都是“一往而情深”，即使是有负过他的人，吴少勋先生也是以德报怨，而不止是以直报怨。像他这样有情有义的企业家，让企业这个社会组织变得很有家园感，也让我们身边的世界变得更加温暖。

回忆李泽厚先生的点点滴滴

我是在2004年第一次面对面见到李泽厚先生，此后交往了17年。李泽厚先生说，他指导所有博士生加起来的时间，也没有指导我的时间多。我由衷地感激。曾经有一年十一假期，我们两个人相约去云南丽江，李先生爬不动山，所以我们像亚里士多德的逍遥学派一样在城内漫步，谈论一切。我说是“逍遥游”，我们在一起“逍遥”地聊了七天七夜，主要是我聊，谈企业、谈经济，也谈其他，李先生听得津津有味。现在想起来，十分后悔，应该多听听李先生在想什么。此情可待成追忆，只是当时已惘然。

李先生除了爱读书，爱思考，他还爱美食，爱美酒。少年时在北大求学，李先生最爱的美食是北京烤鸭，我陪他吃过北京许多烤鸭店，也带他去过几家“网红”的新派烤鸭店，不过他最喜欢吃的却是一家不太知名的老字号，每次我们去吃，一顿饭连吃带聊，能吃三五个小时，他去美国之前还要打包几份烤鸭带过去。李先生食量永远是我的两倍以上，而且他什么都敢吃，日本、法国的生鱼、生蚝，我一直不敢吃，李先生都敢尝试。他爱美酒，我赠以郎酒，吴少勋先生赠以特制劲酒，他都很喜欢。疫情之后，给美国寄酒不方便了，现在想起来深以为憾。

2020年是李泽厚先生的九十大寿。李泽厚先生告诉我，他仍在整理最新的思考，打算再写一本关于认识论的新书，以走出西方哲学语言当道的哲学困境。我听他讲了几个突破语言哲学的重大要害，十分兴奋。我们约定每周通一次电话，听他如何逐渐展开，后来考虑到他的健康，改成两周一次。和李先生谈天说地，是我最幸福的事。几个月前，李先生告诉我，他已经和家人商量好，准备近期回国。我说，我会给他安排好在中国的起居生活。后来他又说，航空公司因年龄和身体原因不允许，只好作罢。为了避免打扰他，有时我会给他发一些简短的微信，他一般会很快答复。前几天，我给李先生发了微信，却一直没有收到回复。我有一种不祥的预感，会不会是李先生无法看手机了……今天噩耗传来，我失去了一位可亲可敬的老师，人类失去了一位伟大的思想者。

回想起结缘李泽厚先生的点滴过往，如歌如叹，如梦如幻，如露如电。李先生曾经引用鲁迅先生《彷徨》中的一首小诗：“寂寞新文苑，平安旧战场。两间余一卒，荷戟尚彷徨。”我确信，李先生，您并不寂寞，您的思想会永远流传，“文王既没，文不在兹乎”“天将以夫子为木铎”，您在人类思想史上的地位“直与日月争光可也”。历史必将证明这点。最后，我还想改动柏拉图的话表达我真实的情意：我感谢天地，首先让我生而为人，其次让我生而为李泽厚先生同时代的人。

II　中国企业家为什么要读李泽厚？[1]

管理学之父彼得·德鲁克先生曾说："中国发展的核心问题，是要培养一批卓有成效的管理者……他们应该是中国自己培养的管理者，熟悉并了解自己的国家和人民，并深深植根于中国的文化、社会和环境当中。只有中国人才能建设中国。"

对所有中国企业家来说，深入理解中国文化，并将之与现代管理结合运用，才有机会培育出一批具有全球竞争力的一流企业。要了解中国文化，就必须从源头和实质上进行把握。巫史传统作为中国文化的根源，从原始时代的迷狂逐步理性化，经周公的"由巫到礼"到孔子的"释礼归仁"，一举奠定了中国文明不同于世界上其他文明的独有特质——只有"天人合一"，没有"人神异质"；只有实用理性，没有纯粹理性；只有"情理交融"，没有"纯粹理知"；充满"乐感文化"，而无"罪感文化"；只有"一个世界"，没有"两个世界"。因此，李泽厚先生得出结论：中国文明只有"超脱"，而无"超越"，这一观点迥异于余英时先生基于雅斯贝斯之"轴心突破说"而提出的"内向超越"论（参阅余英时先生所著《论天人之际》）。中国人的幸福、成就、情感、意义，总是放在这个世界中，而非超越到另外一个世界去。中国文化以种族延续生存为本体、为至善，赋予宇宙、人生、生命、生活以正面积极的价值和情感，并强调个体在世俗生活中对人类—民族—国家的义务责任和神圣使命。

通过阅读李泽厚先生《由巫到礼　释礼归仁》一书，能对中国文化的优长与不足获得自觉意识，如何发扬前者而补足后者，就有了可

---

1 《由巫到礼　释礼归仁》由李泽厚先生著，是一部探讨和解释中国文化源头的书籍。此文是邓德隆为该书所作推荐语，刊登于《决策参考》2019 年 6 月号。

能，从而有助于企业家在学习现代管理的基础上吸纳传统中优长资源，走出一条独具特色的发展道路，获得更为强劲的竞争力。可以想见，企业强大了，经济繁荣发展，也即“工具本体”强大了，中国文化就有可能为人类从机器统治下解脱，回到生命、回到人生，创造一个“温暖的后现代文明”，实现李泽厚先生所盼望的“第二次文艺复兴”。

附：中国的山水画有如西方的十字架[1]

读李泽厚先生的书十多年来，常有一种奇妙的体验，李先生著作中散落许多“一句顶一万句”的话语，让我读后掩卷深思，浮想联翩。仅举一例，“中国的山水画有如西方的十字架”（《中国哲学如何登场？》），我读到这句话就非常震撼。

先引我与安乐哲先生通信中的一段话：

安先生，您一直以来立志要向西方传播中国哲学，我认为您的使命对世界（不只对中国）很重要……学界谈儒家哲学或思想，学者们往往将之等同于古代。实则儒学一直处于消化吸纳外来思想后不断前行的动态之中。汉儒消化吸纳道法、阴阳家，宋明理学消化吸纳了佛家，李泽厚先生吸纳了康德、马克思、后现代、杜威等外来思想后，开出了第四期儒学，从而使儒学在全球化、大生产的时代，再获新的生命力——为人类的普遍性注入中国文化的独特性。在我看来，李泽厚先生对人类的贡献应是继康德之后的又一世界高峰。可惜学界像您这般有使命又识货的人太少，现在急需将李先生的著作译介出来。我相信“德不孤，必有邻”。

信中提到李先生消化吸纳康德、马克思、后现代、杜威，其实远未说全，比如基督教。“中国的山水画有如西方的十字架”就是消化吸纳基督教两个世界的深邃传统，以永恒的宇宙（中国人的“天”，自然

1　这是邓德隆为李泽厚《由巫到礼　释礼归仁》英文版所做的序言。

山水为其代表符号）代替永恒的上帝，从而将一个世界观的中国文化注入了在西方只有另个超验世界才有的神圣性。既然缺乏另个超验的世界，那这个充满了尘俗的一个世界的神圣性从何而来？世俗如何可能神圣？这个世界神圣性的文化资源即是本书《由巫到礼　释礼归仁》所揭示出的巫史传统。即经由周公的由巫到礼、孔子的释礼归仁，巫术中的神明就被理性化保存、落实、行走在这个世界之中。

从而，中国文化中的"天"，既有自然意，又有主宰意、神圣意。这就可以与西方两个世界中的神圣世界（即超验世界）接头。这一接头，就大大强化提升了中国文化的悲剧性、深刻度、形上品格，改变、丰富、扩展了中国人的文化心理结构，使得中国文化在与基督教文化相遇时（这是儒学的第三次挑战也是最大的挑战，第一次是与墨家、道法家、阴阳家等，第二次是与佛家），能将之包容、消化、吸纳，创造出另一种超越：并不需要神的拐杖，中国文化同样可以达至宗教高度，实现心境超脱，使中国文化不止于为鲁迅所痛批的乐陶陶大团圆，而有更高更险的攀登。

李先生说："使中国人的体验不止于人间，而求更高的超越；使人在无限宇宙和广漠自然面前的卑屈，可以相当于基督徒的面向上帝。"这不但让中国文化在遭遇基督教挑战后重获新生，更是为人类创造了一个诗意的栖居地。当脑科学发达到能解释，甚至复制宗教经验，从而打破"感性经验的神秘"（参阅威廉·詹姆斯《宗教经验种种》）后，人类向何处去？人类目前的困境，概而言之即挣扎于一半是机器，一半是动物的生存状态。是继续异化沉沦于机器的奴隶？（工具机器如手机、网络，社会机器如国家、工作单位），然后再逃离机器做寻求刺激、纵欲的动物？还是像后现代一般陷入虚无？乃至落入被海德格尔彻底掏空"先行到死亡中去"的无底深渊？

来过中国的读者不难发现，中国人生活的环境，无论居家、办公、酒店、公共场所、私人会所，山水画类似于西方的十字架几乎无处不在。其"功能"即在于助人超脱一己个体的有限、时空、因果，把你带回到大自然当中,脱离俗尘,回归天地,与天合一,实现超脱。尽管大多数人是无意识地装饰或有意识地附庸风雅,但为什么出奇一致地要用山水画而不是其他什么来装饰、来附庸,可见这恰恰是文化心理结构的一种外化,虽然是集体无意识的外化。在这里有对宇宙自然的畏怕,所以人在山水画中非常细小。有畏有怕,才给人以更大的支持解脱力量。

重要的是,人虽细小却不能没有人,人是永恒宇宙的重要部分。这也是来自本书所讲的巫史传统,巫通天后与天合一,是以天大地大人(巫君合一)亦大,永恒的宇宙(天)包含了人,人与物自体的宇宙协同共存,所以天人合一的山水画能让人寻求和实现向永恒宇宙回归。李先生说:"这与上帝造人又逐出乐园再寻求拯救相似,却又迥然不同。"

相似的是,人通过使用制造工具实现从宇宙自然中走出(造人),而在自然的人化之后,人又寻求回归自然山水、宇宙家园(再获"拯救"),即人的自然化。不同的是,不需要另个世界的上帝天国……不需要入黑暗、受苦难才能得救,而是通由山水画的启悟,获得当下即得、瞬间永恒的奇妙感受。甚至连这奇妙感受也不是必需,只要你在山水画中体悟天地之永恒,人生之短暂,宇宙之无垠,世事之有限,再大事功,再多苦难无非转瞬间的过眼云烟——长空澹澹孤鸟没,万古销沉向此中。看取汉家何事业,五陵无树起秋风(杜牧)。

在这里并没有漠视生存的艰辛、生活的艰难,相反正因为生存不易,人世苦辛,才用山水画时时处处予以消解与慰安——悲晨曦之易夕,感人生之长勤(陶潜)。晨起动征铎,客行悲故乡。鸡声茅店月,人迹板桥霜(温庭筠)。

宋元以降,山水画在中国文化中一直就有这个生活支持与"人生解脱"的功用,但从没有谁这么明确、深刻地将无意识上升到自觉意识,更没人将巫史传统资源与两个世界的基督教传统对接,从而升华其悲剧性格与形上品格……

近代以来，由于军事上的不断落败，经济上的巨大落差，使中国文化遭遇“数千年来未有之变局”。其中基督教挑战甚大。从第一代现代知识人（戊戌辛亥一代）的康有为立孔教，到第六代（红卫兵一代）大批名流学者近年掀起立孔教狂潮，都以为缺乏另个超验世界的中国文化不如此就找不到出路。因此，如何消化吸纳基督教，也构成了中国文化能否走进世界、焕发新生、重获自信的时代课题。

与这些学者迥然不同，李先生以另种方式承担起这一时代课题和历史使命。以“吾非斯人之徒与而谁与”的气概与胆识，转化性创造中国巫史传统，提出以亲子血缘情感为本根的“仁”的文化心理结构体和对永恒宇宙即物自体的敬畏，来替代柏拉图的“理式世界”，康德的“先验理性”，黑格尔的“绝对精神”，当然还有基督教的圣爱和“永恒的上帝”。通读李先生作品，这一“野心”（消化吸纳基督教）昭然若揭。再举几例。

“宇宙本身就是上帝，就是那神圣性自身，它似乎端居在人间岁月和现实悲欢之上，却又在其中。人是有限的，人有各种过失和罪恶，从而人在情感上总追求归依或超脱。这一归依、超脱就可以是那不可知的宇宙存在的物自体，这就是天，是主，是神。这个神既可以是存在性的对象，也可以是境界性的自由，既可以是宗教信仰，也可以是美学享（感）受，也可以是两者的混杂或中和。”（《实用理性与乐感文化》）

“人生艰难，又无外力（上帝）依靠，纯赖自身努力，以参造化，合天人，由靠自身来树立起乐观主义，来艰难奋斗，延续生存。现代学人常批评中国传统不及西方悲观主义之深刻，殊不知西方传统有全知全能之上帝作背景，人虽渺小，但有依靠。中国既无此背景，只好奋力向前，自我肯定，似乎极度夸张至‘与天地参’，实则因其一无依傍，悲苦艰辛，更大有过于有依靠者。中国思想应从此处着眼入手，才知‘乐感文化’之强颜欢笑，百倍悲情之深刻所在。”（《论语今读》）

人生艰难，空而责有，纯赖自身努力，以“度”的实践掌握形式力量，实现自然的人化，构成人类生存的起点（这不就是中国一个世界文化的创世纪么！）。同时这美感又可以替代宗教，甚至超越宗教，不仅精神超越，理性融化在感性之中，通过"以美启真"实现人的自由直观，"以美储善"实现人的自由意志，"以美立命"实现人的自由享受。人就不是机器也不是动物，真正实现康德提出的"人是目的"。可见美学既是人的起点，又是人的终点（人的自然化），这样美学就超越了伦理学而成了第一哲学。将中国传统的"立于礼"（伦理学）推向"成于乐"（美学）。这不但是李先生对中国思想的继承贡献，更是对世界哲学的普遍贡献。

在西方哲学史上，自柏拉图设定另个精神世界即理式世界以来，经漫长中世纪以人格神上帝具化之，西方两个世界的文化心理结构源远流长，但百年前尼采喊出上帝死了，今天人们也在大谈哲学的终结。那么，以巫史传统、一个世界为背景的中国文化，山水画可以与十字架并驾齐驱，到时候了?！李先生说：上帝死了，中国哲学登场。不亦宜乎！此序。

附录二

创业者十问特劳特[1]

Q1：什么是定位，定位适用于哪些行业？

定位是一门研究顾客认知与接受规律，将之运用于企业经营的社会学科。以定位引领企业经营，产品和服务能更好地被顾客认知和接受，从而大幅提升企业创造顾客的生产力，让企业获得更高效和可持续的发展。

每个行业的竞争态势不一样，有的行业比如餐饮，属于完全竞争行业，竞争特别激烈；有些行业由于监管或者自然禀赋原因，比如水、电、金融，竞争不那么充分；有的行业面向广大消费者，需要大众传播；有的行业面向少数企业客户，更偏重专业传播；但是在我们看来，除非你处在鲁滨逊的荒岛上，只有你一个人，那就不适用定位；只要这个荒岛上有第二个人，就会涉及对资源的分配，定位理论就会开始发挥作用了。

---

1 2018年8月16日，“36氪走进顶级公司系列之走进特劳特”活动，近二十家企业的创始人走进特劳特中国公司。在一天的交流中，特劳特全球总裁邓德隆、特劳特中国合伙人陈奇峰、特劳特中国管理合伙人李湘群三位定位专家全程参与，回答了创业者提出的各种问题。其中有些问题具有代表性，反映了创业者的共同心声，整理成精简版的十问。

Q2：定位在当下如何帮到创业者经营？

当今商业社会处于数字化转型期，各行各业正在迭代重构中，创新与创业成为企业的经营重点，定位可从以下几个方面助力创业者提高创造顾客的能力：

明确方向，把握最大机会；

厘清价值，确立定位；

围绕定位，配置资源；

主导竞争，重塑行业；

牵引创新，护航成长；

发现把握新机会，协同发展。

Q3：有了定位就一定能成功吗，特劳特有没有失败案例？

定位是企业的一项功能，在我们看来，它甚至是企业家的首要功能。但是，没有这个功能，企业也会向前走，只是可能没那么好；有了这个功能，会走得更顺一些。另一方面，企业还有很多功能，定位并不能解决。比如，有人问我，没有钱怎么办？招不到好的人怎么办？甚至，产品有问题怎么办？这些都是定位解决不了的，我只能说，有了好的定位，你在解决这些问题时，会更加顺畅一些，比如更容易吸引投资，更清楚自己该招什么样的人，更知道自己该把精力放在解决产品的哪个问题上。定位，在这个动荡的世界里，可以为你大幅增加赢得商战的确定性，但它不是充分条件，而是必要条件。

特劳特中国公司在早期确实遇到过，和企业家一起确立了好的定位，价值连城，却由于各种原因未能将定位推行下去的案例。我们经过反思之后，已经转变了合作模式，由原来的甲乙方、咨询公司的模式，转变成现在的长期创业伙伴，成为很多合作伙伴的股东，承担起创业合伙人的职责。应该说，在这种模式下，我们还没有失败的案例。对于创业者而言，特劳特是企业的头部资源之一，企业还需要汇聚其他头部资源，例如优秀的团队、先进的机制、充裕的资金等等，确保用户体验是由各种一流知识组成的价值链，共创行业典范。

Q4：我看了很多定位的书，可以自己做定位吗？

我们有时候把定位比作华佗的开颅手术。即使是很高明的医生，也很难给自己动这样的手术。如果企业内部做，建议不要一个人做，至少要有两个人、甚至更多人一起做，互相打打乒乓球，互相不同的视角碰撞。创业者自己一个人埋头想，这种做法肯定不行。如果能引入外部的朋友会更好。因为企业内部的人，很可能不敢跟一把手对抽乒乓球，你提了一个说法，谁也不敢抽回来。但是，所有参与打乒乓球的人，不管是内部还是外部的，都要真正读懂定位。定位是有一定门槛的，如果对定位的知识体系没有一定的了解，和你打乒乓球也没有用。当然我们确实也观察到，有些特别杰出的企业家本人就是定位高手，我们也非常赞赏他们做出来的定位。

Q5：草根创业者手里没有太多资源，也可以做定位吗？

定位是一个客观存在，不管你主观上有没有去做，实际上都有一个定位，好或者坏。但是，含着金钥匙出生的企业，实力强、资源多，通过丰富的资源可以解决很多问题，犯了错也能付得起学费。相反，小公司更需要好的定位，因为你的资源少，经不起折腾，定位不准，失败一次可能就再也没有机会了。

定位和资源有时候是鸡和蛋的问题，现在创业比以前幸福得多，讲故事就可以整合很多资源，如果你找到一个好的定位，就会讲得更好，各种头部资源都会聚拢到你身边。相反，我们也看到，有些手里有很多资源的企业，因为没有找到自己的定位，钱没有花在刀刃上，浪费了大好机会，也浪费了社会资源。

Q6：特劳特的定位是怎么做出来的，可否介绍一下背后的方法论？

特劳特做定位，可能会比企业自己做更客观、更专业一些，我们经过十几年的高强度反复训练，每天都在研究定位，在各个行业互相印证定位的应用，形成了自己的方法论和工具，但是外部人士不一定能用得顺手。我们可以介绍一些，例如，创业者如何选择业务？我们会使用定位三角，首先是从消费端考虑，创业者对哪种消费者需求感兴趣，想开创它，把需求聚拢起来；其次，要考虑竞争端，都有哪些竞争者，我们能否超过它们，能否确保跑到第一等等。

找定位需要做很多具体研究和思考、讨论、碰撞、试错，我们做的多，慢慢归纳起来就会有一些系统的方法论和工具。另一方面，在我们特劳特内部分工也比较明确，每个领域都有一流的知识型人才，而且彼此能互联，形成了默契和互补，这是我们经历过十几年多行业实践形成的有机链接。

Q7：和50年前比起来，特劳特的理论和实践有何发展？

定位诞生于1969年，这门学科在这半个世纪里，已经有了很大的发展。定位理论的起源，很大的原因是商品市场上供过于求，哪怕你有再多的资源，什么产品都能生产出来，但是顾客心智中不接受，那就行不通，比如通用电气，在它进入计算机行业之前，特劳特先生就预言了它的失败。特劳特先生开创的定位学科，为我们打开了新的视野，企业家除了考虑如何运营，更好满足顾客需求之外，也要考虑顾客认知怎么接受你。在这50年里，定位学科的本质并没有变化，它始终研究顾客心智中如何看待你、接受你，但是它在企业中发挥的功能，确实发生了很大的变化。

在最早期，定位更多被用在广告上，大家觉得产品不用变，什么都不用变，只要广告调一下，就可以卖得更好，当然事实也确实如此；慢慢地，越来越多人发现，其实用定位来打造品牌更重要，把定位引入到整个营销层面，为了定位，企业可以调整产品、调整价格、调整营销节奏，威力就更大了；接下来，大家又发现，如果定位引领的营销可以更好地创造顾客，那企业的生产、资源、布局都应该围绕定位，于是定位就变成了引领企业战略，威力又上一层楼。

定位引领战略到了现阶段，特别是对中国企业来说，无论是传统企业还是互联网企业，都面临着新的创新创业，定位这个知识在实践中不断发明了很多新的方法和工具，更好地让顾客来接受我、选择我，帮助企业更高效地创造顾客。特劳特先生之所以把全球总裁的位置交给邓德隆，也是希望邓总把定位运用在创新上，积累更多实践，引领特劳特的全球合伙人，把定位这门学科继续向前推进。

商业世界在不断变化，用户的心智也在不断变化。定位是给我们一个地图，地图上的山头跟现实中的山头肯定不一样，究竟现实生活中是开车上去、走路上去还是爬上去，都有可能，但是我们在地图上看到山头在哪里，这样会大大增加我们的确定性，当然，实践当中怎么翻山越岭、甚至科技发展之后坐飞机上去也可以，这些是定位理论在具体经营层面发生的变化。

Q8：定位做出来之后可以变吗？

企业的定位肯定不是一成不变的，会有好几种变化：一个是企业自身的变化，特别是初创企业刚开始的定位比较窄，慢慢有更好的条件，就可以覆盖更广一些。其次，外部竞争发生了变化，企业的定位也需要调整；还有整个社会形势发生了变化，比如出现新的颠覆性技术，企业必须考虑如何借助原有优势，重新定位。

即使在外界看起来，企业同样一个定位沿用了十几年，但是具体落实到市场上，一定都有变化。这个变化会很复杂，没有标准答案。基本上当你的生意连续几年翻番，我们就会认为要重新定位了，创造更大的机会，不抓住这个时机，那就可惜了。仅仅读定位的书，理解这一点可能会有困难。从一般原理变成具体实践，这个跨越需要经验，需要在不同行业的实践。

Q9：创业公司找到了好的定位，一旦传播出去，可能会被巨头抄袭，强势碾压我们，怎么办？

如果害怕别人强占，那肯定不是定位，或者不适合你。定位的优势在于，它不同于具体的运营，是别人无法抄袭的。战略不怕分享，你看《论持久战》就是公开发行的，敌人手里也有。

如果你怕说出来了别人去做，那你要重新考虑一下，是不是并没有找到最适合的业务，或者是否和自己的资源不匹配，竞争确实太强，这些都要考虑。如果你觉得埋头苦干，长到一定程度再说出来，那么你成长的速度可能会非常慢，永远处于一旦说出来别人就会做得更大的状态，那我觉得你可能需要重新定位。

Q10：特劳特愿意和什么样的创业者合作？

这个问题很令人激动，我们对自己的知识非常自信，但是光靠我们的知识，只是0，没有前面的1，那就没有价值。如果前面有了1，我们就可以起飞了。我们好比是张良，希望在各行各业都找到刘邦，那种有足够大的气魄创造全新不同产业的创业者，他们有志向去创造真正的世界上独一无二的价值，不愿意一辈子做别人也在做的事情，而是要因为我们的存在，完全改造一个行业，让它变得更好。

对于什么样的创业者更有可能成功，我们确实有些观察：

第一点，创业者对业务非常熟悉。只有对业务非常熟悉，才会对外面的建议有感觉，不然真的很容易被忽悠；

第二点，创业者比较开放。因为定位是一种新的知识，和很多人的经验领域恰恰相反，很难接受，创业者必须愿意学习、挑战自己的固有认知；

第三点，创业者有足够的洞察力，特别是站在对方角度的洞察力，才可能站在外部视角、消费者视角，思考消费者怎么想、怎么做。

这三点都能做到的创业者，从定位的角度来看，迟早会跑出来，各种资源会主动找到他，当然如果他主动汇拢各种头部资源，肯定会跑得更快一些。

后　记

我的恩师杰克·特劳特先生著有定位系列丛书16部，已将定位理论谈得相当透彻，这本书似有画蛇添足之感。然而在我学习和实践特劳特定位理论的20年里，许多朋友告诉我一个类似的感受：那就是特劳特先生的原著，看起来简单易懂，其实仍处于“源代码”的状态，并不那么好理解，运用起来有时也大相径庭。既然是这样，那就应该鼓励大家都来谈定位，互相印证切磋，所以不揣冒昧，藉此分享我学习定位的体会。

本书收集的是我这些年来在各种场合的“谈定位”。既然是“谈”，常常因谈话对象和场合的不同，而各有侧重，角度不一。这有点像《论语》中的“仁”，仁学是孔子的核心思想，但是孔子谈了上百次仁，每一次的说法都不一样。定位理论类似于此。另一方面，既然谈的是同一个理论，虽然我每次讲话都力图有新意，介绍新发展，但终究难以避免语义、案例的重复，虽已逐章尽量修改删减，尚望读者见谅。为方便理解，本书将各章大致分成了四篇，实际未必有如此严格的区分，读者尽可翻开一页，随意阅读。

康德讲人最重要的能力是判断力，他把判断力分为两种，一种是“规定性判断力”，即由抽象理论到具体实践；另一种是“反思性判断力”，由具体实践到普遍的抽象。本书的内容主要是前者，即将普遍的定位原理如何运用于具体的实践；当然也不乏后者，即从具体实践中发展出定位的新普遍原理。

定位是一门活的理论，过去半个多世纪里一直在不断发展进步。回顾我这20年来关于定位的各种讲话，我发现自己也在进步中。对同一件事的看法，现在的我，和20年前刚学定位的我，已然不同。李泽厚先生著作等身，他经常说自己的各种著述其实是在“画一个同心圆”，圆心不动，扩而充之。特劳特的定位思想即是我的圆点，其义理博大精深，能够体会多少，还待我辈继续探索。

感谢多年来与特劳特携手同行的创业者和企业家，我们共创大业，改造了一个个行业，让世界因我们而不同，并以丰沛的源头活水让定位理论之树长青。感谢上海三联书店，特别是首席编辑匡志宏女士对本书的一见钟情和精心编校，为本书增色许多。感谢吴敬琏教授、海闻教授、周其仁教授向中国企业家推荐定位。感谢汪俊林、茅忠群、束从轩、徐国华、柴琇、曾哲等创业伙伴同意我将他们关于定位的讲话收入本书。感谢媒体朋友们多年来对传播定位理论的热忱。我期待更多有识之士了解定位、思考定位、运用定位，从更多维度丰富定位这门学科的内涵。

特劳特公司由几位知识工作者发展成今日的知识型组织，许多优秀人才陆续汇入，不断带来新的知识相互链接，大大拓宽了定位学科的边界。此书虽以我的名义出版，实则为同事们的集体智慧，其中的思考源自同事们在长期定位实践中的提炼与抽象。“课虚无以责有，叩寂寞而求音”，最后特别感谢我的同事柯恩，作为公司首席知识官，他以在世界顶级管理学术机构十几年功底养成的全球视野和学术洞察，披阅三载，增删七次，纂成目录，分出章回，去芜存菁，精炼升华，没有他如此专业的巨大付出，本书的出版绝无可能。感谢所有这些可敬可爱的同事。

图书在版编目(CIP)数据

新定位时代/邓德隆著. —上海:上海三联书店,2022. 8
(2024. 11 重印)
ISBN 978 - 7 - 5426 - 7713 - 6

Ⅰ. ①新… Ⅱ. ①邓… Ⅲ. ①企业发展—研究
Ⅳ. ①F272. 1

中国版本图书馆 CIP 数据核字(2022)第 052884 号

新定位时代

著　　者 / 邓德隆

责任编辑 / 匡志宏
装帧设计 / ONE→ONE Studio
监　　制 / 姚　军
责任校对 / 王凌霄

出版发行 / 上海三联书店
(200041)中国上海市静安区威海路 755 号 30 楼
邮　　箱 / sdxsanlian@sina. com
联系电话 / 编辑部:021 - 22895517
发行部:021 - 22895559
印　　刷 / 上海颛辉印刷厂有限公司

版　　次 / 2022 年 8 月第 1 版
印　　次 / 2024 年 11 月第 7 次印刷
开　　本 / 640 mm × 960 mm　1/16
字　　数 / 280 千字
印　　张 / 21
插　　图 / 1 页
书　　号 / ISBN 978 - 7 - 5426 - 7713 - 6/F · 862
定　　价 / 88.00 元